京師 教育随笔 JIAOYUSUIBI

心与教育的对话

Xin Yu Jiao Yu De DuiHua

武宏伟◎著

北京师范大学出版集团
BEIJING NORMAL UNIVERSITY PUBLISHING GROUP
北京师范大学出版社

图书在版编目(CIP)数据

心与教育的对话／武宏伟著.—北京：北京师范大学出版社，2009.8（2013.4重印）
（京师教育随笔）
ISBN 978-7-303-10400-0

Ⅰ.心… Ⅱ.武… Ⅲ.教学研究－中学－文集
Ⅳ.G623.0-53

中国版本图书馆CIP数据核字(2009)第121659号

营销中心电话 010-58802181 58805532
北师大出版社高等教育分社网 http://gaojiao.bnup.com.cn
电子信箱 beishida168@126.com

出版发行：北京师范大学出版社 www.bnup.com.cn
北京新街口外大街19号
邮政编码：100875
印　　刷：北京联兴盛业印刷股份有限公司
经　　销：全国新华书店
开　　本：170 mm × 230 mm
印　　张：19.5
字　　数：275千字
版　　次：2009年8月第1版
印　　次：2013年4月第3次印刷
定　　价：36.00元

策划编辑：倪　花　　责任编辑：倪　花　齐　琳
美术编辑：高　霞　　装帧设计：北京多方文化设计中心
责任校对：李　菡　　责任印制：陈　涛

尊敬的武宏伟老师：

学习工作是享受

乐在尽责助人中

魏书生

二〇〇九年二月八日

序

武宏伟老师希望我为他的书作序，我看了武老师自己写的前言，书的整个结构，以及书中的文章，感到可以也应该为武宏伟老师这本书写几句话。

武宏伟老师说，他从小就做过当老师的梦，后来居然当上了老师。但是真正当上了老师却不像梦那样甜蜜。做老师有幸福，也有苦恼，有时甚至觉得很疲倦，难以支撑下去。武老师也曾经有过苦恼，但他总会有新的梦想。他会在每一次成功和失败以后再做新的梦，每一次梦想都激励他克服苦恼，不断前进。我觉得武老师的经历具有典型性。我也是从小学老师做起的，也有武老师的感受。我想，这也不只是当老师，任何职业都需要梦想，有了梦想，就有了希望。

武宏伟老师的经历还说明了一名优秀教师成长的规律。教师是培养人才的职业，他的工作对象是正在成长的生动活泼的青少年儿童。教师不同于其他职业，教师依靠自身的知识魅力和人格魅力去影响他们。因此，教师要用“心”去理解孩子，教育孩子。同时，教师不是在静态的状况下传授死的知识，而是在儿童青少年成长的动态过程中教育影响他们。因此，教师要时时钻研，不断创新。一名优秀教师就是在这种用“心”研究，不断反思，时刻总结的过程中不断成长的。

武宏伟老师是一名语文老师，他对语文教学有丰富的经验。

本书总结了他从阅读教学到作文教学的具体经验，并把它上升到理论观念。武老师不仅精心教学，而且关注整个国家的教育改革和发展。正是由于他关注宏观的教育决策，才使他具有高瞻远瞩的视野，并以此来倾心于微观的教学研究。这也是一名优秀教师所应具有的广阔眼界，有了对教育的宏观认识，才能树立忠诚教育事业的信念，才能用“心”去钻研教学。

武宏伟老师的经验是十分丰富的，这本书的出版一定会给广大教师带来一种启迪。

前　言

三年来，风雨无阻，日夜兼程，吾欲把30年的教育教学的经验及教训尽收眼底，留给现在，留给未来——圆我一个梦。

小时候，曾做过当教师的梦。找一块小木板挂在院子里的木栅栏上，右手拿着刚刚从学校偷来的白粉笔，左手拿着妹妹小学二年级的《语文》课本，像模像样地站在前面，给坐在小板凳上的几个一二年级的小朋友上识字课——乐此不疲的原因竟是羡慕老师的威风和什么都懂。

1981年7月，我由师范毕业，当上了教师，虽然圆了儿时的梦，却没了想象中的当教师的神气和威风……

一次作文比赛辅导学生获奖的经历又使我重新燃起了希望之火，做起了学者型的教师之梦。恢复高考后县里第一次组织的作文竞赛，小城镇中学第一次获了奖——反思总结经验，形成文章寄给了当时比较有影响的《中学语文教学参考》——这是我平生第一次投教学研究性稿件。做梦都没有想到的是，1985年4月，我的《说明文命题实例》发表了！

一篇文章的成功，使我在迷惘中明确了前进的方向，仿佛看到了胜利的曙光。由小到大，由点及面，由这篇文章的探索研究拓展到更广阔的领域——我又开始了新的更加宏大绚丽的梦想。于是我边实践边研究，先从初中写作研究下手，将初中生写作分为记叙文、议论文、说明文、应用文、中考综合训练类型导析五个部分；又将记叙文、议论文、说明文三种文体分为命题类型、结构类型、结构手法综合类型三部分。命题类型又分为命题形式、审题立意、写法及选材、例文四部分。应用文从初中生的实际需要入手，分笔记类、书信类、公文类、宣誓类四部分，每类之中既有要点介绍，又有实例……以"范例教学"的理论为研究依据，层层分类，力求找到触类旁通的"类"，举一反三的"一"—— 1990 年 6 月，我历尽三年苦心经营的 30 余万字的《初中作文类型导析》终于由长春出版社公开出版发行了！我的梦想成真了！

当我站到了更高的层面上审视教育教学活动时，新的梦再一次油然而生：此时我已不再局限于对语文教育教学的思考，而是把视角扩展到中学教育的各个学科的教学改革上。我以"精讲精练、精讲多练"为教学基本原则，在一个班的各个学科予以实验性贯彻执行，实践证明：效果是显著的。

梦有多高，天就有多高；心有多大，天就有多大。凭借教育科研的这股钻劲、闯劲，我由一般教师成长为一校之长。但是为寻求更广阔的发展空间，我辞去了校长职务，由城乡到城市，由小城市到大城市，一路打拼。

蓦然间我已年近半百，教龄近 30 年，还有什么梦呢？生命链条中的每个人，不都有承上启下的责任吗，而我又承担了什么呢？教育教学中不是积累了那么多的经验教训吗，为何不整理出来留给后人呢？

从 2006 年 1 月开始，我开始全面总结近 30 年教育教学的经验和教训并积极为未来的教育教学发展探寻问路——1200 多个日日夜夜过去了，诗歌、散文、杂文、论文等各种样式的 130 多篇教育教学文章诞生了，其中有 120 多篇被报纸杂志采用、刊出，产生了良好的社会反响。

今天，我把这些文章分门别类地予以归纳整理、加工润色，最后形成《心与教育的对话》奉献给大家，也留给我自己。假如它能给大家带来一点启迪、一点借鉴，抑或是贻笑大方的话，那吾愿均足矣；假如它没给大家带来什么，没有什么社会性参考价值的话，那就权当圆了我的一个梦而已……

生命未了，梦不了。梦在前头，我在后头，我知道，梦永远无法追逐。但为了我所热爱的教育事业能蒸蒸日上，为了来到这个世界上没有白白做一回光荣的人民教师，我愿意追她到坟墓……

2009 年 5 月 16 日于深圳

目录
CONTENTS

关注教育发展

宏观视角

微观践行

投身教学改革

立足本学科教学

改革创新

语文从阅读中走来

教法拾零

概念辨析

语文向作文中走去

探索发现

在咬文嚼字中学语文

关注教育发展

GUAN ZHU JIAO YU FA ZHAN

- 宏观视角
- 微观践行

加大教育的投入，办国家轴心化产业

只有一流的人才，才能创办一流的产业，只有一流的产业才能创造一流的业绩、一流的经济效益，进而促进国民经济的发展。教育是生产人才的产业。把教育办成国家轴心化产业，就是要加大对教育的投入，在思想和行动上把教育真正当成构成国民经济的支柱行业和部门来办——人类社会发展的高级阶段非这样不可。

一、加大教育的投入，使教育成为最富有的单位

虽然我国对教育的投入在逐年增加，但与发达国家相比还有相当大的差距。

2007年9月，财政部教科文司有关负责人表示，今后财政部将继续把教育投入作为财政支出的重点，按照普及和巩固义务教育、大力发展职业教育、提高高等教育质量的总体要求，进一步加大教育投入力度，积极解决教育改革发展中的重点、难点问题，促进我国教育事业又好又快发展。

当教育成了众星捧月的“明星产业”的时候，当教育能够达到要人有人，要钱有钱，要物有物的地步的时候，那一定是中华民族伟大复兴的时候。

二、加大教育的投入，使师范院校成为地方乃至国家之重点院校

2007年3月5日，温家宝总理在政府工作报告中宣布，在教育部直属师范大学实行师范生免费教育。这是继中央建立义务教育经费保障机制后的又一重大举措。

但仅在教育部直属师范大学实行师范生免费教育，还远远不够。省属和地区师范院校贫困生的比例要更高些，到基层工作的人也要更多些，而最需要师资的又是广大的农村地区。免费师范教育政策应向能为农村地区输送人才的地方师范院校倾斜，应逐步实现所有师范生享受免费教

育，并建立师范生在毕业后从事教育事业的保障机制。

现在，地方院校师范类学校招生难。因此，在省、市师范类院校实行免费教育，更为迫切和必要。

在实行免费师范教育后，师范院校应该回归本位，强调师范院校的特色，使毕业生能更好地适应教育教学工作的需要。近年来，随着高校的扩招和大学生就业的市场化，一些师范大学为了吸引生源、提高学生的就业率，纷纷向“综合型大学”靠拢，在教学内容和教学形式上有意淡化师范特色，偏离培养合格教师的教育目标，学科逐渐边缘化。实行免费教育后，这些高校应该逐步回归师范教育的本位，只有这样，才能达到提高教师素质，增强学生从事教育事业的信念的目的。

在实行免费师范教育，师范院校回归本位后，各级政府还要加大力度改善、提高师范院校的办学条件和办学品位，使之成为同级别的一流学校、重点院校。

三、加大教育的投入，使教师待遇成为国家之一流

改革开放以后，教师的工资待遇及社会地位确实得到了明显的提高，但总体水准还不高，地域差距还很大。

目前城市教师待遇优于城镇，城镇教师的待遇又优于农村偏远地区的现象特别突出。如何让教师职业具有吸引力？政府需出台更多的鼓励性措施，让在基层从事教育工作的教师能在基层安心发展。

四、加大对教育的投入，促进城乡教育一体化、均衡化发展

从长期看，实现城乡教育统筹均衡发展，关键在于“统筹”，统筹规划、统筹预算、统筹人事，实现城乡教育一体化；从中期看，要制定中小学办学标准和质量标准，使农村义务教育有标准可依；从近期看，迫切需要解决农村义务教育经费新机制实施中出现的新问题，建立规范的财政转移支付体系。

统筹城乡教育规划，制订城乡教育办学基本标准，打破教育城乡分割格局，启动新一轮中小学布局调整，实现办学条件标准化。很多地方所采取的“尽量撤销不符要求的学校，使小学向乡镇所在地和中心村集中、初中向中心镇集中、高中向县城集中”等具体措施都是有益的尝试。

统筹教育经费投入，重点加强对农村乡镇教育的经费投入，尽快解

决农村义务教育实施中出现的拖欠经费问题，这是促进城乡教育一体化、均衡化发展的最关键环节；这是实现城乡教育一体化、均衡化的各种措施能落到实处的有力保障。

统筹教师资源，加大优质教育资源共享力度。德国教育家第斯多惠说："无论怎样好的教育制度和计划，也代替不了教师的劳动。"教师永远是办好教育的最关键因素。要真正办好每一所学校，必须有高素质的教师队伍做支撑。教育发展不平衡的原因之一就是教师水平的不平衡。各地要加大城乡学校之间、干部之间、教师之间的交流力度，以此来均衡师资力量。

改革高中招生管理办法。很多地方所采取的"逐步取消高中招生的区域界限，各高中学校可以在全市范围内招生，初中毕业生可以在全市范围选择学校填报志愿，为城乡学生创造均等的就学机会，同时鼓励学校之间的竞争，引导学校办出特色"等进一步提高高中段学校管理水平和教育质量的方法都取得了一定的成绩……

要想让教育早出人才，多出人才，就要加大对教育的投入，把教育真正当成构成国民经济的支柱行业和部门来办。百年大计，教育为本！

学校的管理是思想的管理

学校的管理是人、财、物的管理，其中重要是人的管理，而对人的管理关键是思想的管理。所谓“思想”是指教职工的教育教学思想和能够为人师表的政治思想，这里特别强调的是教育教学思想。

改善、引导和规范教师的教育教学思想，进而实现教育教学活动的最优化，是国内外教育界越来越关注的研究课题。早在20世纪70年代以前，国外就开始研究揭示教师的个体行为与学生学习效果之间的关系，而70年代以后教育教学研究的重心则日益聚焦在教师的教育教学意识、愿望和信念等内在思想和品质是如何影响教师的教育教学和学生的发展这一方面。我国开展此项研究的时间比较晚，但发展势头却不亚于国外。

教师教育教学思想的管理是一件复杂、艰巨、长期的工作任务。那种认为通过几个课题研究、几场报告、几节示范课、几次研讨、几回反思就能解决问题的思想观点是不现实的。

一、思想不能管死，要管开；不要管僵，要管活；不要整齐划一，要百花齐放

思想不能管死、管僵，不要整齐划一，就是不能把某个人的理念强加给每位教师和学生。师生都是一个个具有个性化的人，所以要因人而异、因材施教，不能采用千篇一律、千人一面的模式化的教育教学行为。

思想要管开、管活，要百花齐放，就是强调要以国家教育大政方针和新课标为准则的“殊途同归”。例如“省时高效”是教育教学所追求的崇高目标，至于教师自己走哪条路达到这个目标是不能强求一律的。

要管好思想，就要对教师的思想转变过程有充分的认识和把握。教师教育教学思想的转变是一个复杂、曲折的过程，它涉及对新旧思想的选择、扬弃、认同、建构等一系列问题。这里既有别无选择的统一要求的选择，也有为我所用的个性认同的实效性的选择；既有全盘否定的舍弃，也有批判基础上的继承发扬；既有消极的建构，也有积极的建

构……如果从心理认知的过程而言，教师教育教学思想的转变一般要经过“观望—怀疑—扬弃—整合—创造”的过程，它是一个充满矛盾的认知过程。

懂得了这些，在教师的思想管理中就要注意管理策略。学校的管理价值在于关心人、培育人，满足人的发展需要。为此，要管好思想就要求管理者做到以下三点：其一要尊重教师自己的选择，注意保全其学术个性；其二要注意培养教师的自律意识；其三是注意满足教师的精神需要，如渴望学术自由和管理民主等。

二、先管自己的思想，再管别人的思想

(一)管自己学习，管别人学习

一个好的学校管理者，首先必须是刻苦的学习者和研究者。他必须能够站在当前国际教育教学改革的最前沿，接触最先进的教育教学思想，然后再结合自己学校的实际情况，作出有价值的办学理念的判断。

学校领导者自己有了“思想”之后，还要让团队的每一位成员都有思想，这种思想最好是等于或大于领导者的思想内涵。如果是小于，那么它必须含在领导者的思想之内；否则就会步调不统一，甚至出现“内耗”现象。

如何管自己学习，管别人学习？最有效的方式就是“写”。写教育读书笔记，写教育反思，写教育研究性论文……要有量和质的要求；量达到了，再看质。以此来促动此项工作的蓬勃开展。

管理者管住了自己，排除了繁杂事务的干扰，专心致志地进行学习研究；同时又管住了别人，让他们也能专心致志地进行学习和研究。这样，全校上下就会形成一个现代的、全新的、超前的教育思想潮流和行为合力，学校的面貌就会焕然一新、朝气蓬勃。

(二)管自己实践，管别人实践

“实践是检验真理的唯一标准”，先进的教育教学思想要付诸实践来验证，并在实践中丰富和发展。假如仅有思想不勤于、勇于持之以恒地去实践就会成为空头理论家。

思想在于运动，运动才能使思想保持常青，这种运动就是学习和实践。管理者要学会用思想引领教师的行为，用思想陶养学生的心灵，用

思想提升学校的品质。把思想转化成为自己先进的办学理念，再把办学理念具体为实践中的做法，然后把具体化了的做法内化成每一位教师的自觉行为，渗透到日常的教育教学活动中去，最后形成学校的特色和品牌。

怎样管自己实践，管别人实践？其一是躬亲式实验法，就是管理者把自己的教育教学思想直接付诸教育教学实践。可教一个班的课，任一个班的班主任，和教师一起学习研究，并及时把自己的经验和体会传达给教师。这种率先垂范的管理方法对教师来讲是有很强说服力的。

其二是蹲点式实验法，就是管理者带着自己的教育教学思想到一个班或几个班去落实，进行跟踪实验。可以是班级管理的探讨，也可以是教学的探讨；可以是一个学科的探讨，也可以是几个学科或者全部学科的探讨。和教师一起进行有计划、有目标、有步骤的学习、探讨和实践，及时总结交流经验和教训，并形成文字以引导其他教师的改革实验。这样做的前提是管理者必须要做到经常到班级去听课、座谈、考察等，以及时调整、丰富实验计划。这样做可以以点带面，但从整体推进的角度来看，取得成型经验再来推广的周期会比较长。

其三是课题式实验法，就是把团队的教育教学思想理念分解成一个个具体可操作性的小课题，然后落实到每位教师的教育教学活动中。教师人人有课题，人人有开题报告，人人有实验记录、反思材料、成果材料、结题报告等；学校有跟踪管理，调控考察等行为和材料等。这是大面积、全方位进行教育教学改革的方法。它有利于促进教师水平的提高，促进学校整体办学水平的提高。

其四是普及推广式实验法，这是一种统一思想、统一意识、统一计划和步骤的“全统”式改革模式。这种方法由于有统一的要求，可使参差不齐的教师队伍一体化、队列化。它见效快，尤其是对于应试成绩的整体提高帮助会更大。

学校是教书育人的场所，教书育人是一件艰苦复杂的脑力劳动，“思想”是通过这种艰苦的劳动打造出来的。管理者有了思想，还要变成所有教师的行为，才能使学校的各项工作有思想；教师人人有思想，才能使教育的对象——学生有思想。由此看来，学校管理的核心就是要促进教师的这种“思想”的进步和成熟。

课改不是改掉考试

课改是要改掉应试教育吗？果真如此的话，素质高低又怎样衡量？窃以为，课改不是要改掉应试教育，而是要丰富完善目前的应试教育。应试能力的高低本身就是素质高低的重要体现，应试教育本来就是素质教育的重要组成部分。因为现行教育中有考试，于是就把围绕应试内容为重点的教育贬为“应试教育”。因为人的素质不仅仅是“应试素质”，还应包括德、智、体、美、劳等各方面素质，于是就把以素质内容为重点的教育尊奉为“素质教育”。这些概念和观点乍一看没什么毛病，但仔细一琢磨，这是割裂了部分与整体、形式与内容的关系。

首先，应试是一种能力，它包含在德、智、体、美、劳等各方面的素质之中。有竞争就会有考试，有考试就会有应试，应试是对考试的应答和适应，不同的人应对考试的策略有所差异，适应能力有高低，因而应试也是一种能力的体现，它不但考验着学生的心理素质，也检查了学生对知识的记忆、思考、分析、归纳、综合等的能力，这些都是作为一个学生应有的基本技能和素质。

其次，考试是一种手段，德、智、体、美、劳等各方面的素质要通过考试来衡量高低。军校以培养军事素质为主；党校以提高人的政治素质为主；宗教学校以提高人的道德素质为主……所有这些学校都要以考试来检测、评估受教育者素质提高的效果。

人们之所以排挤“应试教育”，是因为目前的应试教育过分地夸大了考试的评价功能，分数成为衡量一个学生甚至是一个教师素质高低的唯一标准，导致教育的一切就是围着考试转，考试考什么，学生就学什么，教师就教什么。从这一点上来说，应试教育确实需要“改”，但“改”可不是改掉不要。

新课程把考试内容、考试方式等方面作为考试改革的重点，进一步合理地体现考试的价值与功能。如在考试内容方面，由单纯考查学生的学习结果转变为关注学生学习过程中的变化、发展与学习结果相结合，并且在近年的考试中有所体现；由单纯地考查智能转变为与德、体、美等相结合，如中高考必考体育，体育、艺术等方面的学习过程、学习结果等都可载入成长记录等。在考试方式方面，高校实行春秋两次高考，部分高校实行自主招生等；中学生采取笔试、口试、答辩、参加社会实践等方式来考查学生等；小学生采取笔试与口试、游戏等方式结合，或者是为学校、家庭等做一件有意义的事情等。考试方式呈现了多样化。

改革就是要把事物中旧的、不合理的部分改成新的、能适应客观情况的部分。这样说来，新课程改革不应是对以前的教育的彻底否定，而是批判地继承。考试考什么、怎样考、怎么看待考试结果等，这正是新一轮课程改革思考和探索的问题。

教育均衡化发展急需解决的三个问题

一、城乡教育发展严重失衡

长期以来，城乡在办学条件、教师待遇、师资状况、人口素质等方面就存在悬殊差距。现在又怎么样了？2008 年暑期，我回到了阔别已久的故乡东北，年久失修的校舍、薄弱的师资力量……不禁使人忧心忡忡，感慨万千。

所见所闻城乡教育之现状，使我想到了这几年被人们关注的“教育均衡化发展”的问题，顿生感悟：要真正实现“教育均衡化发展”，首先要实现的是城乡的均衡化、贫富区域的均衡化、教师待遇的均衡化、教师水平的均衡化等办学条件和办学水平的均衡化。而这些问题的解决或多或少都涉及一个字，那就是“钱”！假如钱能到位，这些问题都好解决。但是在经济还不发达，或者说经济发展还不均衡的中国的今天，又如何解决教育发展的不均衡呢？各地都不同程度地进行着尝试。

“教师跨校互聘、联聘或兼职；教师轮换制度和定期服务制度；鼓励高中教师到薄弱初中任教；结对帮扶”等措施的出台，对推进教育均衡化发展起了一定的作用，但总体上说，这些措施还都是“软”招式，治标不治本。

《中国教育报》2008 年 9 月 28 日第 2 版刊登了一篇题为《农村孩子该不该全部进城上初中——山东省平原县农村初中全部“农转非”引出的话题》的文章，说的是该县将农村初中全部拿到城里来办所引发的争议。我认为，首先要为平原县的开天辟地、大刀阔斧的做法叫好。平原县的措施可以算作是“硬”招式，干得干净利落，治标就不用说了，从某种意义和角度上来说，它也治了本。

东北老家教育的现状，东北老家农村的中小学寒酸生存的现象，使我强烈感觉到：与其这样苟延残喘地“活”，还不如干脆叫它“死”，集中人、财、物的优势兵力来办好几所大学校。“就近合并，优化组合”是许多地方所采取的比较有效的促进教育均衡化发展的战略措施，不妨一试。

解决教育发展不均衡问题的途径千万条，但无论走哪条，你都要“走”要“动”，空喊是不解决问题的。要开拓创新不要保守等待，作为政府，要花大气力，舍得在教育上花钱，合理分配资源，优化资源，帮助薄弱地区教育尽快“脱贫致富”；作为学校，必须积极挖掘校内一切可以挖掘的资源，进行校内优化组合，将校内资源的作用尽可能地发挥出来，不让教育出现断层；作为教师，无论是理论还是实践，都要练就过硬的本领，只要人不薄弱，其他问题都好解决。

教育发展要均衡，就要有人、财、物的流动，否则高低不平的现状就无法抹平，但这又不是“削高补低”，而是要“以高带低”“补低齐高”。这就给教育的均衡化发展的理想实现带来了难度，可是不管怎样，都要“流动”，即使是达不到人、财、物的全方位的“流动”，哪管是某一个方面的“流动”也好，因为只有“流动”起来，“死棋”才有希望下活。

二、强弱学校发展规模失衡

重点校、升学率高的声誉好的学校规模在扩大优质教育资源的名义下，不断扩张，几年前还是三十几个班，不几年就神话般地成为拥有上百个教学班近万名学生的超级规模的学校。有的甚至还办起了什么分校、联校、校中校、公办民助校、子母校等名目繁多的“挂靠校”。生源滚滚来，财源滚滚来。薄弱学校只能在水深火热中挣扎。

诚然，有些学校的扩大确实起到了一定的积极作用，但学校扩张背后的问题也实在不少。其一是资金的问题，学校建设动用大量资金，使学校负债累累。其二是生源问题，由于学校资金缺口太大，学校不得不招收大量的高价生，以致不管学生成绩如何，品行优劣，来者不拒，给教学、管理带来极大的困难。其三是师资问题，学校扩张给教师年龄、素质等的结构带来很大的冲击，学校领导成员迅速膨胀，一些骨干教师成为领导人，投入大量精力忙于应付繁杂事务性工作，过去稍微优秀些的教师顺次成为各学科的带头人，或教研组长，或备课组长；大批刚刚毕业的学生蜂拥而至，教师结构比例严重不合理。其四是管理的问题，学校规模迅速膨胀，给管理带来极大困难。教学点分散，不易于集中，分校长与总校长梯次管理经验不足，责权利不明确，使管理步调不统一，甚至是各行其是……

学校办学规模，是以办学的质和量的和谐统一为标准来求得生存发展的。办学规模不够，会造成教育资源的浪费，但规模盲目过快发展又会造成教育资源的紧缺。规模的扩大，不能以降低教育质量为代价，简单化的量的累加不会带来质的突变。学校发展需要较多的教育投资和对教师更高的文化素质要求，如果不能按实际所需配齐必要的教学设备，或不能遵循师资先行的规律配备合格师资，仅冠以优质学校的名称，那只能是徒有虚名，误人子弟。

学校布局要合情合理。在改制、合并、新建学校时既要考虑人民群众接受优质教育的要求，又要方便学生入学，根据社区适龄学生人口、教育需求，合理布点，不给家长和学生带来过多过大的困难；学校规模和班级规模要保持适当的数额，不能过于庞大，也就是说既要从经济效益出发考虑学校布局和学校规模，更要从有利于教育生存发展的角度来确定学校布局、学校规模和班级规模；就教育公平而言，不仅要使学生受教育的机会均等，还要追求学生受教育的过程、受教育的结果的均等。

三、暗设重点班，造成校内教育教学资源配备和受教育者公平接受教育的天平失衡

初中暗设重点班——这不是一所学校里的事情，全国大多如此。2006年9月1日新修订的《义务教育法》第二十二条规定，“县级以上人民政府及其教育行政部门应当促进学校均衡发展，缩小学校之间办学条件的差距，不得将学校分为重点学校和非重点学校。学校不得分设重点班和非重点班。”第五十七条规定，学校有“分设重点班和非重点班的”，“由县级人民政府教育行政部门责令限期改正；情节严重的，对直接负责的主管人员和其他直接责任人员依法给予处分”。

为什么初级中学办重点班屡禁不止？我认为问题的症结是我们现行的选人机制，即通过中高考来选拔人才的机制。有了这样的途径，人们就千军万马过独木桥，就“片面”追求升学率。概括地说，初级中学之所以明生暗长地办重点班，就是因为有广泛的社会需求，谁都希望给孩子一个好的教育环境，为孩子考上重点高中乃至名牌大学提供有力保证。

假如说办重点班我们可以睁一只眼闭一只眼的话，那重点班之后总该平行分班了吧！但还有的学校设立重点班之后又采用成绩一个班比一个班差的递减方式进行了分班，这严肃一点说，是对法律的亵渎，对教

育教学规律的亵渎！对教师的亵渎！对家长和学生的亵渎！

义务教育是国家行为、政府行为，是政府依靠纳税人的钱来实施的，它的基本价值和功能是保障公民平等的教育权利和教育机会。因而，国家要对所有的学校及所有的学生一视同仁，许多国家和地区实行“一张图纸盖所有的学校”，体现的正是这一基本价值。

《义务教育法》之所以明确规定“学校不得分设重点班和非重点班”，就是要促进学校的均衡发展，试想，连校内都不能均衡发展，那校外的全国教育又怎能均衡发展？虽然这部“法”现在遭到了亵渎，但我们有充分理由相信，在未来的教育发展中它一定会得到贯彻落实。

论文是支潜力股

自从教师评定职称将“公开发表的论文”作为必备条件之后，人们对此是非曲直的议论就一直没有停止过。2008 年海南省首先冲破教师职评论文一票否决制的藩篱，不再将发表论文作为教师评定职称的硬性条件。一石激起千重浪，一时间，将本来就有争议的问题讨论推向了高潮。孰是孰非，何去何从？人们拭目以待！

争论过后的心平气和之时，我们不妨需要明确几个问题：

首先是什么是论文及其特点的问题。论文是学术论文的简称。学术论文是某一学术课题在实验性、理论性或观测性上具有新的科学研究成果或创新见解和知识的科学记录，或是某种已知原理应用于实际中取得新进展的科学总结，用以提供学术会议上宣读、交流或讨论；或在学术刊物上发表；或作其他用途的书面文件。简单地说，就是指用来进行科学研究和描述科学研究成果的文章。它既是探讨问题进行科学研究的一种手段，又是描述科研成果进行学术交流的一种工具。教育科研论文是指专门研究、探讨教育教学规律的学术论文。教学论文主要研讨学科教学的内容、方法及对象，通常包括以下四个类型：知识性小论文、经验总结性论文、研究性论文、实验报告或调查报告。论文一般具有独创性、科学性、创新性、学术性(理论性)、可读性的特点。

其次是为什么要写论文的问题。简要地说就是因为写论文可以记录新的科研成果，进行学术研究；促进学术交流、成果的推广和科技发展；促进科研的深化；考核作者知识，科研水平；培养人独立思考和创见的能力……

提到教育教学论文写作，并且还要成为评定职称的必备条件，就会有许多不同声音。年轻人说：“我现在要集中精力搞好教学，教研写论文是以后的事情”；年长一点的说：“我不会写论文，这么多年的教学不也很好吗?”毕业班的老师说：“教学已经够忙的了，哪里还顾得上写什么论文?”……把写论文看得太高太难太浮，甚至把写论文看成是一件令人头疼的事，望而却步。

其实，当教师的需要做的工作主要就是两件事：一是教学，二是教研。教学引领教研，教研促进教学，两者缺一不可、相互依存。教研是为教学充电、补充给养；教学是为教研提供源泉。如果只教不研，就容易原地打转，几年几十年如一日，“教书匠”即由此产生；如果只研不教，就会成为空头理论家。只有研教结合才能成为“教书将”。

教师一天的工作是备课、上课、批改作业、阅卷、管理班级……这些就是我们通常所说的教育教学工作。进一步说，备课需要钻研教材，上课需要选择恰当的教学方法，管理班级需要选择恰当的教育方法……这些实际上已经就是教研的初级阶段了。再进一步说，备课、上课、批改作业都有哪些成功的做法，又做了哪些无用功？期间是否有提高教育教学效果的灵机一动的奇思妙想？……把这些经验和教训甚至是奇思妙想及时记录、整理、描述出来，并由特殊推及一般，上升到理性认识……这就是搞教研写论文。教学与教研是连体婴儿，反思和写作是将两者连在一起的有效方式。

教师学会做研究与写论文，是履行自己的岗位职责、完成工作任务的一个重要组成部分。那种认为只要拥有学科专业知识就能胜任教师工作的想法是不符合教育教学的客观发展规律的，现时代的教师必须时刻用先进的教育理论武装自己，掌握教育心理学、学生心理、班级管理艺术、教学理论与设计、家庭与社区沟通理论等，这就离不开借鉴别人的研究成果和自己独立地开展相关的研究工作。

教师做研究和写论文的目的主要是为了改进工作，完善和提升自己。时代在前进，以创新为核心的素质教育需要科研型的教师，“减负”要求我们向教育科研要质量、要效益。不少教师拥有宝贵的教育、教学经验，若能将其总结出来发扬光大，既是人生价值的体现，又可以以点带面、影响一片，进而促进教师队伍整体素质的提高，何乐而不为呢？

人总是有惰性的，谁能克服它，谁就有了成功的希望。勤于动笔，肯于吃苦的人成了作者；懒于动笔，不肯吃苦的人就只能当读者。这读者和作者之间相互联系的方式是勤为径，苦作舟。仅能吃苦不行，还要进入以苦为乐的境界，正所谓“知之者不如好之者，好之者不如乐之者”，假如我们能将做研究与写论文看成是自己工作、生活的一部分，看成是个人成长、身心愉悦的经历，那我们的教育教学工作就会出现勃勃生机。

事实上，有关部门规定评审条件要有论文发表的初衷，就是要鼓励引导教师需要不断学习、刻苦钻研，切实提高专业水平和理论素养。遗憾的是，在实际的执行中，往往过于强调规定形式，而忽视了要求的本意，其结果就是为了评定职称而抄论文、买论文，花钱发表论文；个别报纸杂志就趁火打劫，借此发财等。好像写论文就是为了职称评定，急功近利、目光短浅、胸无大志之态显露无遗。

搞科研写论文的功利性现象由来已久，只是职称评定的规定又使其达到了极致。要解决这些问题，给搞科研写论文“正名、正位”，我认为要抓好两方面的事情：

其一是要规范、净化文化市场，从源头上堵住漏洞。让那些不是靠质量来谋求生存，而是趁职称评定需要论文之机来收费刊发文章发财的报纸杂志无藏身之地。

其二是完善考核内容体系，加强教育科研的形成性的过程管理和考核。上级主管部门考核学校，学校考核教师要将写论文列入必备的且是重点的考查内容，而不是只有到评定职称时才成为必备条件。上级有关部门及学校要将搞科研与写论文纳入平时的教育教学管理之中，要注重培养教师的科研能力。

“独到的思想者、不倦的实践者和终生的学习者”是当今社会发展对教师提出的要求，也是教师专业发展中所追求的崇高理想和最终目标。然而，在现实中，很多教师难以做到“三者”齐备，为什么？只知“教”，不善“思”“学”和“写”就是其中最主要的原因。而思、学和写就是在搞科研。

教育要发展，科研要先行，作为科研成果的载体——论文，又怎能游离于外呢？

真正的特色不容易

为了进一步优化教育资源，深化教育改革，推动素质教育的进程；为了打破传统的千校一面、千人一面的育人模式，创新办学理念，促进学生个性化的发展；为了落实1993年《中国教育改革和发展纲要》中提出的："中小学要由'应试教育'转向全面提高民族素质的轨道，面向全体学生，全面提高学生的思想道德、文化科学、劳动技能和身体心理素质，促进学生生动活泼地发展，办出各自的特色"的精神……十多年来，"创建特色学校"的活动越来越多地被有关部门提上议事日程。

何谓特色学校？大多数人认为：是在先进的教育思想指导下，从本校实际出发，经过长期的办学实践，形成了独特的、优化的、稳定的办学风格和显著的育人效益的学校。

那目前"创建特色学校"活动开展的情况如何呢？据我所知——如实地说，已是特色学校的大多是有其名而无其实；正在探索实施的"特色学校"也是步履维艰！为什么？主要有两方面因素影响和制约着办学特色的形成：一方面是国家的教育法规、教育制度、教育方针、教育管理体制、教育评估办法、公众倾向意识以及由国家规定的有关课程设置和长期形成的教育传统等学校之外的因素。另一方面是学科专业结构、师资队伍、学生、课程、设施、环境、学风、教风、校风和长期形成的办学思想、学校传统等学校之内的因素。

教育方针政策、管理体制、评估办法、公众倾向意识等学校之外的国家大环境是制约学校之内的学科专业结构、师资队伍、学生、课程、设施、办学思想等的小环境的重要因素。学校要想摆脱这盘根错节的不利因素的束缚，形成自己特色的艰难程度就可想而知了。要排除各方面的干扰和阻碍非从上至下花大气力，下大决心不可。

第一，国家要有一套有利于教育教学改革，创设特色学校的方针政策。例如改革中高考选拔人才的制度，改革办学水平评估办法等。

第二，建设一支具有一技之长的"特色"教师队伍。从各高等师范院校到地方教师培训机构，从国家有关教育机构到地方政府都要将打造“特色”教师当做头等大事来抓。师范毕业生要人人有特长，只有具有一技之长的教师才能培养具有一技之长的学生。各具特色的人才越多，民族的素质就越高，社会的发展也就越快，千篇一律的教育模式也就自然得到了矫正。

第三，莫要急功近利，贪大求洋，要小步子，从局部到整体。学校要根据人、财、物的实际状况，先在工作的某个方面形成特色，即局部特色，可以称之为特色项目、特色学科或优势项目。然后再渗透到学校工作的各个方面，体现出独特的整体风貌。

第四，力戒形式主义。形式主义片面追求“特色”的形式而忽视“特色”的内容，脱离实际，不按客观教育规律办事。

第五，走特色发展之路，要有可持续性发展的长远规划。学校创特色绝不能心血来潮，朝三暮四。特色项目一经选定，需要有一定的稳定性和发展性。所谓稳定性，就是指这些特色在时间上要经得住考验，在空间上要具有较深远的社会影响力；所谓发展性，是指学校特色的内涵应在办学实践中进一步拓展。学校要特别注意做好阶段性总结和规划，适时调整，逐步构建和完善自己的特色体系，更好地发挥学校特色建设的助动作用。

创建特色学校还应走出以下误区：一是不能以“特色”来冲淡正常的文化知识教育，不能为“特色”而“特色”；二是不能把“特色”与“特长”相混淆，要严格区别“特色教育”与“特长教育”；三是不能将“特色教育”与“职业教育”相等同，普通中学不是职业学校，职业学校也不是普通中学。只有这样，才能使特色学校健康发展。

特色教育谈何易？然而一旦得了法，真正形成了特色，那发展前途将不可估量！

谁来保护教师

最近经常看到一些令人深思甚至是令人触目惊心的事情：北京海淀区艺校学生侮辱老教师事件；因违反校规被老师警告要扣分，安徽省肥东一所中学初一学生竟伙同两人带着钢管当堂追打班主任老师，打完后，还不依不饶，让老师跪下给自己道歉……这是一个又一个悲剧，悲剧的意义不仅老师失去了尊严，而是我们的教育失去了尊严。悲哉！悲哉！

还有更甚者，打不算还要杀。2007年5月的一天，黑龙江省双鸭山市的一所中学，年轻漂亮的语文教师发现一名男学生趴在桌子上没有听讲，便以委婉口气说："×××，你这么高的个子趴在桌子上睡觉不怕人笑话吗？快起来吧！"下课后这名男同学走向讲台，一刀刺进了老师的身体，鲜血顿时喷了出来，从案发到这位老师去世，时间总共不到十分钟。

针对上述这类情况，有人强烈呼吁国家设置教育法庭，设置专门的青少年处罚机构进驻学校，采用澳大利亚的红黄牌教育制度，学生累计出现三次违纪就得罚出教室，并用行政手段传唤其监护人和自己的孩子一起到专门设置的隔离室进行隔离教育(其实就是拘留)。累计三张红牌就得用行政手段对其家长予以经济制裁！他们认为红黄牌教育制度的好处在于：赋予了教师以绝对的权威；维持了正常的教学秩序，减少了老师的负担；督促家长对孩子严加管教；对学生起到了震慑作用。

对学生约束的"法"在国外多得很，美国的教育是非常民主的。但是，惩戒也是异常严厉的。如损坏了一块玻璃，要5倍的赔偿，还要关禁闭(每个学校都有一名到两名警察和专门的禁闭室)。新加坡、日本、韩国等都允许教师适度的体罚。

国外的这些东西不一定完全符合我国的实际情况，但起码对我们的只约束教师不约束学生的现状有借鉴意义。

杭州"西点男孩"训练中心的另类教育在我国引起强烈反响。鞭子、黄连、辣椒酱是这里的教学法宝。作业没做完就不能睡觉。不听老师提醒，违反规定，说谎和学习有明显退步，孩子们必须接受不同力度的吃辣椒酱、吃黄连、鞭刑等惩罚。创办人万国英说“西点男孩训练中心的办学目的，就是想以全封闭、军事化管理的模式，将男孩打造成真正的未来男子汉”。对这样一个如此严厉的每月收费高达2000元的非全日制的托管机构，虽然有褒有贬，但它的效果明显，名气越来越大，规模越来越大。“西点”创办以来，挨过鞭打的孩子不计其数，但至今没有一个家长去告过，甚至连一般的抱怨都没有。

深圳电视台都市频道“第一现场”栏目在2007年11月20日播出了一则江西关于“问题学生”在一所学校参加“魔鬼训练”教育变化显著的消息，几个小时过后就先后接到80多位学生家长的咨询电话，纷纷表示要将自己的“问题孩子”送到那里去的愿望。一则消息竟变成了一则广告，其现象是发人深省的。

古时的私塾教育，老师专门有一个对学生施行体罚的“戒尺”，稍有不逊就戒尺伺候，造就了一大批人才……

我们不相信简单粗暴的方式会替代丰富多彩的教育手段，但我们更不相信一个没有严格约束的孩子会成才。“严师出高徒”“棒下出孝子”这些自古就有的教育名言之所以能流传至今，就是因为它道出了教育的基本内核，那就是要“严”，只有严才能出人才。

教育的对象是学生，可是目前大多数约束的条文却是教育者——教师，对教师有“法”而对教育的对象——学生却无“法”甚至是有法也等于无法，这不得不令人深思。

我们渴望出台行之有效的制约学生的“法”，保护教育之人——教师的“法”，让教育更加有实效，让教师更加有尊严、地位和权利！

后记

时至今日，“谁来保护教师”的问题不仅没有被搁浅，反而成了讨论的热点——这其实是缘于2008年10月的两起“弑师案”：10月4日，山西朔州一名23岁的年轻教师倒在16岁学生的刀下；10月21日，浙江丽水市缙云县某中学一名31岁的女教师，在家访时被学生掐死。

恶性事件的频频发生，引起了有关部门的重视。2008年10月26日，教育部基础教育一司副司长王定华表示，政府、社会和教育工作者应积极采取措施，切实保护教师安全，“教师的安全和学生的安全同样重要，都是重于泰山”。

王定华认为，教师正当使用的、恰如其分的惩戒不属于对学生的体罚，不提倡对学生的一切行为都给予包容，甚至迁就的做法；批评和表扬同样重要，一味不负责任的表扬会让学生看不到自己的瑕疵；要加强对中小学生的理想信念教育、法制教育和心理健康教育。

不幸的是，正当教育部呼吁“切实保护教师安全”话音未落之时，10月28日，中国政法大学又有一名教授被本校学生砍死。这样“教育造孽的事”一而再、再而三地发生在学校，不由得引发社会对教师这一职业乃至教育本身的深刻反思。

苏联著名教育家马卡连柯曾说：“适当的惩罚，不仅是教育者的权利，也是教育者的义务。”他道出了一个深刻的道理，就是适当保留对学生的惩戒，不仅增强学生的自律意识，也能够有效地促使学生形成严谨的学习态度与行为规范。

有许多人认为，没有惩戒的教育是不完整的教育，赏识与惩戒是教育的两翼，互为补充、缺一不可。“眼下的中小学教育界过多地放大了赏识教育的作用，现在惩戒的教育功用重新得到认识，无疑是会更加有利于中小学生的健康成长”。

究竟怎样的“惩罚”才算适当，才算合理？究竟怎样的方法才能既保护教师又能保护学生？对这些问题已到了不能一拖再拖的非解决不可的地步。

“三者”教师何难求

“独到的思想者、不倦的实践者和终生的学习者”是当今社会发展对教师提出的要求，也是教师专业发展中所追求的崇高理想和最终目标。然而，在现实中，很多教师难以做到“三者”齐备，为什么？

第一，受社会大环境之理论脱离实际的影响，使一线教师难以成为集理论与实践之大成者。

教育的理论和实践原本是密不可分、融为一体、集于一身的，随着社会分工的细化，理论家和实践家逐渐变成了两种职业。于是理论脱离实践的问题就随之产生了，于是集理论与实践之大成的教师也就少之又少了。

在当今的课程改革过程中，由于传统的教学方式与崭新的教学理念间存在着代沟，理论家所主张的理论与一线教师所采纳的理论有时是相分离的。一般来说，理论家所主张的理论总比一线教师所采纳的理论更前瞻，更能体现教育教学的美好理想。而一线教师所采纳的理论又总是比理论家所主张的理论更加浅显易行，并具有传统的思维定势，且在目前更具有根深蒂固的大市场。正因为如此，才使我们的课程改革落不到实处，对教学效果构成了潜在的威胁；正因为如此，教师如何思考、酝酿、探求在理论家所主张的理论与一线教师所采纳的理论之间的最佳通道、最佳切入点才成了亟待解决的问题。

第二，受社会大环境之应试教育的影响，使一线教师的思维定格在“万般皆下品，唯有分数高”的框框里不能自拔。

应试教育不仅影响了学生的全面发展，也影响了教师的全面发展。在传统的应试教育模式中，学校整个工作围绕着中、高考的指挥棒转，全部教育就是为了考分，强化训练、题海战术，加大了教师的工作负担，加剧了教师队伍中的非正常竞争，加重了教师的心理压力。有价值的研究和探索缺少时间和动力，严重桎梏教师知识结构的扩展和各种素质的提高。

第三，受自身素质之敬业精神、思想观念等因素的影响，使教师难以做到“三全其美”。

“鞠躬尽瘁，死而后已”敬业精神的欠缺是影响教师“三全其美”的主要原因。争名夺利的思想是教师“三者”齐备的大敌。如物质待遇攀比，部分教师不能以“比上不足，比下有余”的“知足者常乐”的乐观主义态度对待自己的物质生活，于是就不能安心本职工作。又如荣誉攀比之心甚重，这就造成了人际关系的紧张。再如能力嫉妒与倾轧，“能力互补，携手双赢”的“和谐、合作”的意识还不强等。

另外，传统的教育观念的束缚也是影响教师“三全其美”的原因之一。如传统的教育观念认为，教师只要拥有了一定的学科知识，具有了合格的学历，就可以胜任教师的工作；教师只要拥有了“一桶水”，就能够给学生“一碗水”。这种观念严重阻碍了教师的专业发展，也会影响教育向更高层次的发展，最终势必会影响整体素质教育的实施。

总之，无论是社会大环境的影响，还是学校小环境的影响。教师的自身素质和修养仍是问题的关键。

塑造和自我塑造“独到的思想者、不倦的实践者和终生的学习者”是社会、学校的责任，更是教师自身义不容辞的神圣职责。要做一名“独到的思想者、不倦的实践者和终生的学习者”先要做一个有阅读习惯的“学者”，然后做一个有批判和继承精神的“思想者”，最后做一个勤于实践、引发变革的“行动者”——这是所有堪称良师者所必须经历的三个阶段。

人人都成为“三者”教师之时，就一定是中华民族教育兴盛之日！

个性教师与个性化教育

一、个性与教育

“个性”在《现代汉语词典》中的解释是：(1)在一定的社会条件和教育影响下形成的一个人的比较固定的特征；(2)事物的特性，即矛盾的特殊性。一切个性都是有条件的，暂时地存在的，所以是相对的。从这两种解释看，第一种指的是人的特性；第二种指的是事物的特性。而我们的论题也恰好是前指人，后指事物。如何理解人的个性并用它来修饰教育实践而形成教育的个性化特点，成了一种面向未来的教育改革和发展的理论课题。

人们一提到“这个人个性强”或“这个人很有个性”，总会和“性格怪异、执拗倔强、我行我素”等联系在一起。但“个性教师”可不是这个意思，它是指在教育教学上有独特思想和独特的教育教学行为的人。

苏联教育家乌申斯基曾说：“在教育中，一切都应当以教育者个性为基础，只有个性才能影响个性的发展与定型，只有性格才能培养性格。”作为新世纪的教育工作者，需要有新时代的个性，只有个性才能孕育创新，也只有创新才能展示个性。

我国教育体制长期以来一直和计划经济一样，带有浓厚的计划色彩，统一的教材、统一的教学大纲、统一的集体备课等，把教师严格限制在一个比较固定而又相对封闭的框架之中，教师没有被当做一个充满活力和创造性的个体受到应有的尊重。教育教学虽然应该有一定的规章制度，但归根结底还是一项个体性很强的工作，它需要教师的智慧的火花，需要教师的灵性的闪光。假如没有教师主观能动性的自觉发挥，教育就是无本之木，无源之水。

新课改，给了学生更加广阔的学习和发展空间，同样也给了教师展现自我的舞台。新的教学理念，赋予教师更多的个性色彩。教师的人格魅力、个性色彩，往往就是老师征服学生的关键所在。

个性集中反映了一个人的精神面貌，表现着个体对现实的态度，是经常的、稳定的心理动力系统。一个个性张扬的教师，他一定拥有一个积极的态度，一个活跃的思维，一种昂扬奋发的精神，一种不怕挫折的意志。这样的教师一定是独立的，能够打破常规，匠心独具；一定是协作的，而不是孤僻的；一定是锐意进取的，而不是自甘落后的。

一个具有教育教学个性的教师，要有坚实的专业知识，能够在教育教学中厚积薄发、左右逢源；要有"杂家"的角色意识；能够博采众长、取长补短；要有不拘于时的胆识，只要有利于提高教育教学质量的办法就敢去尝试……

二、教育个性化与个性化教育

21 世纪，对人类经济、政治、意识形态等各个领域都提出了与以往不同的要求。教育要从大规模培养完全一致的螺丝钉式的传统教育形式转变为更具有个性和强调不同体验的个性化教育。

所谓的个性化教育，就是根据学生独有的个性因材施教。它强调充分尊重和发挥学生的学习积极性，重视学生个性的和谐发展，并通过教学唤起学生的求知欲和对个人全面发展的追求。同时，引导学生独立思考，主动获取信息，实现知识、能力和人格的协同发展。

教育个性化有三层含义，其一是指教育的人性化，尊重人的个性，突出学生在整个教育过程中的主体地位，培养学生的主体意识和主体能力；其二是指教育的个人化，包括个人的生理、心理、年龄特点、天赋、特长、兴趣、爱好、社会志向和职业选择等；其三是指学校的个性特色，包括有个性特色的培养目标、课程设置、教学形式和教学方法，教师的个性，以及有特色的校园文化等。

个性化教育的总体的目标是：一方面尽可能挖掘每一个学生的潜能，另一方面还要承担起促进学生社会化的重任。前者就差异而言，后者就趋同而论。这也是素质教育的最终目标。

三、教师个性与学生个性

苏霍姆林斯基曾说："一个无任何特色的教师，他教育的学生也不会有任何特色。"只有教师的个性得到了充分的发展，学生的个性才有可能得到全面和谐的发展。当我们的教师都成了个性鲜明的教育艺术家时，我们的教育天地就会万紫千红、生机盎然。

教师的个性，潜在影响着受教育者的精神世界，影响着教育的效果。首先，它的影响力有两方面含义：一是指教师个性的丰富内容从不同侧面、不同角度影响着学生的心理发展；二是指教师个性对学生影响是多渠道、全方位，无时不在、无处不有的。其次，它的影响力具有两方面的特征。一是教师良好的个性品质对学生的影响是潜在的、自然的、含蓄的，不但作用于学生心理意识层面，而且还作用于潜意识层面；不是硬性灌输，而是让学生心悦诚服、自觉自愿接受影响。二是在教师的教育影响力中，个性影响力往往处于主导地位，比强制性的权威影响更强、更持久，也更有效。

教师的个性对学生的影响作用是巨大的：首先是示范性，由于成长中的学生品质、性格、能力还没有完全定型，理想、信念、人生观还没有真正确立，这就使教师个性的导向示范作用有了保障。正如乌申斯基所言："教师个性对年幼心灵的影响是任何教科书、任何道德箴言、任何惩罚和奖励制度都不能代替的一种教育力量。"教师良好的个性品质一旦被学生所认同，就会激起学生强烈的学习需要，从而由认同到模仿乃至内化。因此可以说，教师个性对学生个性的目标、方向和形式有着积极的宣传、解释和信息示范作用；同样，对于学生有悖良好个性的观念、行为具有转化、改变和抑制作用。其次是凝聚性。布鲁纳曾说："教师也是教育过程中最直接的有象征意义的人物，是学生可以视为榜样并拿来同自己比较的人物"。富有个性魅力的教师，如同粘合剂，能将每个学生紧紧地凝聚在自己周围，并进而产生一种团结一致、齐心协力的群体意识。这是一种令人难以抗拒的教育力量。

教师的个性是其取得威信的第一要素。缺乏积极个性品质的教师，往往因循守旧，必然禁锢学生的个性，其结果定会加大师生之间的心理距离，难以取得良好的教育效果。同时，教师不仅影响学生个性品质的形成，也决定教师自身的教学艺术水平和教学风格。因为教学是一门科学，也是一门艺术，艺术总是带有鲜明的个性，有个性才有魅力。缺乏个性的教师，其上课机械呆板，创造性、艺术性肯定不强；而富有个性魅力的教师，定能建立起独特的具有较强审美意识的教学风格，进而使学生不由自主地迷恋教师的上课并喜欢这一门课。

教师的有价值经验积累

刚参加工作的年轻教师，在最初的几年里，他们所干的事情没有什么太大的区别，他们的经历有着很多相似之处，但是为什么在后来的日子里他们具有了不同的能力呢？一些快要退休的老教师，他们在教育教学的神圣岗位上干了一辈子，他们所干的事情也没有什么太大的区别，他们的经历也有着很多相似之处，但是为什么到头来有的成了“教书将”，有的却成了“教书匠”呢？

这是因为他们从相同或相近的经历中总结出了不同的东西。那些能够从自己的经历中总结出富有价值的经验的人，在工作中就会有更多的成功的机会。

很多经历是人生的财富，很多感悟需要经过亲身体验才能获得，但是不能因此就将经历和经验混为一谈。必须明确：经验不是所有经历过的事情，而是在经历、体验中对有价值东西的抽象、升华和概括。

有价值经验，一方面是来自于直接经验，就是经过自身的实践证明是行之有效的方式方法；一方面是来自于间接经验，就是通过看书学习或他人传授而获得的，在实践中证明也是行之有效的方式方法。由于主客观条件的限制，每个人都不可能事事亲自实践，大量的知识是通过他人传授或学习书本知识等间接经验获得的。

从教育教学的角度说，有价值经验应具有如下特点：(1)理念的先进性。即以现行的新课程标准及现代教育教学理论为教育教学行为的指导思想。(2)操作手段、方法的先进性。即教育教学的工具是先进的，如多媒体介入等；组织学习的方式方法是先进的，如“自主、合作、探究”学习方式的实施，进行综合性学习和社会实践等。(3)省时高效。凡是能够取得“省时高效”的教育教学效果的东西都应视为有价值的经验。

在教师这个行当里，新教师首先要学习间接经验，在间接经验的思考和实践中来丰富、沉淀自己的直接经验；老教师要在直接经验的思考和实践中，总结经验和教训，本着活到老、学到老的精神，不断学习新的间接经验以丰富完善自己的新的直接的经验。

虽然教育教学的情况是复杂多变的，能够总结出的有价值的经验的内容也不尽相同，但有几点是共通的。

第一，努力摸索和掌握有价值经验的初衷主要是为了解决问题。因此，能不能从纷繁复杂的变化中，迅速地找到值得关注的现象，并从现象中抽象出具体的问题，就成为体现能力的第一要件。

第二，如果要改变落后的局面，就必须使工作有明确的问题指向——具体回答每一项工作到底要完成什么，要改变什么，要解决什么……因此，在开展工作的最初阶段能不能明确工作的实质，能不能设计出更有效的方法，在很大程度上决定了工作最终能够产生的价值。在这里，对有价值经验的提炼更多地体现在对时机、条件、环境、曾经的挫折、可能的变化等的一种预先的估计和判断。

第三，人们所看重的经验，既然不是过去的事情，而是未来的能力，那么体现出经验价值的方式就在于能不能预先设计好更合理的工作方式；在于执行的过程中如何应对那些计划之外的变化；在于能不能从纷繁的问题中总结出新的规律、发现新的机会。

一个人能不能从经验中迅速地提炼出有价值的经验，并应用这种有价值经验使自己的思考和实践更富有价值，决定了这个人的成长是否更快、进步的幅度是否更大。

在教育教学过程中如何积累有价值经验？第一，记录相关信息，为积累有价值经验奠定基础。第二，分类研究所记录的信息，实现经验的抽象和理论的升华，完成有价值经验的原始积累。第三，运用原始积累的有价值经验去指导实践，并在实践中去丰富、完善、发展原始积累的有价值经验，力争形成自己具有个性化的教育教学风格。

教师的成长必须经历从长期的有价值的经验积累到自我建构和形成风格的三个过程。从最初的学习到认同归属，从了解自我到充实补缺，从切身经历中反思到发展自我个性……这不仅仅需要对教育的忠诚，更需要科学的思维方式和方法。

名师是打造出来的吗

名师，就是有名的教师。名字为何被大家所熟悉？是上了一节或几节公开课，参加了几次活动获得了奖励，还是作了几场报告，写了几篇文章？倘若是某一个方面的偶尔为之，或几个方面的偶尔为之，只能叫做“榜上有名”；倘若某一个方面的经常为之，或几个方面的经常为之，那叫做“小有名气”；只有全方位的经常为之，全面开花，经久不衰，其名字才能逐渐为大家所熟悉。

“学高为师，身正为范”，这是所有为师者的职业规范。假如再列出几条成为名师的具体条件的话，那么首先应是具有一定的影响力，即这个人的思想行为对别人的思想或行动起到了一定的积极作用，且影响范围广。再就是做出了一流的业绩，培育出了一流的英才，形成了独特的教学风格。

社会对名师的需求增多，渴望早出名师、快出名师、多出名师。

于是乎，各地纷纷出台了所谓的“打造名师工程”，采取了诸如每年派遣一定数量的教师赴境外培训，投巨资在大学建立名师培训基地，定期举办科任、班主任工作交流和课堂教学研究讨论会等措施。不可否认，这些举措对教师的成长起了一定的积极作用。

肯定或否定名师是打造出来的说法都是片面的。谁也不能否认环境对人发展的重要性，但更不能否认的是自身的素质与修行。我曾带过几名徒弟，他们进步很快，这里有我的功劳，但更重要的是他们具有良好的素质和刻苦学习的精神。“打造”一词的含义是制造或比喻制造、造就，是外力或他人的行为。如果肯定了它，就等于否定或淡化了自身的素质和修行。

名师在教育过程中日积月累逐渐形成了真才、实学、品行、人格与建树，而这些都是需要自己努力才能取得的。教师作为主体的人具有的主动性、选择性、实践性、过程性与创造性等特点决定了名师不是由上级领导任命的，而是在群众中产生出来的。名师也不是评选出来的，而是在教育过程中自主发展的结果。

与其他行业相比，名师的形成一般需要更长的时间。这是因为教育是育人专业，它需要品行的修炼、智能的积累、智慧的积淀、实践的锤炼、潜能的激发、思维的创新与毅力的考验等一系列的历练过程。

不能一口吃个胖子，更不能拔苗助长。教书育人，来不得半点空架子，来不得半点浮夸与吹捧，更来不得半点虚情与假意。我们不需要包装后的“名师”的引领，因为这样的水上浮萍，不堪现实的冲击与考验。

名师不是别人打造出来的，也不是别人宣传出来的，而是在自身的学习和实践中积淀出来的。普通教师，尤其是青年教师，要想成为名师需要在实践中历练，在历练中学习，在学习中反思，在反思中提升。同时要处理好思维惯性与教育理想的关系，树立教育理想和信念追求，自觉打破思维定势，积极改革创新；处理好继承与创新的关系；处理好教育工作与教学工作的关系，自觉承担教育教学的双重责任；处理好亲身经历与借鉴经验的关系，从最基础的工作做起，经历不同的岗位、不同的事件、不同的体验，既能够低头实践，又能够虚心向他人学习；处理好自觉学习与敢于实践的关系，自觉学习，更要敢于实践，实践比学习更重要，实践出真知，实践才能创新。

适合的环境、外力的打造可以助教师一臂之力，但成名的关键还要靠自己。缺了自身的素质和修炼，即使是有适合的环境和外力的打造也不能成为真正意义上的名师。现实就是这个样！

莫把校长当官做

校长是官吗？有人说："不是！"理由是从古至今，"官"这个词，都指的是"政府机关或军队中经过任命的、一定等级以上的公职人员。"——《现代汉语词典》就是这样的解释。因为学校不是政府机关和军队，所以校长也自然就不是官。

校长是官吗？也有人说："是！"理由是他具备了"官"这个具体职业的基本特点：人事决策权、财务使用支配权……

校长是不是官的本身并不重要，也不是我在此想要阐述的问题。我要说的问题是作为校长角色的担当者的自我感觉、认识、定位要明确，那就是"莫把校长当官做！"

不是"官"是什么？苏霍姆林斯基曾说："对学校的领导，首先是教育思想的领导，其次才是行政的领导。"我认为，校长应是教育教学理论和实践领航员、躬行者。他要懂理论会实践，他的思想和行动要具有可供教师学习和借鉴的超前性、科学性、实效性和可操作性。

校长要成为领航员和躬行者，首先要"静"下心来，"潜"入进去去研究、探索教育教学活动。注重教育教学的探索和实践，是合格校长乃至于优秀校长的重要标志。这种标志具体体现为办学经验得到理论性的升华，能自觉进行教育科学的研究，按照教育规律办事，充分发挥了校长的主观能动作用和创造能力，学校实现了科学化的管理。

优秀校长之所以能够牢牢把握住工作上的主动权，是因为：其一，做到了由管理型治校向学术型治校的转变，自觉重视教育科学的研究，运用教育教学规律来办学；其二，是在正确的教育教学理论指导下，能够站在社会历史发展的高度，明确地提出自己的办学主张和独到的见解，管理行为跳出了就事论事和事必躬亲的漩涡，全局观念，战略观念，创造意识，决策能力都达到了新的高度；其三，是他们能够在认识研究教育教学的基础上，结合学校工作实际，制订更高的目标和更长远的规划，并率先垂范地带领全校教职工以满腔的热情去为之奋斗，创造新的业绩，办出学校特色。

校长教育科研能力的提高，是一个潜移默化的、循序渐进的过程。要排除一切干扰，努力学习，博采众家之长，不断实践，持之以恒；要学会和掌握中小学教育科研的基本方法和技巧，把教育科研能力的提高同日常的教育教学实践、科研活动有机联系起来；要解放思想，大胆创新，消除懒惰、坐等课题的思想，敢于选择教育教学及管理中的疑难杂症，寻求具有现实意义，特别是对本校教育教学实践具有直接指导作用的课题，使自己的教育科研紧扣教育教学实际变化的脉搏。

“莫把校长当官做!”就是要淡化“官”味，低下身来，和师生打成一片，做师生的楷模。

校长这个角色的本身首先应该是教师。他首先要努力成为一个好教师，并把精心打造高素质、高水平的师资队伍看做是自己分内最主要的工作，最重要的职责，因为他的教育思想最终是要在师生这片沃土上生根、开花、结果的。校长的主要工作应当是深入到课堂，到教师中去、到学生中去，既要用科学的理论指导教育教学实践，又要通过实践总结创造出适合本校实际的新的科学理论，从而再用新的理论去指导新的实践。

苏霍姆林斯基自1948～1970年一直担任苏联乌克兰境内的一所偏僻的十年制普通乡村学校——帕夫雷什中学校长，并从事教育实践和理论探索，积累了丰富的学校管理工作经验，其中不乏真知灼见，被誉为“活的教育学”。他认为校长不能陷入事务的漩涡，也不能用官腔官调的行政命令来领导。他说：“如果你想成为一个好校长，那你首先得努力成为一个好教师，一个好的教学专家和好的教育者。”因此，他本人始终兼教一门语文课，常年做班主任工作，并天天坚持听其他教师的课。到今天，苏霍姆林斯基的观点和做法仍然值得我们借鉴。

“莫把校长当官做!”就是要树立服务意识。

邓小平曾说：“领导就是服务。”校长对学校的管理，就是为学校、为教师、为学生的服务。服务，使他能发现学校管理的疏漏，发现教师的个性特长，发现学生的需求，了解学校群体的心理，为教师完成任务提供和创造必要和有利的条件；服务，可以使他赢得师生的爱戴和信赖，可以将学校的一切力量拧成一根绳，形成一股合力，进而拉动学校向着理想的目标前进。

管理要以人为本，对师生的管理要彰显人文关怀。如果校长站在为教师服务的角度去管理教师，就会发现：对教师的管理不是约束和规定，不是控制和干预，不是苛责和批评……而是想教师之所想，急教师之所急；在工作中身先士卒，耕耘在教学第一线；在制度面前率先垂范，一视同仁……教师会觉得：他既是好领导，又是好同事，更是贴心人。

如果校长站在为学生服务的角度去管理学生，就会发现：对学生的管理不是呵斥和惩罚，不是控制和干涉……而是要晓之以理动之以情，要关心和爱护，要平等对话……学生会觉得：他既是好老师、好校长，又是好朋友。

"莫把校长当官做!"就是要走专家治学，科研兴校的路子。

教育科研是提高教育教学质量的第一生产力。要创建科研先导型学校，校长首先应是教育科研积极探索、践行者。校长对教育教学的探索、践行，不仅在于其本身搞几个课题的研究，而在于根据现代教育科学的理论，结合学校具体情况，设计出具体的方案，提出可操作性的原则和要求，建立以学生为中心的多种课堂教学模式，让教师按照要求去探讨、实践。要以课题为载体做抓手，积极开展实验研究，更新教学思想，改革教学方法，探索教学模式，提高教学质量。校长要把课题研究作为重要工作，定期召开课题工作会议，每学年都举行课题研究成果报告会，奖优促劣，奖勤罚懒。形成全校上下以有研究的方向和课题为荣，以谈课题研究为荣的良好局面。

走经验型的教学之路，只能是"教书匠"；只有走教育科研之路，才能成为"教书将"。不可否认，教学经验的不断积累和丰富是教师教学水平不断提高和教师走向成熟的重要基础。但是只注意经验的积累和丰富绝不会给教育教学效果带来直接而明显的质的飞跃，更不会使教师形成科学的教育教学思想和独特的教育教学风格。当前，中小学教师缺乏个性化教育教学风格的现象十分普遍。怎样才能解决这个问题？促使教师形成自觉发展的要求，推动教师进行教研、科研活动，将是最好的解决问题的途径。教师虽不是科研工作者，但他确应该是肯学习、有思想的实践者。因此，校长要促动教师走"科研型"之路，帮助他们成为教育教学的研究者，并逐步成为学者型的教育教学专家。

作为校长，应当成为教育科学理论和实践之间的中介人；作为校长，要为教师的教育科研工作不断创设研究的环境，提供研究的条件，给予研究的指导，解决研究的困难，总结研究的成果，推广研究的经验，真正把科研兴校的战略落到实处，努力使学校成为科研先导型学校，这是校长管理学校要追求的崇高目标。

“莫把校长当官做!”就是要放下“官”架子，甘当小学生，树立终身学习的意识。

校长要真正成为“师者之师”，就要读更多的书，并且要学会带着问题去读书学习，还要善于在学习和实践中发现问题去再学习，在实践—认识—再实践—再认识的循环往复中不断提高自己的学习能力和工作能力，使学校工作上新台阶。

信息化的时代，“学习”将成为伴随人们一生的重要内容。作为一校之长，不仅自己要成为“学习型”领导，还要全力打造“学习型”的集体，使学校从上到下有一种爱学、乐学、笃学的精神；要创设良好的、宽松的，有利于学校成员间及时沟通、交流和讨论的学习环境，建立各种学习小组，制订学习计划和学习制度，使学习成为教师职业生活的自觉行为；要建立健全促进教师专业发展的学习体系，形成学历教育和专业继续教育相结合，培训与教研相结合的教师学习系统，让各位教师根据自己的需求和愿望进行学习，体现教师作为学习者的主体地位，使教师的业务知识不断拓宽，教学素质不断提升。

总之，校长必须要排除“为官”的各种干扰，把“终身学习”放在首位；必须在“人的发展”理念指导下，组成一个高效能的学习共同体，师生之间、生生之间、干群之间、学校成员与社区成员之间建立起良好的团队精神和互动关系，使教师的发展在群体的学习文化中不断持续、不断修炼、不断提升。

当校长成了教育教学的专家以后，“官”的责任和权力谁来行使?“抓大事，分解小事”“减权，放权，不揽权”或许是解决这个问题的最佳途径。

“莫把校长当官做!”一旦内化为你的品质以后，你就会有更多的时间去研究、探索学校教育教学活动的规律和高校机制；你就会进入“校长”角色的最高境界；你所领导的学校也就从此有了希望!

中国教育的改革要从校长抓起

原教育部部长周济在《深入学习实践科学发展观，促进教育事业优先发展科学发展——在教育部2009年度工作会议上的讲话》中指出："办好教育、办好学校，必须建设一支高水平中小学校长和高校领导干部队伍。要按照依靠教育家办学的要求，积极推动校长选拔、任用、培养和管理机制改革，进一步加强中小学和职业学校校长培训。按照社会主义政治家和教育家的要求，进一步加强高校领导班子建设。"一语道出目前教育发展之大问题，但这一精神如何落到实处？我综合目前国内外在校长的选拔、任用、考核管理等方面的经验及教训，认为如下几项机制的建立不仅对于目前来说切实可行，而且对于今后来说也势在必行。

一、民主竞选制

彻底改变原来的校长选拔任用方式，实施民主竞选制并统一规范竞选基本组织程序：

(一)各学校上级主管部门要成立以行政一把手牵头(或由政府牵头)，由教育行政人员代表、专家学者代表、教师代表、家长代表、社区代表等参与的校长竞选委员会，下设各专门办事机构，负责竞选候选人的资格审查，组织竞选、任用等各项工作。

(二)及时公布竞选各种信息。竞选职位、数额、范围、条件、程序，候选人简历、竞选结果公示期等有关情况要及时向广大教职工及社会各界公布，同时注意吸纳各方意见并及时校正竞选过程中的偏差，完善竞选方案内容。

(三)资格审查。要彻底打破传统的干部考核任用过程中的条条框框，取消笔试环节，把开始第一关的通过笔试、面试的分数确定候选人以及最后一关的通过组织考察定胜负等环节统统挪到报名资格审查中进行。这样做就是要防止在竞选过程的形式化，就是要防止暗箱操作。报名资格的各项条款的制定要从严从细，多定量少定性或不定性，以事实说话，可以采取量化打分的方法来进行遴选，并且要及时公布结果。这样做的目的也是为了使这项工作能够在公平、公正、公开的条件下进行。

(四)实行公开演讲，以当场投票的方式确定最后录用人员。参加竞选的人数要以不低于实际任用数额的 1/3 来确定，然后这些候选人要到将任用的学校面对全校教职工具体阐述自己的施政主张、工作计划，提出任期内将要达到的具体目标等。演讲结束，当场投票，统计票数，公布结果。最后进行不少于 15 天的公示。

二、培训上岗制

竞选出来的校长要进行岗前培训。培训的内容可根据任职人员的具体情况来确定，一般要包括学习研究现代教育教学管理理论及学校管理的各项规章制度；考察参观名校，听取名校长的管理报告，拜师学艺；对所要到任的学校进行实地考察研究等。培训合格，公示结束，校长与上级主管领导签订《校长聘任合同》，明确双方的权利和义务及聘任期限。

三、实行任期制

“废除校长终身制，实施任期制”，这是目前许多国家和地区以及我国部分地区所采取的比较有效的校长管理办法，不妨全国推而广之。三年一届，在一所学校可以连选连任最多不得超过两届，即六年。届满既可异地再选，又可转为其他工作或回流为教师。

四、目标管理制

校长任期目标管理责任制是校长在任期内要达到的工作目标以及达成工作目标的策略、方法和支持条件等。目标包括由上级主管部门统一要求的共性目标和不同情况的学校的个性目标组成，具体内容如下。(1)背景分析。包括社会背景、主管局要求和学校的现状分析等。(2)目标系统。包括任期三年的总目标，即统一要求的共性目标。如改善学校办学条件方面的校舍场地、设备设施、领导班子和教职工队伍建设等；提高办学水平方面的德育工作、教学质量、校园文化、教育科研、办学特色等。另一个就是根据学校的具体情况制定的个性化目标。如学校规划、学校管理、队伍建设、质量提高等。(3)实施步骤。把总目标分解到每学年的每学期甚至每一周。(4)工作具体措施。(5)保障条件。即学校和主管局需提供的实现目标的保障条件。(6)工作检测的方式和方法。

目标管理责任制的内容要有针对性和可操作性，不同起点的学校要有不同的要求，而且做到指标可量化的尽量量化。不能量化的要明确奖惩措施。

为确保目标管理责任制落到实处，首先要深入进行调查研究，认真分析校情，拟定符合学校现实状况的可实现的发展目标；其次要成立专门负责跟踪考评的组织，要像竞选一样，吸收各方人员共同参与考评。不仅重视结果的考评，更要重视过程的考评。最后，考评过程及结果要公平、公正、公开，这是目标管理责任制落到实处的关键环节。要和每年的教师年度考核同步进行，和教师考核结果一样，也按分数分成不称职、基本称职、称职、优秀等级别。和教师考核不一样的是它要实施严格的问责制。力戒工作平庸，树立平庸者下，优秀者上的观念。制订奖励、谈话、诫勉、降职、警示、免职等措施。

五、监督制约制

再好的管理体制，再优秀的人才做校长如果没有有效的监督制约机制都会在实施管理的过程中走调、变色。只有充分发挥上级教育行政部门、社会和学校内部对校长的监督制约作用，进一步推进依法治教、校务公开和民主监督工作，才能使学校的管理科学化、规范化、民主化。

监督制约制的建立与实施的第一步是要有个切实能够履行监督制约职责的组织，这个组织既可是由教育行政人员代表、教师代表、家长代表、社区代表等人员组成的校务委员会，也可是教代会，或者是党组织。监督制约制中的组织不在多，只要能起作用有一个即可。第二步是校务公开，只有办事、决策都公开才能谈到监督制约。第三步是沟通工作情况，修改完善工作思路和内容，决策实施工作。凡需提交校务委员会或教代会审议、通过或决定的各项议案，要事先发给校委会成员或教代会代表并组织预审，让教职工了解实情、充分发表意见，校领导广泛听取意见，对议案进行修改、完善，再提交审议通过，并写出会议纪要或决议。工会是教代会的日常工作机构，平时要注意搜集教职工的反映、意见和建议，及时反映给校委会领导或校长，校长要进行认真的研究和分析，通过适当渠道公开答复或说明。凡需向社会公开的事务，要采取发公开信或公告的办法，让社会有关方面了解情况，学校要广泛听取意见和建议。如因情况紧急，未经集体研究，由校长或其他领导个人决定实施的特殊事项，事后应将办事情况和结果及时向主管领导及领导班子汇报并予以公开。

中国的校长假如真能这样产生，这样制约和管理，这样的依法治校，那中国的教育就会很快上一个新台阶。

有限的教育时空，无限的教育契机

——上学训、放学训的养成教育方式

上课了，教师：“上课!”

班长：“起立!”

教师：“同学们好!”

全体学生：“老师好!”

教师：“请坐!”

下课了，教师：“下课!”

班长：“起立!”

教师：“同学们再见!”

全体学生：“老师再见!”

这是目前全国中小学校课堂教学比较通行的上课礼和下课礼。它是调节学生注意力，组织教学活动的必备环节；它更是对学生进行礼貌教育的礼仪性活动。

除了上课礼，下课礼。新学年、新学期开始，一般要有开学典礼，表达一下对新的学年、新的学期的美好理想和愿望；一个学年、一个学期过去了，一般要有毕业典礼或散学典礼，总结一下得与失，展望美好的未来；新的一周开始了，一般要有个升旗仪式，总结前一周工作，布置下一周工作……而每一天的开始以及结束就成了被人们遗忘的教育角落，但是养成教育是需要从一点一滴抓起的。

我们的文章就首先从这每一天的开始及结束做起。养成教育需要有一个循序渐进、由浅入深的目标系列。如初一新生要进行从小学到初中的适应教育，校训、校风和校规教育，中学生守则教育、日常行为规范教育等；初三要进行中考应试教育、毕业理想前途教育等——这些实际上是只有个框架性的大目标而已，而这个大目标具有怎样的内涵，内涵中的项目之间、大小目标之间、平行中的目标之间各是什么关系，怎样形成一个梯次的序列，通过什么形式来落到实处，等等一系列问题都需要我们自己来设计。

怎样设计，和上课礼及下课礼一样，每一天的开始及结束添加一个“上学训”和“放学训”，是对学生进行养成教育的切实可行的比较理想的方式之一。

“上学训”和“放学训”是以班级为单位，每天早晨来到学校的第一个和放学前要离开学校的最后一个训导性的活动。它的程序和内容一般是：首先由教师或学生代表宣读“训导词”，然后是学生齐诵“训诫语”，最后是教师“训结语”。“训导词”是教导训诫学生的话；“训诫语”是学生自己告诫自己的话；“训结语”是教师根据“训导词”和“训诫语”的具体内容所作的总结，明确要做什么和怎么做的问题。

每一次的训导词和训诫语都要事先拟定好，或装订成册，每次标记一条；或打到屏幕上或写在黑板上，要求学生抄写。每一次活动前都要给学生一两分钟背诵记忆训导词和训诫语的时间，待大部分学生记熟内容之后再开始活动。教师的最后训结语可以预设，但要根据当时的活动状况有所调整，这样更有针对性。

上学训和放学训的具体内容是随常规教育内容及学生学习、思想状况的变化而变化的。可一天换一个内容，也可以两三天或一周换一个内容。如初一第一周或开学时的前两三天的上学训的训导词可设计为：“亲爱的同学们，你们已跨入中学的大门，开始经历人生的第一个转折点，你们将如何面对这全新的环境和全新的自我，这是每个人都要思考并且需要给出明确答案的问题。”

上学训的学生自我“训诫语”要根据教师的训导词的内容来设计。如根据上述的教师训导词的内容，学生的自我训诫语可设计为：“从今天起我已是中学生，新的学期、新的开始，我要有新的打算、新的面貌……”

上学训的教师“训结语”要根据训导词和学生的自我训诫语的内容来概括。如根据上述训导词和训诫语的内容，教师的训结语可概括为：“良好的开端是成功的一半，有了计划还要付诸实施才能见效，就让我们一起去互相监督，一起去行动吧！休息五分钟，准备上课！”

放学训的内容要根据上学训的内容来设计，既可重复上学训的内容，又可根据上学训的内容进行强化或深入。如根据上述上学训的内容，放学训的内容就可设计为：教师训导词，“新的生活就这样开始了，今天(或这几天)你们有了什么新的收获、新的变化?”

学生自我训诫语："认真反思，及时总结得失，写出来和大家交流……"

教师训结语："那好，请明天交一份自我反思录吧！放学！"

第二周或第二次的上学训则可承接上次的内容及这一阶段的学情、教情状况来设计。如教师训导词："亲爱的同学们，你们已在中学度过一周(或几天)了，这里的老师、同学你都熟悉了吗？这里的教学方法、学习方式，这里的环境，这里的生活你都适应了吗？"

学生自我训诫语："学会适应，学会学习，学会生活……"

教师训结语："说起来容易，做起来难，让我们脚踏实地地在学习中适应，在学习中生活，做既会说又会做的合格中学生！休息五分钟，准备上课！"

……

上学训、放学训的设计，要以切实可行，不空喊口号为准则，要根据具体情况来对其内容和形式进行加减变通。既不能死板教条的一成不变，又不能没有计划、没有目的、没有步骤、没有预设内容；既要使活动丰富多彩、饶有兴趣，又要具有教育意义。第一次、第二次和第三次乃至第十第十一次等既要形成一个具有梯次的教育序列，又要根据变化的情况而适时适地的进行调整、添加内容。如今天学生要参加考试，那么今天的上学训的教师训导词就可设计为："考试只是对平时学习状况的一次检查，既要调整心态，以平常心对待；又要讲究方法，不放过任何一次证明自己的机会。人生的考试千千万，非一次考试定成败，要勇敢面对。"

学生自我训诫语则可设计为："稳中求快，以细节取胜；淡化结果，相信自己。"

教师训结语："轻装上阵，开动脑筋，发动机器；调整自我，战胜自我，超越自我，出发！"

……

上学训、放学训和上课礼、下课礼一样都是一种持之以恒的、程式比较固定的且用时比较简约的课前、学前，课后、学后的教育活动。所不同的是，上课礼和下课礼的教育内容及形式是固定的且侧重的是"礼节"，即调节心理的礼节性仪式，而上学训和放学训虽形式大致相同，但内容却是一个循序渐进式的教育系列目标，它侧重的是"训导"，即教育和自我教育。

上课礼和下课礼主要作用是调节注意力，进行礼貌教育。而上学训和放学训的作用和意义则更加宽泛和深刻，其中最主要的是心理暗示作用，即用提示的方式，以含蓄、间接的办法对人的心理状态产生迅速影响的过程。“教师训导词”对学生来说是他人暗示，即是学生从教师那里接受了某种观念，使这种观念在其心里发生作用，并使它实现于动作或行为之中；“学生自我训诫语”则是自我暗示，即是自己把某种观念暗示给自己，并使它实现为动作或行为。

暗示分积极暗示和消极暗示，即如果你总想着美好的事情，美好的心态就会跟着来；如果你总想着邪恶的事情，邪恶的心态就会跟着来。上学训和放学训则是一种积极的心理暗示。

美国心理学家威廉斯说：“无论什么见解、计划、目的，只要以强烈的信念和期待进行多次反复地思考，那它必然会置于潜意识中，成为积极行动的源泉。”上学训和放学训就是要通过积极的心理暗示的反复运用来经常暗示学生接受积极的观点，从而使之永远充满自信！

上学训和放学训不仅具有心理暗示作用，还有激励作用、警戒作用等。

也许有人会说：“现在应试教育搞得人们手忙脚乱、焦头烂额，哪还有时间搞那些东西！”其实则不然，这些东西如果搞得好，不仅不会影响应试教育，反而具有帮助促进的作用。

也许有人会说：“提高学习效率还不得靠一点一滴的刻苦积累，只靠那些空洞的说教顶什么用，还不是搞几个花样给别人看。”其实也不尽如此，现实中，有许多大家都认为是形式的甚至是花哨的活动，待你参与过后，细细品味，却又觉得收获不小，终身难忘。小时候的那一次班会课、那一次聆听名人报告、那一次演课本剧、那一次排练合唱、那一次演讲比赛等这些似乎与学习书本知识无关的所谓“花哨的东西”，难道你都忘记了吗？难道对你的人生成长一点都没有意义和价值吗？不是的！每个人的人生都是在那一次次的活动中增长知识和才干的……

有限的教育时空，无限的教育契机，我们都发现了吗？我们都抓住了吗？

问题伴我在身边

——我做小课题的一点经验和体会

从教近30年，稀稀拉拉写了几篇所谓的“论文”，出版了一部专著。2006年伊始，似乎顿然有所悟：人生大半，积累了那么多教育教学的经验和教训，为何不把它整理出来留给后人以完成人生链条中的使命呢？心动不如行动，两年半的时间，我从120多个角度来审视自己近30年的教育教学活动，并形成了120多篇文章，目前已有100多篇文章被报纸杂志或采用或刊出。十几篇文章获得国家、省、市、区一等奖……

平均一周左右写一篇文章，而且投稿命中率几乎达到了百分之九十，就是专业作家、研究人员也难以做到，何况是一名既要教学又要管理学生的普通教师呢？再者说，哪里来的那么多论题、那么多素材呢？——人们惊叹不已，更觉得不可思议。

其实，道理并不深奥，“勤奋、好学且能持之以恒，善思、践行且能相得益彰”，仅此而已。

一、勤奋、好学且能持之以恒

这是无论做什么事情都能够取得成功的基础。两年半的时间，白天，上班教学，参加各种教育教学活动；晚上，查找、整理资料，撰写文章。风雨无阻，日夜兼程，我认为只有这样才是我当教师的人生！

二、善思、践行且能相得益彰

善于思考，并善于将思考的内容进行理论升华，然后及时用于指导实践，在实践中验证理论的可行性，然后再来丰富完善理论——这样通过实践、认识，再实践、再认识的循环往复使工作一步步上了新台阶，小课题变成了大系列。

三、哪里来的那么多论题，那么多素材

(一)反问昨天的经验和教训是什么

教育教学中取得了一点成绩，经验是什么？没有取得良好成绩，甚至出现了失误，教训是什么？只有善于反思这些问题，总结过去，才能有所提高，有所进步。

我当初对教育教学科学研究方面的浓厚兴趣的产生，以及后来的成绩的取得，其实只是源于26年前刚参加工作时的一次辅导学生参加县中学生现场作文大赛获奖的经历。

恢复高考制度的首次作文竞赛，山沟沟里的娃竟然获了头奖，对于我这个年轻的辅导教师来讲触动很大，反思自己赛前的辅导过程：将学校几年仅有的几本语文期刊收集在一起，寻找着与此次作文比赛要求接近的记叙文、说明文两种文体的信息，并以说明文抓住要点就可在短时间内提高写作水平为契机，按说明文被说明事物的不同特征所包含的不同义项来分门别类地进行写作要点指导。结果作文大赛的题目是《自行车》《由学骑自行车所想到的》，皆入我彀中矣。

事后我把这种做法进行一下归纳总结，写成了《说明文命题实例》的文章邮寄给了当时仅有的几家国家级刊物之一的《中学语文教学参考》杂志社，这也是我平生第一次投教学研究性稿件。结果是一举中的。

初次尝到甜头的我没有就此罢休，而是有了更大胆的设想：说明文在命题上可以分类寻找共同写作要点，那在结构上、写作方法上不也可以分吗？说明文可以分类找要点，那记叙文、议论文、应用文不也可以分类找要点吗？这种“类”的观念不也可以推广到阅读吗？于是乎，我先从初中写作研究下手：将初中生写作分为记叙文、议论文、说明文、应用文、中考综合训练类型导析五个部分。又将记叙文、议论文、说明文三种文体分为命题类型、结构类型、结构手法综合类型三部分。命题类型又分为命题形式、审题立意、写法及选材、例文四部分。应用文从初中生的需要入手，分笔记类、书信类、公文类、宣誓类四部分，每类之中既有要点介绍，又有实例……1990年6月，我历尽三年苦心经营的30余万字的《初中作文类型导析》终于由长春出版社公开出版发行……

一次成功经验的总结反思，造就了下一次的成功，这一次的成功又酝酿了再下一次的积极探索……良性循环，引领着我向前去……

(二)审问教育教学中出现的知识疑点

在备课、讲解或解答学生提问时，经常会遇到自己不懂、似懂非懂或有争议的问题，这就要深入探究，给学生一个交代。如在教人教版义务教育课程标准实验教科书《语文》八年级下册第六课鲁迅的《雪》一文时，有三个词是“蜡梅、胡蝶、壶卢”，课文对这三个词的解释是：“蜡梅即腊梅、胡蝶即蝴蝶、壶卢即葫芦。”学生质疑：“那为什么不直接写成腊梅、蝴蝶、葫芦?”“这是个词形的发展变化的问题，即原来写作彼而现在写作此了，至于如何变化的，老师还要进一步查证一下，也希望同学们能自己寻找一下答案，以后我们再来明确它。”这是我处理这类问题的经常做法。

课后，我在电脑上、图书馆里查阅了大量资料，一个词一个词地追本溯源，最后形成了《蜡梅、胡蝶和壶卢》的文章，讲给学生听。

有疑就“审问”，长此以往，师生都养成了学习探究的习惯，仅我本人，近两三年以来就写出了《〈化石吟〉引发的几个考古谜团》《范仲淹的〈岳阳楼记〉写于何地》《点到为止，不必深究——谈〈从百草园到三味书屋〉几个晦涩问题的处理》等10多篇教材探索性文章。学生根据所查材料整理出的笔记、小论文不计其数。

教材中有争议的问题有许多，《生于忧患，死于安乐》(《孟子两章》)中的百里奚姓“百”还是姓“百里”?《化石吟》中的人类的起源，是猿还是鱼?《湖心亭看雪》中的“拿、挐、拏”三字到底用哪个比较合理？……凡此种种，只要是我们师生遇到的或挖掘出的，我都引领学生探究一番，乐此不疲。

(三)质问现在的做法是否省时而高效

我们现在的教育教学有许多做法是“少、慢、差、费”的低效甚至是无效的劳动。要达到省时、高效的目的就要课改，反之，课改的目的就是要省时、高效。

今天的课堂教师是否做到了少讲、精讲或不讲，学生是否做到了精练？今天的课堂是否提高了教师教学的效率，在有限的时间，传授了无限的并且能够使学生终身受益的知识？是否提高了学生学习的效率，在有限的时间，学到了无限的并且能够终身受益的知识？个体、整体的平时测试及中高考成绩是否有明显提高？学生素质是否普遍得到提高，个性化程度是否提高？等等。

总能发现问题，这就是认识水平的提升；总能孜孜以求地探索解决问题的方式方法，这就是在做学问。我的《省时、高效就是课改?》《要把讲读课文的时间压下来》《阅读答题有歌诀》等一批文章就是这样写出来的。

(四)询问明天该怎样设计才能适合社会发展的需要

现在的问题如何解决才能使明天更美好，是教育体制还是教育手段，是教学方法还是教材、课程，等等。反问昨天是为了今天；审问疑点是为昨天负责，进而把握今天，为明天奠定基础；质问现在则是为了更好地构建明天。如果真能做到这几“问”，并像古人所云：“博学之，审问之，慎思之，明辨之，笃行之。”就不愁我们的教育教学活动不上新台阶；就不愁我们的小课题不具有大价值。我的《重视非教学素质的提高》《板书与多媒体需整合使用》《语文合作学习组织例说》《教师的有价值经验积累》《语文课改的关键是教材》等文章就是基于这种认识而形成的。

四、为什么投稿的命中率那么高

这主要是个写作、投稿等技巧的问题。

(一)小角度。选题不宜过大过宽。题目过大了，势必精力分散，道理讲不清、讲不透。最好是取一个小题目，就某一问题的某个角度来写，把道理说清楚，使人看后能得到启发，受到教益。

(二)迟定稿。一个论题确定之后，不要急于求成，要广泛收集资料，思考仔细、全面，等到论据充分之后再动笔写作。即使是初稿完成，也不要马上就定稿，先要把它搁置一两天，每天都重读几遍，看表达是否清楚，计算是否准确，推理是否严谨，题目是否恰当，结构是否合理，有无明显的错误及字迹模糊的地方等，发现一处修改一处。等几轮修改之后再定稿。

(三)讲求新。无论写什么文章，关键都在于有新意，有自己的观点，如果深层次的创新一时做不到，那么可以接着别人的工作前进一小步。

(四)篇幅短。试想，数以千万计的投稿群体面对有限的报纸杂志，有限的版面，长篇大论与短小精悍谁更占优势？自然是短小精悍者。

(五)数量多。偶尔写上一两篇，就指望能刊登，这个几率就小。倘若能持之以恒地写，把研究问题作为自己的兴奋点，坦然面对是否发表，不间断地写，不间断地修，不间断地投，就会由不中到中，再到多中。

(六)巧投稿。(1)要对栏目，看动态投稿。要掌握报纸杂志的性质、栏目及近期所搞活动、讨论的问题等信息，这样投稿才能有的放矢。(2)配合教学进度的稿件，向杂志社投稿要提前三四个月，向报刊投稿要提前一两个月。(3)虽然一般的报纸杂志都有“切忌一稿多投”的要求，但我发表了这么多文章，除了特约稿件、参加各种活动的稿件外，一般都是一稿几投。避免刊登重复的方法也有许多，如关注稿件投出后的采用状况，某家报纸一刊出，就通知其他几家报纸杂志，等等。(4)在投稿时，还可以顺便写上一封短信，与编辑取得联系，寻求他对稿件的意见和建议，以及对你的研究工作的看法等。

小课题，大学问。总有“问”，才能总去“问”，才能有大学问。

这是我的责任

看着刚刚判完的试卷，心里有些郁闷：全班平均81分，可小凯这么聪明的孩子怎么只得了44分！比倒数第二的学生低了21分……夜已经很深了，窗外狂风大作，暴雨如注。今天下午气象台通知：因受强台风影响，我市今天下午有大风降雨过程，故中小学放假……这种时刻，这样的天气，看着这样的试卷，真是心烦意乱。

“铃……”一阵电话铃声打断了我烦乱的思绪，我疲惫地抓起电话。话筒中传来焦急的声音：“喂！武老师吗？您好！我是小凯的妈妈，他到现在还没回家，您知道他去哪了吗？”我的心一下子提到了嗓子眼儿，下意识地抬头看了看墙上的挂钟，时针已指向午夜11点30分。我在头脑中迅速搜寻有关情况：下午我到班里巡视，发现小凯和几个男学生还在教室没走，我就告诉他们晚上有暴风雨，让他们马上回家。我是看着他们走出校门才回到办公室的呀！怎么还没有回家呢？我镇静了一下，安慰道：“您别急，等我向其他同学了解一下情况再说。”

我打遍了与他在一起的几位学生家的电话，结果这几个人都没回家，但是得到了一条重要线索：他们常去××网吧。此时，“到地球村去”几个大字猛然从我的脑海里跳出来。那是下午我去班里督促这几个学生回家时，在黑板上看到的几个大字，当时我还有点不解其意，现在才恍然大悟；同时，我预感那烦心的“44分”也该有答案了。于是我抓起电话约那几位学生的家长一起去网吧。

狂风肆虐，似有将一切摧毁的气势；大雨瓢泼，似有将一切置于死地的淫威。雨伞像风雨的玩物，伞下的人完全暴露在风雨中，人们索性将伞收起来当拐杖用。十几分钟的路今天走了近半个小时。

我和学生家长来到网吧大厅，这里空气混浊，烟雾缭绕。几位学生正在电脑前忙碌，抬头忽见我们落汤鸡似的出现在面前，顿时目瞪口呆。我和几位家长事先约定：尽管孩子们犯了错误，但此时一定要沉住气，不能发火。双方相对而视了一两分钟，我打破了僵局：“唉！你们一时不回家，家长就一时不安，都这么大了，还不懂事？走，咱们回家吧!”几个学生蔫蔫地跟在我们后面……

回去时我们没有步行，而是打了两辆的士，我坐的那辆车的钱是我出的，尽管家长们一再劝阻，但我觉得这是我的责任。

此时，风雨似乎小了很多。几个学生和他们的家长没有马上回家，而是聚集在我那不满10平方米的宿舍里开了个座谈会。我们帮这几个学生分析了影响这次考试成绩的原因，制订了改进措施和切实可行的学习计划，明确了近期和远期的奋斗目标。孩子们流下了悔恨的泪水并承诺一定不辜负老师和家长的期望。

送走他们时已是凌晨1点30分，虽然我疲惫不堪，但却像刚办完喜事一样兴奋不已……

专家点评：什么是一个教师的责任？是授业解惑吗？是为了让学生取得好的成绩、考上好大学吗？文中的“我”用自己的行动告诉我们，教师的责任是教书育人，首先是育人，其次才是教书。尽管文中教师也因为学生的“44分”而烦恼，但是他更愿意去寻找“44分”背后的原因。所以他才会和家长一起冒雨去网吧，所以他才会帮助学生明确近期和远期的奋斗目标。“我”用具体行动表明，作为一名教师，要始终牢记自己的责任：对学生负责，对家长负责，对国家负责。其实，这种责任心背后是对学生深沉的爱，这种爱是一个教师所具有的最高尚的情感。

（王唯 北京教科院基础教育研究所）

我要向你道歉

夜已很深很深了，我躺在床上翻来覆去睡不着。“老师，我把班级捐的钱丢了……”“啊？丢了！为什么不带在身上？我总认为你做事认真，不会出差错，可是你……你有不可推卸的责任……好了，不管你是怎么丢的，是真丢了还是假丢了，不就是200多块钱嘛，不要着急，这钱由老师来赔……”反复思考白天发生的这一令人不愉快的事，真是心烦意乱。

他，长得高高大大，性情却温文尔雅；天赋并不聪颖，学习品质却异常的好；做事有条不紊，一板一眼……“这样一位集班长、语文课代表于一身的深受师生喜爱的好学生，怎么会私自藏匿钱而谎报丢了呢？不可能，不可能！……”

他的父母都是吃住在工厂的来深圳的打工一族，微薄的收入，清贫的生活，却以有一个表现出色的孩子而自豪——他就是他们辛勤工作的理由和希望。

“老师，孩子真不争气，这样粗心大意，丢的钱由我们来赔……”“这不是孩子的错，是老师做事思考不周，让一个孩子收钱……这钱理应我来赔……”

傍晚时分，他妈妈电话里的一席话，更令我寝食不安——思来想去，一个教育者本能的想法油然而生……

第二天第七节课。身为班主任和语文老师的我，从容地走入课堂，在黑板上写下了“我要向你道歉”六个大字，同学们见此情景都丈二和尚——摸不到头脑，呆呆地看着老师。这时我说：“有一位班干部，在老师的安排下收集同学们的捐款，但是将捐款的一部分给弄丢了，老师不分青红皂白地批评他，甚至是侮辱他，你们说这对吗？”

“不对!”同学们几乎异口同声地说。“为什么不对?”我不失时机地追问。“因为是老师安排的……”“他又不是故意的……”“丢钱就够倒霉了，还挨老师的批，岂不是火上浇油!”“用人不疑，疑人不用，难道老师还怀疑他自己贼喊捉贼吗？”……同学们七嘴八舌地议论起来。这时，我下意识地瞥了他一眼：头低低的、脸红红的。

“同学们，你们分析得很有道理，现实生活中，师长也和同学们一样，一时冲动也会有犯错误的时候。但是，不管是谁犯了错误，只要他勇于面对，积极寻求挽救错误行为的办法，知错能改，我们的社会就会变得更加和谐、温馨。”

“同学们，你们赞同老师的这种观点吗？”“赞同！”

“好！下面让我来介绍这个故事的主人公，他们就是我们班的班长和我这个老师！”同学们个个面面相觑，惊讶的目光聚焦在我和班长身上。我稳定了一下情绪，走到了讲台的中间，站直了身体，用抑扬顿挫的声音说：“在此，我要郑重地向我们的班长说：我要向你道歉！”班级里响起了经久不息的掌声……这时我又瞥了他一眼，他眼中已浸满泪花。

在我的精心培养下，他在一年多的时间里，连续获得了区朗诵比赛优胜奖，区现场作文比赛一等奖，市征文比赛一等奖等多种奖项，还在省级以上报纸杂志上发表了三篇文章……

投身教学改革

TOU SHEN JIAO XUE GAI GE

- 思想先行
- 实践调整

带着理念去上课

理念是人们对某种事物所持有的观点、看法和信念。教育教学理念是对“教育教学是什么，应该怎么办”的价值判断和基本看法，正确的教育教学理念是教育事业发展的基本前提和保证。

教育教学理念具有超前的远见意识，它是对奋斗目标的明确设定，体现出对未来教育发展状态的一种期待；它作为一种行为准则具有对实践的规范、指导和反思的特性，是教育教学实践的客观反映，并以教育教学实践作为自己存在的前提，在一定条件下又反过来对教育教学实践起指导作用；它以一种文化氛围、一种精神力量、一种价值期望、一种理性目标的形式来规范、指导教育教学工作者的行为。

教育教学理念可以分为团队理念和个性理念两种。团队理念一般是纲领性的，比较抽象和笼统。团队理念如国家的教育教学大政方针，学校的办学目标和发展方向等，团队成员如果能够坚定地信奉团队理念，就会凝心聚力，形成组织的共识，分享组织的共同价值观，从而形成一种对团队未来充满信心的文化力量和精神力量。个性理念是在团队理念的基础之上的个性化理解和阐释，往往因为每个人的悟性、阅历、能力和水平等的差异而呈现不同的内容和形式，它比较具体而实际，是直接影响教育教学效果的因素之一。

在现行的教育体制中，国家这个大团队的教育理念最终是要靠一个个工作在教育教学第一线的教师来实现的。而这个大团队的理念和教师的个性化理念又是通过许许多多的起“承上启下”作用的教育教学管理和研究机构来沟通的，这些机构的基层单位就是学校。所以，学校的办学和管理理念就直接影响着教师的教育教学理念。

教育要发展，教师是推动器。既然如此，那么教育发展的大理念、大趋势如何化解为每位教师终身追求、奉行的理想和信念就显得特别重要。

教师的个性化理念是个体的认识、经验、行为在其头脑中的反映。

教师的教育教学理念来自于对自身的教育教学实践基础的理性认识。只有将先进的教育教学理念与教师的实际感受联系起来，才有可能构建起属于自身的新的理念。理念通过行为来体现，理念更是在教育教学实践中构建和发展起来的。

教师在形成自己的教育教学理念时，要充分考虑如下几个因素。(1)目前国内外教育教学的改革发展趋势，国家的大政方针，学校的要求等。(2)教育教学的具体情况。明确哪些理念对于自己来说是通过努力可以实现的，哪些理念对于自己来说是经过努力也难以实现或根本就不可能实现的。(3)学生的学习和接受状况。明确使用哪些理念的哪些学生通过教育可以达到理想状态，使用哪些理念的哪些学生通过教育能基本达到理想状态，使用哪些理念的哪些学生通过教育难以达到或根本就无法达到理想状态。

教师在形成自己的教育教学理念时，要把握教育教学的时代脉搏，抓好如下几大方面的细化和分解。(1)学生思想素质是教育的灵魂；(2)要为学生的终身发展奠定坚实基础；(3)要把培养学生的创新精神和实践能力作为出发点和归宿；(4)要把教改实验和教育科研作为提高教育教学质量的第一生产力；(5)强化应用意识、情感体验，把学科教学置身于家庭生活、社会生活、科技生活的广阔背景之中，鼓励学生亲身参与实践；(6)要对每一个孩子负责，使其个性得以充分发展；(7)要建立新型的知识观、学习观；(8)课堂教学要追求省时而高效的崇高目标。

教育教学的理念具体应该是什么呢？核心理念是：为了中华民族的复兴，为了每位学生的发展。具体地说就是“为什么而教，为什么而学，教什么，学什么，怎样教，培养什么人”——这些始终是教育教学的根本问题。再具体一点说，例如关于教学活动结束时学生要达到什么样的目标，通过什么样的手段和方法达到这个目标的理念；“以训练为主线”的课堂教学结构和时间分配的理念；“精讲多练”“精讲精练”的教与练的理念，由“精讲多练”向“精讲精练”过渡的晋级理念；“自主、合作、探究”的学习方法的理念；“向课堂45分钟要质量，切实减轻学生的课业负担”的教学效益的理念；“只要学生通过自学可以学会的知识，教师就不要讲”的教师的“讲”的原则和理念；“以教师为主导，学生为主体”的教与学的理念；“答案是丰富多彩的”的培养发散性思维的理念……每个人所奉行的教育教学理念都不尽相同，有些比较笼统，有些比较具体；每个人的理念都不能或都不要包罗万象，要以循序渐进、积少成多，一步一个脚印为原则。

融合教育教学理念与教学的关键是将先进的教育教学理念内化，进而形成自己的教育教学理念，并持之以恒地去实践。“实践＋反思”是理念和行为相连接的最直接的手段，也是教师专业发展的有效途径。

带着理念去上课就是要求教师心中要时时有一种教育教学的理想和信念，并把这种理想和信念坚定不移地贯彻到教育教学的每一节课中去。也许有人会质疑，每节课不都是有教学目标吗？教学目标不就是理念吗？我认为，两者是既有联系又有区别的不同概念。虽然两个概念有时是指同一状况，但归根结底是目标存在于理念之中的。教育教学中的理想、信念、价值观决定每一节课的每一个具体目标。教学目标是教育价值和理念在教学中的具体体现。因此，教学目标必须自觉地指向教育的培养目标，使其成为教育目标的一个步骤。例如，“全面发展”是一种观念，同时又是我们教育教学所追求的崇高理想和目标。但这种理想和信念不是一步就可到位的，而是要通过平常的成年累月的每一节课的教学目标的达成来逐步实现的。实现宏伟目标的切入点是要从细化和分解的二级、三级等的梯次目标间的关系入手，选择最优的目标实现路线——先解决简单的目标，再解决困难的目标；先解决小的目标，再解决大的目标。循序渐进、持之以恒、勇往直前……

带着理念去上课是放眼未来，放眼世界的胸怀大志；带着理念去上课是着眼于脚下，一步一个脚印的奋然而前行；带着理念去上课是时代对教师提出的更高要求，是教育未来发展的大势所趋！

省时、高效就是课改

"新课程标准"的拟定和实施，标志着我国教育改革又进入了一个新的阶段。"课改"已经这么多年了，虽然取得了一定成绩，但理论家所说的如何探讨和实践可以达到的标准，实践者——一线教师却怎么也达不到，甚至根本就不知道具体应怎么做才能达到这个标准的情况是比较普遍的。

一个"知识和能力、过程和方法、情感态度和价值观"三个维度的课程目标的设计在实践中如何操作，就使那么多专家、学者煞费苦心、争论不休，直到目前还难以达成一致的意见。在此我们不想探讨这些有争议的问题，只想把"课改"的标准说得简单明了些，说得通俗并且可操作些。我认为：省时高效就是课改。具体一点说就是：教育教学要达到省时、高效的目的就要课改，换言之，课改的目的就是要省时、高效。

第一，省时，即节省教与学的时间。其一是教师要少讲、精讲或不讲。"精讲"是针对教师每节课所要讲的内容而言，既是数量上的要求，也是质量上的要求。"不讲"是指凡是学生通过自主、合作、探究能够解决的问题一律不讲。讲与不讲以及怎么讲要根据具体内容、具体教与学的情况，视效果而定。

精讲讲什么？这要根据不同科目及不同内容而定。一般来说，要讲明如下几点：(1)学习方法和要求。如审题方法、解题技巧、考试技能等。(2)知识的拓宽、迁移、类比、推理。如一题多解，一题多变等。(3)学习的疑惑和盲点。如知识重难点、易混点、考试失分点等。(4)知识总结、应用及规律等。

其二是学生要精练。"精练"是学生运用教师所传授的知识和技能来解决问题的练习，是教师"精讲"效果的检验。"少练""多练"是练习的数量问题，而"精练"则是练习的质量问题。"少练"不一定"精"，而"多练"也不一定"不精"，关键在于练什么和怎么练。

一般来说，"精练"要练学生难懂的地方、易混淆的地方、有常见错误的地方和中高考等考查的重点。练，要有一定的广度和深度，要面向大多数学生，并有效地平衡机械性训练和开放性训练之间的关系，真正让学生在实践过程中提高能力。这就要求教师在“精讲”的基础上做到：(1)习题设计既要突出重点、难点，又要具有基础性、层次性、开放性。基础性是指课堂所讲的基础知识和学生应该具备的基本技能，不只是很简单的问题；层次性是指练习设计要有梯度，要考虑不同层面的学生；开放性是指题目的设计要注意培养学生求异思维、发散思维、创新思维的能力，以激发学生学习的积极性，培养学生各方面的素质。(2)筛选那些可以从中归纳出一些解题思路或知识迁移应用的一般方法的题目来练习。还要注意综合各知识点，使各个层次的学生都能够有所得，即扎实掌握、灵活运用基础知识，并有利于培养学生的解题能力和创新能力。(3)精心汇集问题。及时解决学生学习过程中的盲点和误区等。

第二，高效，即提高教与学的效率。其一是提高教师教学的效率，有限的时间传授了无限的并且能够使学生终身受益的知识。其二是提高学生学习的效率，有限的时间学到了无限的并且能够终身受益的知识。其三是个体、整体的学习成绩明显得到提高。其四是学生素质普遍得到提高，个性化程度高。需要强调的是：要提高教学效率，教师必须“严格”学习过程的管理。“严格要求、严格检查、严格督促”仍是最简单、最古老，也是最有效的方式方法之一。

“省时、高效”是针对不管是哪一个学科都存在的教学中的“少、慢、差、费”的现实问题而提出来的，它既是对教学过程提出的操作规范和要求，又是对教学结果提出的具体而精炼的最终目标。要达到“省时、高效”的最终目标，就要改变传统的教育教学观念和方式方法，优化教学过程；就要改变传统的以“灌输—接受”为主的教学方式和以“听讲—记忆—练习—知识再现”为主的学习方式；就要对现行的课程进行全方位的改革。走老路就不能达到新目标。

“省时、高效”既体现了教育教学方式方法的改革又体现了课程内容的改革，更主要的还是这个并列短语的本身就是一种教育教学的最高成果。事实上，也只有实现“省时、高效”的朴实目标，才能彻底解决目前无法解决的学生过重的课业负担的问题。为此，“省时、高效”应该是我们一线教师“课改”成果“看得见，摸得着”的主要衡量依据之一。

“导”字教学意义解析

人们常将“注入式”“填鸭式”的教学方式叫做“‘牵’着学生鼻子走”。“牵”便成了传统教学的关键字、代表词。

“牵”与“导”是教学上的反义词，“导”代表的是现代教学。“导其妻子，使其养老”“忠信以导之”分别是《孟子·尽心上》《吕氏春秋·适威》中的话，“导”在此是比较原始的，却恰好是现今教学上使用频率最高的“开导、启发”之意。除此之外，“导”字还有“引导、疏通、传导、选择”等义项。

“导”在教学上的恰当组词及其所形成的角色有：导演、导标、导航、导游、导师等。以上述“导”之意义为基点，在教学中如何根据教情、学情来进行“或启、或引、或疏、或传”的“导”以及转换不同角色的“导”是一门学问、一种科学。

新课标更加强调“导”在教学过程中的支配作用。教育部原副部长王湛在给新课标出台所作的序言——《建立具有中国特色的基础教育课程体系》中说道：“……引导学生质疑、调查、探究，在实践中学习，使学习成为在教师指导下主动的富有个性的过程。”便足以说明这一点。

“导”字之实际运用千变万化，博大精深，但以管窥之，又可见如下之一斑。

一、“导”的把握

教学前要精心设计“导”的环节及内容，明确教学中需要“导”的时间、地点及大致内容，做到有备而无患。教学中要强化“导”的调整、控制功能，随机应变，加减变通“导”的内容。教学后要拓展“导”的区域，把重点放在培养学生由课内向课外的知识迁移能力上，最终落在培养自学能力上。

二、“导”的技巧

首先“导”要恰到好处，“点石成金”即得其要。一般来说，适时适地因人有异而“导”甚妙。例如要使学生对新知识产生学习的欲望和兴趣时需要“引”，导语即属此类；当学生对知识有疑惑时需要“开”或“启”，答疑解难通用此法；当用旧知识解决新问题，学生思维出现断线时要“疏”，温故知新即为此理；当学生在解决问题中出现无从下口时要“引”或“传”，引申触类是为妙法。由此可见，“导”的不同义项，当有不同用途；相反，不同的教情、学情就有了不同的“导”法。用“导”组词所形成的不同角色又有着不同的功效，例如“导演”是直观、形象、生动的“导”，惟妙惟肖，学生易于入境；“导游”是教者带着学生在知识的海洋中遨游，一步一景，学生饶有兴趣；“导航”是指引学生向前进，是有计划有目标的行为，学生学有所向……

其次“导”的内容要能够激起学生的浓厚学习兴趣，点起学生对知识渴求的熊熊烈火。引他们自主思考，引他们彼此争论，引他们合作探究……

最后“导”要明辨是非，得出结论。即对每一个问题的争议，每一个知识的学习，每一节课都要有一个结论。即使是课上无法解决的有争议的问题，也要明确探究内容及形式，而且要尽快反馈研究结论。

以上三点的要旨是：“导”要讲方法、懂技巧，放得开，收得拢。还要强调的是“导”要重方法规律的传授。“授之以鱼，不如授之以渔。”

三、“导”的原则

第一是少而精的原则。一般来说，一节课若为45分钟，“导”不能超过四分之一的时间，即11分钟左右。第二是充分调动学生学习积极性的原则。通过“导”，学生的学习表现为动手多，即记得多，练得多；动口多，即讨论多，发言提问多等。第三是缝合过渡性的原则。主要是新旧知识的缝合过渡、由点及面的知识的缝合过渡、由零到整的知识的缝合过渡等，其次是环节的缝合过渡。第四是传道解惑的原则。“导”之根本是回归与“通”，即通其道理、通晓方法。第五是实效性的原则。即以学生学会、会学为“导”法的最佳选择。

“导”亦有法，却无定法，要真正实现现代教学改革，“导”字大有文章可做。

抓住非教学因素的内核

什么是非教学因素呢？概括地说，应是人的气质、性格、工作理念、作风、态度、责任感等可以直接影响教学，但又无显著教学素质特征的个性化因素的总和。对学生提高学习成绩有效的非教学因素的基本内核是“严”，如严师出高徒的敬业理念，严于律人律己和雷厉风行的工作作风，一丝不苟的认真态度，严格规范学习行为，不让一个学生掉队、落后的措施和手段等。

有人做过这样的实验：上课只是布置学习内容及要求，然后就严格督促、严格检查、严格验收、及时反馈并提出改正要求，不让一个孩子蒙混过关。其结果是这种简单枯燥的、并不受孩子们欢迎的、领导专家又不看好的方式，一个学期下来，教学成绩竟比其他教学班高出近一倍，所学的知识量也比其他班多出好几倍。我们且不说这种实验的过程和方法是否科学，是否有大力推广之必要，只说它的结果不就发人深省了吗？

河北的衡水中学、江苏的洋思中学在教育教学方面都取得了令人瞩目的成绩。一时间专家学者云集探秘，参观取经者络绎不绝。其实经验并不高深复杂，就是站在非教学因素的高度，“严”字当头，严格管理，严格各项规章制度，将个性化的非教学因素共性化，全校步调一致。理念统一明确，责任统一明确，甚至这节课讲什么，讲多长时间；练什么，练多长时间，都有明确的规定。尽管这种经验窃以为并不见得完全符合现代教育教学观念，但由于他们有了明确的理念和具体提高教育教学质量的方法和措施，且一丝不苟、持之以恒地作了下去，就取得了显著的成绩。

非教学因素对学习成绩的影响是以严格对学生学习过程的管理为基础的，“严”是其基本素质，但“严”又要讲科学：要努力、要付出、要适度、要持之以恒、要严中有爱，以对学生终身负责为出发点。

非教学因素素质有许多是天赋的，但后天有意识的、积极的自我养成又是至关重要的。为此，我们每个人都有形成良好非教学因素素质的可能，都有提高非教学因素素质的必要。

对教案革新的思考

我 1981 年参加工作，那时候写教案统统用的是苏联凯洛夫《教育学》中的那一套，教学目标、教学准备、教学过程及内容四大板块。其中的教学过程及内容的五个环节是教案的主体部分，在确定了教学目的和重难点之后，就不管三七二十一，一律套用。

第一，组织教学。目的在于促使学生对上课做好心理上和学习用具方面的准备，集中注意力，积极自觉地进入学习情境。因为缺乏具体可操作的内容，所以一般写完环节过后再写上“略”就可以了。长此以往，都不知组织教学是什么了。

第二，检查复习。目的在于复习已学过的内容，检查学习质量，弥补学习上的缺陷，为接受新知识做好准备。利用三五分钟时间，检查复习上节课的基本内容，如语文上的生字词，文学常识；数学上的概念、定理、公式等。

第三，讲授新知识。目的在于使学生在已有知识的基础上，掌握新知识。这部分是重点，所用时间也最多，是预设课堂“填鸭式”的版本。从导言到教材内容，再到小结要点，每上一节新课都是如此。

第四，巩固新知识。目的在于检查学生对新知识的掌握情况，并及时解决存在的问题，使他们巩固和消化所学新知识，为继续学习和进行独立作业作准备。形式为课堂学习内容训练和拓展训练。

第五，布置课外作业。目的在于培养学生应用知识分析问题、解决问题的能力和自学能力。因为预设教学时间与实际教学时间之间常常步调不一致，所以作业布置往往“文不对题”。

再看现在的教案，和三十年前的情况基本差不多，虽然说法上有些不同，但事实上还是那些东西。真正有所变化的是：第一，有其名而无其实的“组织教学”的环节不再写了——合情合理。第二，教案中又加了一个教后记——有待商榷。

近几年，教学反思作为教案的不可或缺的一部分的做法已经被许多专家和某些教育行政部门所认可。因此，教学反思就成为许多学校规定的教案组成部分。

可再看一看我们一线教学的老师们撰写教学反思的实际状况：

首先，由于教师工作繁忙，每节下课后都能认认真真地对这一节课进行反思并写下经验和教训的并不多。况且这“经验和教训”也不一定节节都有，这一节和上一节，上一节和再上一节……大致相同的情况也屡见不鲜。

其次，从对教学反思的定位而言，将之作为教案的一部分也是不尽合理的。教案是“教学方案”，具有预见性、超前性；而“教学反思”则是教师对课堂教学中出现的问题及师生交流结果的反思，应处于与教案平等的地位，可是现在却成了教案的最后一个环节。

在这个问题上，我的观点是：其一，教后记不一定堂堂都要有，我们提倡和鼓励多写、经常写教后记，尤其是对年轻的教师来说更应如此，但这绝不意味着要堂堂写、天天写，更不能强行把它变成教案的一个部分。其二，教后记不一定是固定的模式，教学上的总结、随笔、散文、论文等都应视作其中的一种类型。其三，教后记也不一定受时间的限制，昨天或前几年就已经研究了的，并有了一定结论的东西且形成文章，今天就没必要再去研究。

最后，电子文本的教案登上了舞台——利弊各半。

利的方面：为成竹在胸的中老年教师解放了劳动生产力，省时省力又可博采众长；弊的方面：为懒惰的不求甚解者开了方便之门。

三十几年如一日的教案，究竟给我们的教育教学带来了什么？

第一，课堂上满堂灌、照本宣科的情况较为普遍。

过去的教案，主要从教师自身完成教学任务以及怎样传授的角度来考虑，重在解决“教什么”“怎么教”的问题，教案主要是教师在授课时使用，对有关知识性的东西写得过细，甚至思考题的答案也一字不漏。老师边讲，学生边记，这就使教学设计越到位，反而越限制了教师本人和学生的思维发展空间，教师不敢越雷池一步；学生也只好被教师牵着鼻子走，没有丝毫的学习主动性。

第二，强调预设而忽视了生成，强调了“教”而忽视了“学”。

多少年来“吃透教材，精心设计教案，以达到教学效果的最优化”一直是教师们不懈追求的目标，也是衡量课堂教学成功与否的重要标志。这种在教学预设上长期的“精雕细琢”，过分地拘泥于静态教案的预设而忽视了动态学案的生成，使课堂教学普遍存在着“本本主义”。教者习惯于从既定的教案出发，用一连串的问题牵着学生走，使学生只能跟着教师亦步亦趋，被动地接受一个个教学结论。这样的课堂教学结构严谨，层次分明，但较少关注学生的发展，关注学生在课堂上的生命状态。让“死”的教案支配和限制了“活”的学生，遏制了他们在课堂上思想和生命的活动，使课堂变得机械、刻板与程式化。

素质教育是以人为本的教育，以人为本的教育体现在课堂上，就必然要求以学生为中心，要把课堂还给学生，让学生成为课堂的主人。为此，要淡化传统意义上的课堂教学设计，最大限度地创造让学生自主、独立活动的机会，让每个学生的天资、兴趣、爱好和专长都得到充分的发挥和发展。

僵死的教案撰写现状是和课改精神背道而驰的。如何改变？这是个老问题、大问题和难问题。我认为，如下几个方面的观点可列入改革发展的思考范畴。

第一，简约教学设计过程，摒弃形式主义的文字。

一些学校和有关部门，以备课、教案的详略、教学设计篇幅的长短、字迹是否工整等作为评价教案的标准，因而使教师用在教学设计、教案编写上的工夫实在太多：从教材分析到教学重难点、教学目标；从学法提示、训练题型到课堂板书、教学评价、教学反思等都一一誊写在案。这种不顾实际的做法显然既耗时、费劲，又不利于教师对教学的研究，更不利于学生在原有基础上的发展。随着教改和新教材实验的深入，教育观念、教学方法也在不断发展、变化，具有个性化、创造性的课堂教学用同一种样式来套的局面也必定是要淘汰的。

第二，进行精心的粗线条教学设计，扩大学生课堂实践的空间。

教学设计中教师占有的时间愈多，留给学生的时间就愈少。教师角色的转换，由主导者变为引导者，首先要看的就是教学设计中师生对时间的占有量。粗线条的设计，意在编写教案时，应更多考虑课堂实际，留有师生灵活的课堂操作和活动的空间，强调教学思路上的整体把握，不必过多地追求教学过程中的某个细节；应重视学生的思维过程和语言表达的顺序，淡化严谨的逻辑思维模式；应顺应学生思维规律，尊重学生对问题的不同看法。知识性的东西应随文而出，随机训练，克服教学设计上的程序化。在新教材的实验中，要重新认识备教一致、环环紧扣、步步到位的传统观念，把教学设计作为教师运用教学新理念、进行教学创新的契机。

创新能力的培养不仅是教学设计时要考虑的，重要的是驾驭课堂，利用学生的思维，随机捕捉创新灵感，建构学生创新的话题。因为知识的创新因素一部分是由教师在备课、发掘教材中的“创新点”引发的，这是显现的；而大部分隐形的则是在课堂上学生的学习活动中产生的。

自主、合作、探究式学习方式中的“自主”体现在教学设计中就是减少教师教的环节和程序，以教师的“引”为动力，把“读、思、议，演、练、创”的权力交给学生，使学生在自主、宽松的氛围中获取知识，得到身心发展。

第三，变教案为学案。

教案要变以前的主要体现教师的教的“教案”为主要体现学生的学的“学案”，把着眼点放在学生的学上，教师只是起到一个导演的作用，即有针对性地对学生进行有效的引导。要“以学定教”，学生学什么，怎样学，达到什么目标，教师在备课时要做到心中有数。

学案是辅导学生自主学习的方案，旨在提供课前预习，学习过程的消释疑惑和课后巩固提高的全程跟踪辅导，通过精心设计的启发式发问、延伸拓展、序列化的测试，系统化的知识结构等来帮助学生较深刻地理解所学课程，培养其创新意识、实践能力和综合能力，全面提高其素质。

在设计这种教与学的方案时，首先，要根据总体教学目标，变单一思路的教与学的设想为多维思路的切实详细的教与学的设想。多维教与学思路预设得好，老师在操作过程中就能随机应变、得心应手；其次，取消固定的教与学程序和预先设计的问题，让课堂教与学的中心环节完全视学生主体的需要而灵活安排，使教师思维摆脱过去那种僵化模式的束缚，便于发挥自己的个性；最后，要赋予其他教与学因素的更大的灵活性，这就要求老师要有广博的知识，全方位、多角度钻研教材，提高自己。

第四，因人而异，不同要求。

综观目前中小学教师编写和使用教案的状况，大致可概括为如下几种类型：(1)教案编写符合理论规范和部门要求。写得认认真真，详详细细，有的甚至把教科书也标得密密麻麻。(2)教案编写基本符合理论规范和部门要求。写得提纲挈领，步骤分明。重点的内容也在教科书上有所标注。(3)教学目标、重难点，教学过程、方法和板书等一揽子内容尽在脑中，“一本教科书”是其课堂教学的全部家当。

编写和使用教案状况的百花齐放，严重影响了教学质量的提高，实在是令人担忧，急需有一种统一的标准和衡量的尺度。

1. 参加工作1～3年，正值教育事业的打基础阶段，任重而道远。要刻苦学习，勇于实践：一备新课标。对课程的基本理念、课程总目标及所教的学段的阶段目标、教学建议等要做到对答如流。二备听、说、读、写等基本素质和能力。制订远近计划并明确目标，进行自我完善。三备知识。对教材所涉及的知识要了如指掌，要能做到知其然又知其所以然。四备中、高考题型。写出归结性文字。五备临战经验。随堂听有丰富经验老师的课，并认真做好听课笔记。六备教材。编写详细的教案和学案。最后才到讲课环节。

2. 参加工作4～9年，是事业的巩固发展阶段，也是知识能力等素质的巩固发展阶段。这期间要注重：一是对新课标的理解和运用；二是知识的规律和方法的探索；三是深入钻研教材，并能将教材所涉及的知识比较清晰地纳入本学科的知识的大系统中来，使所教知识形成网络。四是编写比较详细的教案和学案。

3. 参加工作10～19年，是事业的黄金时期，肩负着教育教学工作以及生活的承上启下的重任。一方面要将老教师的经验传承下来；一方面又要做青年人的榜样。一方面要将自己在教育教学中的经验教训不断总结出来，以培养自己教育教学的科研能力；一方面又要一边科研，一边实践，理论联系实际，以逐渐将自己的事业推向一个新的高潮。这期间，既可以使用手写的简要课堂教学方案，也可以使用电子教案和学案。

4. 参加工作 20 年以上的中老年教师，可以用课件、讲课提纲等来替代传统意义上的教案和学案，或用老教案及从网上下载经过修改的电子教案或学案。但他们在教育教学工作中必须有突出业绩，能起到传、帮、带的作用，要能胜任做青年教师的师傅。否则，还要查缺补漏，像青年教师一样从头学起。

关于教案的有和无。一般情况下是要有的，但特殊的人物也要有特殊的对待，我觉得上课没有教案的老师的条件应是：(1)教育教学业绩突出，(2)教育科学研究成果显著，(3)20 年以上教龄且从事同一学科教学工作，(4)有学期或单元比较详细的教学计划，等等。

教学中的几多几少

第一，多训练，少讲授。课堂上的讲要少而精，强调讲基础知识的重难点，讲传授获取知识的方法和规律；注重答疑解惑、查缺补漏，拓展联系、举一反三。“练要从多到精”，明确要求，使学生掌握方法和规律；强调实际运用、熟能生巧，使学生养成善于质疑问难和归纳总结的好习惯。

“多练”不是搞题海战术，它指的是在课堂教学中，教师应多给学生练习的机会，并引导学生通过“练”巩固所学知识，提高自己的自主理解能力和自主分析问题、解决问题的能力。“精练”包括两个方面：第一精选习题，切忌讲量不讲质；第二要深化，通过“练”这一环节，使学生的知识转化为能力，内化为学生自己的东西。

“精讲多练”和“精讲精练”是一个由初级向高级发展的两个不同的阶段。由“精讲多练”逐渐向“精讲精练”过渡是“讲练结合”所追求的目标。

第二，多个别辅导，少整体说教。一次考试或作业检查，教师在评卷或批改作业中发现了许多问题，并归结出了共性的和个性的两大类；一个阶段的教和学活动，教师发现学生在学习的过程中存在着许多不良习惯和现象……怎么办？有问题不怕，怕的是我们教者不懂方法。学生在学习中有问题是正常的，没问题反倒不正常。

课堂上，学生能够通过自学掌握的知识，教师就不要包办代替，只要给出自学的范围，自学的方式方法，要达到的目标等就可以，然后就放手让他们自己去学。腾出时间老师干什么？就是进行个别辅导！

个别辅导不是空头说教，而是有的放矢地进行沟通，交换意见和建议。不能像日常教育过程中的谈话那样，仅仅采用规劝或教诲方式，不能对学生作强制的说理和武断的解释，要让学生能够充分地表达并接纳其表达；要充分尊重学生的独立人格，对学生反映的问题表示关心和接纳；要使学生排解紧张、惧怕心理，消除自我防卫，使其坦陈心语，直面问题；要使学生感到这是在关心、爱护他，即使是必需的暗示、忠告、说服等“指示性”手段，也只能最低限度地使用，要力求“随风潜入夜，润物细无声”。

第三，多反思调整教学策略，少做教学无用功。“只低头拉车，不抬头看路”“路线对了头，一步一层楼”这两句话似乎是相映而生的，前者是形容方向路线不对，做多少事情都徒劳；后者是形容只要方向路线对头，就可以使工作上新台阶。这两句话都强调的是方向路线的问题。教学也如此。

一节课下来，一个阶段的教学结束，效果如何？为什么会这样？反思才能不断调整、充实、提高。

教学策略是什么？是教师为达到教学目的所采取的步骤、途径以及所选择的手段、方法的总和；什么样的教学策略才是切实可行的？这不能一概而论，要通过反思、学习才能寻找到适合自己的策略。但就一般而论，切实可行的教学策略是根据因材施教的原则，面对不同的教材、不同的班级，不同的学生特点，有针对性地选择相应的、灵活的、多样的教学方法，同时再配上合理的教学步骤、有效的途径以及先进、实用的教学手段等。

反思是教师对自己教学中的行为以及由此产生的结果进行审视和分析的过程，本质是一种理解和实践之间的对话。这种反思不是一般意义上的回顾，而是反省、思考、探索和解决教学过程中各个方面存在的问题，具有研究的性质。

教学是教和学的统一，但最终目的是为了学，最终效果也体现在学上。因而教师必须关注教学的效果，而教学效果的直接体现就在于学生的学习状态。可以从学生的活动状态、参与状态、思维状态和目标达成状态等方面来反思、评价一堂课，一个阶段的教学效果。一节课下来，一个阶段的教学结束，如果教师关注的只是自己的教学任务和教学计划完成得如何，而很少或根本不去考虑学生的学习状态和学习效果，那么，这样的教学状态就会走许多弯路，做许多无用功。

把学生视为最重要的教学资源，密切关注学生的发展需要，随时根据学情调整教学策略，顺着学生的学习状况随机诱导，为了学情的需要，对教学策略作出灵活的变更和修订，做到教后反思学习，先学后教，以学情定教。那么，这样的教学策略就会省时而高效。

第四，多管学习过程，少只注重结果。学习是一个获取知识的活动过程，而不只是活动所取得的结果；学生不仅要通过学习掌握一定的知识，还要在学习的过程中发展能力、陶冶情感，形成并发展一定的价值观念。过去，教师和家长过多地把关注的焦点放在学生的学习结果，特别是分数上，分数高了就可以一好百好，欢天喜地；分数低了就怨天尤人，愁眉不展。

教学中，通常有这样一种情形：一些授课水平、知识水平大体相当的教师，其教学质量却有很大的差异。究其原因，就是对学生学习过程的管理是否到位所导致的：对教学过程管理严而有方者教学质量就高，反之就低。

中学生的学习过程主要有制订计划、课前预习、专心听课、做笔记、完成作业、课外活动、系统小结等环节，每一环节都是对立统一在一个互相衔接、互相影响、互相制约的学习过程的大系统中的。青少年时期，良好的学习习惯尚未养成，学习目的性和自觉性还不够强，因而教师包括家长只有严格学生学习过程的管理，并且讲究方法才能使他们的学习卓有成效。

帮助学生制订各学习环节的常规要求，这是加强学习过程管理的第一步，科学性、实际性、具体性、激励性、有效性是制订各学习环节常规要求的基本原则。

第二步就是要建立一个学习过程的管理体系，其中建立学生自我管理体系是学习过程管理体系中至关重要的环节。“科任教师—科代表—合作学习小组组长—合作学习对子负责人—组员”是梯次学习过程管理的基本体系。

只有抓紧、抓实学习过程的管理，才能保证学生学习过程中的各项规范及良好习惯，才能使教学质量管理有一个逐步提高的章法，提高教学质量才不是一句空话。所以说：“学生的学习成绩不是教出来的，是管出来的”的说法是有一定道理的。

第五，多鼓励，少批评。心理学家的研究表明：如果孩子生活在批评中，便学会谴责；如果孩子生活在敌视中，便学会好斗；如果孩子生活在鼓励中，便学会自信；如果孩子生活在受欢迎的环境中，便学会喜欢别人。后进生在班中经常受冷落，挨批评，久而久之，他们对学习便采取消极的态度。在这种情况下，老师需要想尽各种办法吸引他们的注意力，丰富教学活动，增添学习乐趣，给他们创造表现自己的机会，从而使他们以积极乐观的态度来对待学习。

课堂教学中，我们要关注后进生，多用赏识教育，多用些激励的语言增强学生的信心。平时，多留意他们的神情变化，多提些简单的问题，使他们处处可以感觉到“我行，我能，我会成为最棒的!”进而认识到搞好学习不是没有可能。要注意给每一个学生创造得到褒奖的机会，让学生的每一个细小的进步都能得到老师的肯定，每一个闪光点都能得到老师的赞许，让大家都能体验到成功的欢乐……

教师及时、真诚和恰如其分的褒奖鼓励，能让被褒奖者受到激励，又能使其他人感到鼓舞。因此，教师要多表扬少批评、多鼓励不数落，让学生看到自己的长处，扬长避短，增强信心。

除了面对面褒奖外，教师还可以利用批阅作业、考卷的机会，用批语进行表扬、指正、鼓励，使学生感受到老师的爱护和期望无处不在。

第六，多民主商议和探究，少武断裁决和限制。学生作为一个个鲜活的生命个体，总是带着自己已有的知识、经验和情感来接触新知识、新事物的。作为新时代的教师，必须具有民主意识，充分尊重学生的人格、情感，把学生、文本、教师看做对话的三方，还学生以对话者的主体地位，视学生为平等的人，表现为“蹲下身来跟学生说话”。“今天的作业量怎么样?”“这一节课我还要给同学们讲点什么?”“今天讲的知识你们会了吗?”等都要与同学们商量。教师对学生是一种感情投入，反过来，学生对教师、对知识也是一种感情的投入，并且是驱使其奋发向上、锐意进取的动力源泉。学生就是在这样和谐的学习氛围中借助于文本、教师的对话、用心灵去感知自然，了解社会、体味人生的。在对话中，教师对文本的解释，并不存在最多或最终的权威，只是为学生对文本的解读提供一个想象与创造的空间。对材料的理解，要让学生在自主、合作、探究、想象中得出自己的答案，这样的教学才不会限制学生的创造性思维，这样的课堂才会焕发出独特的魅力……

教学中还有多少“多”和多少“少”需要挖掘、探讨和遵循？吾学有涯而知无涯。也正因为如此这般，成功的教育教学活动才成了我们前赴后继、永远追求的目标和乐趣。

简说教学反思

教学反思是教师对教学活动过程中所做出的行为、决策以及由此所产生的结果进行审视和分析，记录成文，又叫做教后记。

教后记可分两种类型：一种是随即性教后记，即是教师上完一节课后对这一节课所做出的行为、决策以及由此所产生的结果进行审视和分析，也叫课后反思或课后记；另一种是阶段性的教后记，即是教师对一个阶段的教学活动的行为、决策以及由此所产生的结果进行审视和分析。我们经常说的“教学反思”，在一般情况下是指广义的阶段性的教后记。

养成像记日记、写周记一样的写教后记，对教师的专业成长具有十分重要的意义。优秀的教师必须是反思型的教师，只有养成“吾日必三省吾身”的良好职业教学习惯，才能不断改善教学状况，不断查找存在的问题，调整自己的教学行为，进而提高教学质量。

教后记的内容涉及教学工作的方方面面。就一堂课而言，可从三方面进行反思：教了什么、怎么教的、教得怎样？学生是否获得了“是什么”的知识(语言信息)“怎么办”的知识(智慧技能)“怎么学”的知识(认知策略)；就反思教学过程的角度而言，它包括确定教学目标，明确教学重点难点，选择教学策略和教学方法，安排教学步骤，评价教学效果等，通过课后自我评价、自我诊断，总结成功与不足，寻找问题，以便改进提高；就教师本人对教学效果的评价而言，可以分为对经验的反思和对教训的反思，二者往往共存。对经验的反思，可以促使教师对日常教学行为的合理性、先进性进行及时的总结，并作为制订下一步教学方案的重要参考；对教训的反思，可以促使教师及时修正自己在教学中出现的问题，思考其中隐含的深层原因，以使今后的教学避开相同问题的阻碍。

从内容上概括归纳一下教后记的样式，大概有：经验总结式、失误纠正式、问题待解式、自我评价式、案例点评式、阶段回顾式、心得体会式等。

教后记的外在表现形式可以是简要的问题积累，以待后解；也可以是重点疑惑的解剖，旨在解决一个问题；还可以是在前面问题积累基础上，进行进一步思考探索后的专题分析研究，并写出议论性的文章等。文体可以是应用文式的总结，可以是散文式的感想，也可以是研究式的论文，甚至是戏剧式的精彩回放……

教后记的篇幅可长可短。短者，一个问题，一种观点，寥寥数语，言简而意丰；长者，由点及面，由浅入深，深入浅出，多侧面，多角度，汩汩滔滔，下笔千言。

不论什么样的内容和形式，也不论篇幅的长与短，写教后记都要注意：贵于及时，所思所感要随时记录归结探究；功于坚持，持之以恒地坚持反思自己的教学行为，持之以恒地坚持探究先进的教学理念和行之有效的教学方式，持之以恒地坚持不懈地写，必能以写促思、以写促改，必能从课堂教学中探索出一些带有规律性的东西，形成自己独特的教学风格，使自己成为一个有思想的教者乃至专家……

在教学中深入反思，在反思中完善教学。当教学反思成为一种职业习惯的时候，便是教师专业成长不断走向纵深的时候。

教师搞不懂的知识不讲吗

教师在备课、讲解或解答学生提问时，遇到了自己不懂、似懂非懂或有争议的问题，是避而不谈，还是不懂装懂？

世界上，没有一个人能把所有的知识统统装入头脑中。教学中，教师遇到了不懂的知识是正常的事，反之，倒不正常。遇到之后怎么办？其一，要实事求是地告诉学生，这个问题有待于探索，并且明确师生课后寻求答案的责任，第一责任人是教师，第二责任人是全体学生。这样做的目的主要还是激发学生的探究欲，因为这才是教学之根本。其二，要及时反馈问题探索的进展情况，即使是无法解决的问题也要说清楚为什么解决不了，给学生未来的探索埋下伏笔。这既是一种严谨治学的精神，又是求真务实的教学态度，更是对学生进行潜移默化的求学品质的教育，不可忽视。

我在教学鲁迅的《雪》一文时，有三个词是“蜡梅、胡蝶、壶卢”。课文对这三个词的解释是：“蜡梅即腊梅、胡蝶即蝴蝶、壶卢即葫芦。”学生质疑：“那为什么不直接写成腊梅、蝴蝶、葫芦？”“这是个词形的发展变化问题，即原来写作彼而现在写作此了，至于如何变化的，老师还要进一步查证一下，也希望同学们能自己寻找一下答案，以后我们再来明确它。”这是我处理这类问题的经常做法。

课后，我在电脑上、图书馆里查阅了大量资料，一个词一个词地追本溯源，最后形成了《蜡梅、胡蝶和壶卢》的文章，然后把它印发下去，让学生作为小资料阅读并保存起来。

另外，学生自己搜集的材料如果有价值，我也会把它作为课堂上解决问题的参考资料。长此以往，师生都养成了学习探究的习惯。

无独有偶，一次，我去听一位省优秀教师的公开课，在讲《雪》这篇课文时恰好有学生问：“蜡梅即腊梅、胡蝶即蝴蝶、壶卢即葫芦，为什么不直接写成腊梅、蝴蝶、葫芦呢？”“那是以前的写法，课文为了保持原貌而未作修改。”教师似乎早有准备。课后的讨论会上，我说：“假如‘胡蝶即蝴蝶、壶卢即葫芦’是以前的写法，课文为了保持原貌而未作修改这个观点可以成立的话，那‘腊梅’原来写作‘蜡梅’，但现在又改回到‘蜡梅’又该如何解释？”这位教师一时语塞……

以上讲的是教学中教师遇到了不懂的知识应该怎么办，下面再说说教学中教师遇到了有争议或悬而未决的问题(即未有定论的知识，其实也是一个不懂的知识)应该怎么办。

有争议的，争议在什么地方？你个人的观点是什么？没有解决的问题，它是什么？现状是怎样的？遇到了问题就要真诚地面对，就要明确问题的内容、范围、解决现状，就要力争寻求解决的措施，这叫做“认真”的教学态度。

人教版义务教育课程标准实验教科书《语文》就为我们解决有争议的问题提供了范例。如“鲁迅的《从百草园到三味书屋》一文的主题思想是什么”是个历来争议不休的话题。学习课文之后，我针对这种情况设计了一道研讨题，给出了这篇文章表现作者思想感情的三种参考答案，然后让学生细读课文，边读边把前后两部分联系起来思考、讨论。答案也不要求一致，只要能言之成理即可。由此我觉得：有争议的问题不必避讳，要一一列出组织讨论，让悬念引领我们对未知领域的纵深探究，而不是非得由你来做决断。这正是激发学生学习兴趣，培养学生探索精神的极好机会，岂可白白错过？

教材中有争议的问题很多，《生于忧患，死于安乐》中的百里奚姓“百”还是姓“百里”？《化石吟》中的人类的起源，是猿还是鱼？《湖心亭看雪》中的“拿、挐、拏”三字到底用哪个比较合理……凡此种种，只要是我们师生遇到的或挖掘出的问题，我都引领学生探究一番，乐此不疲。

试想，学生自学能够懂的知识不需要老师来教，倘若学生自己学不懂的知识老师会则教，不会也不去探究、不求甚解、蒙混过关地教，那老师真正教给学生的东西又能有几何？

后记

《中国教师报》于2008年11月13日在“读者论坛”上刊发了江西省吉水县金滩附中周建军老师的一篇文章，我想可能会对读者阅读本文有所帮助，故摘录于下。

读《教师搞不懂的知识不讲吗?》有感

我从教已有十余载，每次面对学生时总是想起母亲的教诲，要像个老师的样子，不要嘻嘻哈哈的，没有威信。于是，我总是板着脸孔面对学生，效果自然颇佳：学生看见我总是恭恭敬敬的，胆小的学生远远地看见了，还绕道而走。我心里也暗自窃喜。

课堂上，由于我的严厉，课堂秩序井然，学生不敢越雷池一步。十余年的教学生涯中，多次遇到自己搞不懂的知识，因为我的严厉加上我的“教育机智”，总能化险为夷。可是每次的化险为夷，总不能给我带来成功的喜悦，心里面感觉空落落的，浑身不舒爽。虽然浑身不舒爽，可也找不到解决的好办法。日子就这样一天天过去，师生之间也相安无事。

有一天，我翻阅着《中国教师报》(2008 年 7 月 16 日)，突然一篇题为《教师搞不懂的知识不讲吗?》的文章闯入我的视线，这正是我梦寐以求的东西，我迫不及待地读起来。

文章首先承认教师遇到不懂的知识是正常的事。一个人的精力是有限的，他不可能穷尽所有的知识。对于这一点，我是非常清楚的。可是，我不能在学生面前表露出来，那不是很没有面子吗，学生可能会因此看轻你这个老师。遇到不懂的知识，我通常的做法是，问有没有其他同学知道的，如果有学生知道，就要这个学生帮助他；如果没有学生知道，我就会把这个问题作为课外作业布置下去。由于我的“机智”，大多数情况下都能蒙混过关。有时，个别学生也露出不满的情绪，但慑于我的严厉，只好把不满埋藏在自己的心底。

看了这篇文章之后，我才明白以前的做法是多么的愚蠢。就像俗语说的：“不懂装懂，一个饭桶。”原来，任何一个老师都会遇到自己不懂的知识，关键是要实事求是地告诉学生，课后师生主动寻求答案，即使是无法解决的问题，也要告诉学生为什么解决不了。不能避而不谈，或者大事化小，小事化了。这不是一个教师应有的教学态度。

看完这篇文章后的不久，我又遇到了自己不懂的知识。在教学《绿色蝈蝈》一文中，学生对“文章表现了作者对绿色蝈蝈的喜爱之情”这个观点发生了争执，反对方的观点是：蝈蝈根本不好看，叫声也不好听，没有人会喜爱它。支持这个观点的理由是：作者描写得生动传神，字里行间流露出了喜爱之情。双方各执一词，互不相让，我也说服不了双方，正想拿出自己的“看家本领”时，我想起了《教师搞不懂的知识不讲吗?》一文。于是，我灵机一动说：“课后我们大家一起去图书室查资料，找出各自的理由吧!”。下课后，我和学生一同走进图书室翻阅资料，终于解决了这个问题。

遇到不懂的知识怎么办？我再也不会置之不理或避而不谈了，我会引领学生探究一番，乐此不疲。真地要感谢《教师搞不懂的知识不讲吗?》一文，它教给了我教学的新本领，真的要感谢《中国教师报》，给我们广大的教师刊登了高质量的文章。

公开课的实与虚

公开课是公开展示给大家看的课。根据所上公开课的不同目的，一般把它分为示范性的公开课、汇报性公开课和探究性公开课等不同类型。但无论何种类型的公开课都要体现真实性、目的性、个性化、创新性等特征。

一、关于公开课的“实”

实就是真实，就是在课堂的组织形式和教学流程上是属于常态的，即不掺杂有失教学自然形态的虚假，在课堂教学内容与结构上不妨着意设计但又是浑然天成的。真实的公开课要以“自然、实用、有效”为教学的基本原则，在真实中展示教学过程，让听课者在真实中得到某种启示。请看这样一节语文名师的公开课：上课导语过后就是知识的巩固，找三名学生到黑板上听写生字词，然后是师生共同讨论是非并矫正，用时近7分钟；接下来就是读课文，分组读、全班齐读、个人表演读，用时近11分钟；第三步是看书做题，然后师生共同讨论问题，明确正确答案，用时近13分钟；第四步是拓展训练，用时近10分钟；最后是小结。

公开课后的研讨会上，执教者和评课者比较一致的看法是这节课重在落实一个“实”字，是对目前新课标下“花哨”教学的一种批判；是语文教学应回归自然，回归本位的一种宣言。我不敢苟同于这种意见，认为这节课有点“实”过了头，实得有些“俗”，有些“浅薄”，有些“陈旧”。

(一)实不是“俗”和“浅薄”，要讲究“实”的技巧，即要体现教学设计的个性化特征

不可否认，字词检查、朗诵训练、读书做题等环节确属常态教学，是语文教学中运用频率最高的方式方法。但它毕竟是谁都会用，谁都必用，谁都常用的手段，无须名师以公开课的形式来引领。

新课改要求每位教师从指令型课程与教学的单一执行者转变为自己的课程的创造者，这使教师形成独特的课堂教学风貌成为一种必然的教

学趋势。那么要从哪些方面体现个性化特征呢？第一，教学思路个性化。要有超前意识，尽可能打破原先的课堂教学模式，用自己的个性去演绎作品的个性；要找准发展学生的个性这个教学"突破口"，教师要因材施教，有针对性、创造性地促进有个性的个体的全面发展，进而形成优良个性。个性化的教学思路是在尊重教育规律基础之上的博采众家之长。第二，教学方法的个性化。一是个别化，是指教学方法的选择和运用重视学生的个性差异，注意培养学生的主体精神、参与意识、独立思考能力的创造能力；二是多样化，是在设计教学方法时，从学生、教材、教学目标的实际出发，在一定教学策略指导下，以一种方法为主，融合多种方法，形成一种优化组合的教学方案。

从上述这两个角度上看，本节课很显然存在着教学思路平庸化、教学方法单一化等缺点。由于这两个缺点也就影响了这节课教学风格的个性化。只是在教学语言、板书、驾驭课堂等的个性化方面是值得称道的。教学语言准确、规范且富有逻辑性、系统性、情感性和艺术性，板书美观、大方等，这也充分体现了教者的良好的教学基本功。

(二)实不是"陈旧"，要讲究"实"的新颖，即要体现教学设计的创新性特征

创新性教学是以培养人的创新意识、创新精神和创新能力为出发点的一种教育实践活动，它是以"创设情境、活动探究、展示交流、反思评价"的方式来展开教学的。教学过程中，活动的组织和展开突出一个"动"字，贯穿一个"趣"字，最终落实到一个"创"字。

创新性教学表现为：第一，学习目标新。要为解决学习中的问题而教学。教师要对所教内容进行创造性的劳动，突出一两点，不计其所余，只有目标新，才能吸引学生去控制、管理自己的学习，最终的目的是使学生依靠兴趣和自控力来展开探索活动。第二，学习方法新。在自主、合作与交流中，学生不断地对自己和别人的看法进行反思和评价，从而看到问题的不同层次和侧面，创造性地找到解决问题的途径和方法。第三，教学手段新。多媒体技术和信息网络技术进入课堂必然会引起教学过程、教学手段的变革。教师要关注现代技术发展信息，充分利用现代化的教育技术把学生带进一个声、像、图、文并茂的新天地，使学生在最佳的情境中学习，进而提高教学效果。

从上述这三个角度上看，本节课很显然存在着教学目标的高、大、全和学习方法不够新颖等缺点。值得肯定的是：教学手段还是比较新的，教学环节设计紧凑，学生活动量大等。

二、关于公开课的“虚”

再看这样一节语文名师公开课：课前印发三篇各 2000 字左右的文章，人手一份。教师在导语切入新知识的学习后，便以问题引领的方式让学生就这三篇文章与课文进行比较阅读。一节课下来，师生紧紧张张、忙忙碌碌、气喘吁吁……

公开课后的研讨会上，执教者对这节课的阐释是“探索阅读教学的新途径”。许多听课者也随声附和。我并不敢苟同这种意见，认为这节课有点“虚”过了头，虚得有些“假”，有些“做作”，有些“飘浮”。

这里我所说的“虚”有两个含义：第一个含义是“虚假”，公开课弄虚造假的现象通常有：(1)授课内容的造假，即让学生把所要学的内容作预习，把课堂上所要发问的问题包括答案提前告诉学生，让学生在课下背熟，甚至要问到哪些学生(一般是成绩好的学生)都提前向他们打招呼等，这样，教师上课时效果是特别的“好”；(2)授课方法的造假，即教师平时上课总是一言堂、满堂灌的“填鸭式”教学，但只要是公开课，千篇一律的情况是满堂自学、合作学，满堂问的“辅导式”教学；(3)授课对象的造假，即为了取得“好”的教学效果，在同年级中挑选好的学生，或者挑选成绩好的班级来上公开课，而把成绩相对较差的班级和学生剔除。本节课不属于上述任何一种形式的造假。而是一种从学习内容到学习方式平时根本就不会有教者这样做的彻头彻尾的“虚无缥缈”。比较阅读的训练方式并不是不可行、不实用，但在阅读量、问题设计、教学方式等方面要设计适中(本节课属于设计失当)，以切实提高学生的语文能力为出发点，切忌华而不实。

“虚”的第二个含义是“务虚”。我这里所说的“务虚”是指能够代表先进的教育教学理念和未来发展趋势的一切教育教学的探索性活动。假如本节课从这个角度来评说，那么，这种“务虚”也应该是教者本人已经探索或正在探索的有一定成效的或在未来的发展中有一定前途的方式方法。但连教者也坦言，她以前也没有这样做过，这次是纯属探讨。这就等于说这是一节虚拟的课堂。

省时而高效且能引领新潮流的教育教学方式是我们每一位教师追求

的崇高目标。为了这个目标所采取的一切探索性的“务虚”行动都是必要的，都是需要大力提倡和大肆宣扬的，因为它体现了教育教学的美好的愿望，体现了新课程的理想标准，但这种“务虚”必须是在尊重教育规律基础之上的并且是可行的，能够给人们的教育教学探索指明前进方向的东西；必须要以“实”为起点来思考和设计，还要以“实”为终极目标来实施。

虽然以前或现在我们根本没有或没有经常的如此“务虚”，但这种“务虚”可能是在未来的教育教学发展中的大势所趋，可能是引领现时代教育教学的新潮流，那么这种“虚”就可通过努力来达到“实”的目的。本节课不属于这种“务虚”的范畴，因为它既无“本”的依托，又无生存发展的可行性预测和现实条件。是上不着天、下不着地的“飘浮”物，“作秀”之味浓烈。

课堂教学中如何把握“实”和“虚”，才能有利于学生的发展；课堂教学公开课如何把握“实”和“虚”，才能有利于教师的发展。这确实是一个值得深入探讨思考的问题。前者且不说，单就后者的课堂教学公开课而言，我以为：教学公开课的“实”为双脚，“虚”为翅膀，有双脚才能走路，有翅膀才能飞向更广阔、更遥远的天空。虚实结合、相依相生才能天地通行。既有现实的自然、实用和实效，又能引领时代新潮流的教学公开课才是一流的公开课！

上好公开课的几个要素

一、真实性

真实性是指在课堂的组织形式和教学流程上是属于常态的，即不掺杂有失教学自然形态的虚假，在课堂教学内容与结构上不妨着意设计但又是浑然天成的，这样的课例显示着教师的独特教学追求和清新的艺术气质。真实的公开课要以“自然、实用、有效”为教学的基本原则，在真实中展示教学过程，让听课者在真实中得到某种启示。

二、目的性

为什么要上这节公开课？只有目的明确，才能让上课者有备而教，让听课者有备而来。

(一)示范性公开课

要求教学的诸多环节要超常态进行，对常态的教学要起到引导作用，使执教者和听课者双方在相互学习中提高教学水平；教学设计要达到最优化的状态；要使用比较先进的教学用具，展示前沿的教学方式；执教者要充分和集中地展示自己对新课改的教学理念、教学艺术、教学风格等的追求，并以此来重建自我、超越自我；要可供观摩者学习、借鉴乃至在某种特定含义上的效仿，等等。

(二)汇报性公开课

常常是刚参加工作的教师以及年轻教师的阶段性教学状况的汇报。目的是帮助执教者指点迷津：肯定成绩，发扬光大，找出缺陷和偏差以利于今后的教学。这是一种互动性很强的听、评过程，要推而广之，不要局限于年轻教师的阶段性教学状况的汇报，为了提高自己的教学质量，每个人都可以要求其他教师作为自己课堂教学的诊断、评议者，在此过程中，听者和教者对课堂教学的认识都会得到提高。

(三)探究性公开课

通过特定课例来展示执教者对某个教学问题的思考和追求，尤其是通过对该问题化解流程的演示来表达教研主体的课堂价值取向，并在开放的研究氛围中获得多元化评价，从而共同深化课堂教学改革，这自然更有不可小觑的积极意义。

三、个性化

新课改要求每位教师从指令型课程与教学的单一执行者转变为自己的课程的创造者，这使教师形成独特的课堂教学风貌成为一种必然的教学趋势。

第一，教学思路个性化。要有超前意识，尽可能打破原先的课堂教学模式，别出心裁，赋予新意；不拘泥教参，不受名人名言的束缚，用自己的个性去演绎作品的个性；要找准发展学生的个性这个教学“突破口”，教师要因材施教，有针对性、创造性地促进有个性的个体的全面发展，进而形成优良个性。个性化的教学思路是在尊重教育规律基础之上的博采众家之长。

第二，教学方法的个性化。一是个别化，是指教学方法的选择和运用重视学生的个性差异，趋向个别适应，特别注意增加学生自主学习的参与度，注意培养学生的主体精神、参与意识、独立思考能力和创造能力。教学方法个别化的目的在于让每个学生都能发挥自身在学习中的主体作用，从而在各自的基础上获得进步，大面积提高课堂教学质量。二是多样化，是在教学方法的选择和组织上要实现多样性统一，即在设计教学方法时，从学生、教材、教学目标的实际出发，在一定教学策略指导下，以一种方法为主，融合多种方法，形成一种优化组合的教学方案。由于不同的教师可能采用不同的教学策略，因而就会有不同的教学方法的组合，这正是教学个性化最突出的表现。

第三，教学风格的个性化。(1)理智型，在教学中常以个人的理智来支配自己的教和学生的学；(2)情感型，在教学中常以个人的情绪来支配自己的教和学生的学；(3)意志型，在教学中常以个人的坚强意志来控制自己的教与学生的学。以理智来控制课堂，以情感来感染学生；以意志来调节课堂，进行扶优补差，锲而不舍地追求高效率是教学风格个性化的最佳体现。

第四，教学语言的个性化。这是一种是集真、善、美于一身的语言。只有这样的语言，才能以情感人，以理服人，以趣悦人。“真”即教学语言的科学性，主要体现在教学语言的准确性、规范性和逻辑性、系统性方面；“善”即教学语言的情感性，表现为教学语言充满情感，富有人情味；“美”即教学语言的艺术性，表现为语言生动、形象，富有哲理和情趣。

四、创新性

创新性教学是以培养人的创新意识、创新精神和创新能力为出发点的一种教育实践活动，它是以“创设情境、活动探究、展示交流、反思评价”的方式来展开教学的。教学过程中，活动的组织和展开突出一个“动”字，贯穿一个“趣”字，最终落实到一个“创”字。创新性教学的基本特征可概括如下：

第一，学习目标新。要为解决问题而学习。教师要对所教内容进行创造性的劳动，给学生设计出目标、任务，并引导和帮助学生形成思考、分析问题的思路，启发学生对自己的学习进程进行评价反思；随着学生对知识理解的增进和学习技能的逐步获得，教师要在开始时给予学生较多的引导和控制，到后来才逐渐让学生去控制、管理自己的学习，最终的目的是使学生依靠自控力来展开探索活动。

第二，学习方法新。要在交流与合作中寻求解决问题的途径和方法。强调师生间，学生间的交流，师生间的交流要求教师耐心聆听学生的发言，洞察他们的思考路线，辨别其合理性和局限性，并给予相应的置疑和引导；学生间的交流要求教师认真组织诸如小组讨论、辩论、游戏等意见交流形式，为学生创造一个探讨知识的氛围，让学生自由表达自己的见解，学会聆听、理解他人的想法，学会接纳、赞赏、争辩和互助。在这种交流与合作中，学生不断地对自己和别人的看法进行反思和评价，从而看到了问题的不同层次和侧面，创造性地找到了解决问题的途径和方法。

第三，教学手段新。在知识经济时代，由于现代教育技术的广泛应用和不断发展，教师手工作坊式的教学活动将不断地被教育智能工具所取代。多媒体技术和信息网络技术进入课堂必然会引起教学过程、教学手段的变革。教师要关注现代技术发展信息，充分利用现代化的教育技术把学生带进一个声、像、图、文并茂的新天地，使学生在最佳的情境中学习，进而提高教学质量。

在课程改革的大背景下，我们需要重构本土教学实践基础上的、具有中国特色的教育教学理论；我们需要有一定品味和价值的公开课，也需要有一定残缺，还不够完美的公开课，通过这一个个鲜活的“个案”来研究、品评、质疑、讨论，以形成开诚布公的教学争鸣之格局，进而促进一线教师在新课程建设中的教学观念、教学行为的全方位的提升。从这层意义上说，作为一种教研形式的公开课，在对接或融合教育理论与教学实践、在促使教师专业成长等方面，均具有现实意义和长远的历史意义。

最后要强调的是：公开课是面对大家的，是要展示给人们看的，让人们看什么？这是我们每一位教师在上公开课或在听公开课时都应该思考的问题。

课外预习及练习走进课堂，减负就不是梦想

减轻中小学生的课业负担，是现时代教育教学改革的重大课题。反思目前造成中小学生课业负担过重的原因，除单纯的中高考选拔人才的机制，课程容量及难度大，教师教学方法陈旧等因素外，还有一个目前尚没有得到充分重视的因素就是课外预习及练习(即狭义的作业或家庭作业)两手都要抓，两手都要硬的学习和教学策略。

课外预习和练习历来是教学理论上颇受人们重视的两条平行并举的线，但这两条线在实际的教与学的具体操作过程中是平分秋色的吗？非也！预习软、练习硬才是大体上的真实状况。

课外预习这条线之所以疲软，就是因为人的精力是有限的，而中小学学生的精力更是有限的。大作业量已经使学生喘不过气来，哪还有时间预习呢？我从事语文教学工作近30年。在前二十几年的教学时间里，确实是狠抓、实抓课前预习的，常用“预习是学习之母”来教导学生，目的是使他们认识到预习的重要性，进而不打折扣地按老师的要求去预习。预习的内容和形式比较单一，就是要求学生将课文浏览一下，自主解决一些生字、生词，找出不明白的地方画上，虽谈不上进行了系统的、符合学生认知规律的预习策略辅导，但在起始年级也都做过简要的最基本的预习方法、内容的指导。

从这二十几年学生的预习状况上看，老师如果抓得紧，检查及时，学生基本能够按照老师的要求去做。但随着学生年龄及阅历的增长，他们似乎厌倦了这种千篇一律的预习，越来越不像以前那么认真了，越来越不愿意做这件事了。再加上课业负担的一点点加重，他们也无暇再进行预习了，尽管老师一再强调要预习，但也只有少数“尖子生”才能按老师的要求去做，其他大部分学生能完成作业就不错了，更谈不上什么预习了。针对这种情况，我对“预习”这个问题进行了深入持久的反思与调整。

首先是在讲新课、检查预习时放慢速度，有意照顾那些没有预习的

同学。其次是降低预习的要求，只要求看上一遍，扫除生字词的阅读障碍就可以了。可是几年下来，觉得效果仍然不好。放慢速度，照顾没有预习的同学，又漠视了“尖子生”的需求，浪费了他们的时间；尽管降低了要求，但仍有部分学生就是达不到要求……

课外练习这条线之所以“硬”，历来被人们所重视，就是因为它可以给课堂“平庸”的师生的教与学创建弥补的平台，可以“课内损失课外补”；就是因为中小学学生作业完成的质量是影响学业成绩的主要因素；就是因为有的学生总以为课本和老师所讲的一看就懂，一听就会，结果是一做就错。也正是因为家庭作业的“硬”，历来被人们所重视，所以才出现了中小学学生的课业负担过重的事实。

谁也不可否认，知识是认识的结果，技能是训练的结果。不认真完成作业就想取得好成绩是不可能的。但是，学生获取知识的渠道绝不是仅靠课本作业一条，还有如看电视、看书、上网、实验、游戏活动等多种。我们现在的中小学学生作业却仅仅局限于课本知识的巩固与练习，其目的只是为了应试取得好成绩。

谁也不可否认，学生通过做作业可以对所学的知识加深理解、增强记忆；可以检验听课的效果和掌握知识的程度；可以发现所学知识的缺漏并加以弥补；可以给教师提供教学的信息反馈，教师也可通过批改作业、评讲作业、有针对性地辅导学生，进而更有效地帮助学生掌握书本知识。但是，人的一生的知识量的绝大部分又不是仅仅通过课本得来的。我们现在的教学是过分重视了课本知识的教与学而忽视了课外知识获取途径及其方法的开发、指导和检查。“高分低能”的现象也就在这种种重视课内知识的“千方百计”之中出现了。

综上两方面的“一软一硬”状况所产生的实际效果，我认为：课外的预习对于大部分学生来说已到了“形同虚设”的地步，而我们的课堂教学又是面向大多数的，预习步调的不统一使教师很难把握教学的分寸，以至于影响了课堂教学的效果；课外作业的单一、量大等弊端严重阻碍了素质教育的发展进程，学生的身心健康严重透支，素质发育却每况愈下。如此“一软一硬”的陈规陋习也确实到了应该“改革”的时候了。

废除课外预习及家庭作业，让这两部分内容走进课堂，可以彻底断绝“课内损失课外补”的侥幸心理，彻底拆除“课内平庸偷懒，课外用功补习”的平台，让课堂成为既演又练的场所，逼迫师生在课堂上下工夫。

将课外预习及练习纳入课堂，不是就没有了家庭作业，也不是课内对课外就失去了指导、检查、评比等的调节和控制。而是变以往单一的课本知识的预习、巩固练习为课内布置指导、检查评比到课外进行的参观、调查、访问等更广阔的社会实践活动；变以往的单一的课本知识的预习、巩固练习为课内布置指导、检查评比到课外实施的各种兴趣小组活动；变以往单一的课本知识的预习、巩固练习为课外的扩展性阅读；变单纯的应试教育为多彩的素质教育，等等。

课外预习及练习走进课堂就是“习”字进课堂。就是要严格实施精讲多练、精讲精练的原则，合理分配课堂教与学的时间，让学生充分地“动”起来。

讲要求精，课堂上要“少讲多练”是目前人们的共识。“少而精”即是强调讲就要讲基础知识的重难点和考试中的失分点，讲获取知识的方法和规律；讲就是要答疑解惑、查缺补漏，拓展联系、举一反三……

练要从多到精。“多练”指的是在课堂教学中，教师应多给学生练习的机会，并加以指导，目的是引导学生通过“练”，达到理解、巩固所学知识和培养学生分析、解决问题的能力。练要及时并要精选习题，切忌讲量不讲质。练是讲的深化，通过练这一环节，很多知识才能转化为能力，内化为学生自己的东西。精选习题才有针对性，练才有价值。

由精讲多练逐渐向精讲精练过渡是“讲练结合”所追求的目标。也只有这样才能够完成省时而高效的大目标。

课外预习及练习走进课堂，就是要从新构建课堂教学结构，根据学情、教情等状况，进行“学、导、练”等丰富多彩的教与学活动。力争达到当堂理解消化知识的目标。

要树立预习就是正课、自学就是正课，课堂不怕冷场的观念。“学、导、练”要紧密结合，以“学”和“练”为主体，学生没有预习的知识就不讲，学生预习不好的知识就不讲。教师“导”后必须要强化“练”，练要达标，达不到基本的标准要“回头练”“反复练”。预习目标要与教学目标一致，将教学目标转化为学生的预习任务，并把这个任务设计为具体的学习活动，以学案形式呈现给学生，让学生通过自学建构新知。

预习检测要以学案为依托，利用学生互评、互改，讨论、交流等形式完成。通过预习检测，要梳理出哪些目标和问题是学生已知的，哪些是学生未知的，据此来确定教师“导”的内容和重点。

我在语文教学生涯的近几年里，将课外预习和练习的绝大部分纳入课堂，将课文作为培养自学能力、阅读能力、写作能力和综合学习能力等的例子，设计一些由浅入深的问题，放手让学生自己去阅读课文解决问题。教者真正成了学生学习的设计者、组织者、点拨者。其效果是既省时、高效，又切实减轻了学生的课业负担。教师也从以前的辛苦备课、辛苦讲课、辛苦批改作业中解脱了出来。从前是一节课或几节课"讲学"一篇课文，现在是一节课或几节课"导学"几篇课文。量增大了，可是教学成绩却比以前大幅度提高了。真可谓是一举多得！

历数目前国内外教学改革的成功例子，无一不是将课堂"动"起来作为其基本出发点和归宿来探索的。"动"就是动手操作，就是实验、讨论、交流、预习和练习等自学和相互学习的活动。假如对这一点我们没有异议的话，那么，就为我们大胆实施将课外预习及练习纳入课堂这项改革从时间到空间，再到理论和实践等提供了范例性的依据。

假如能真正将预习、练习纳入了课堂，减负就不是梦想。

听完课就走，有悖情理

经常有这种情况：某地举办教学研讨活动，上公开课时，听课者人山人海；当组织评课和听主讲人的报告时，到场的人却寥寥无几。这种听完课就走，从不愿听评课，更不愿听讲课人的报告的思想行为已然成风。

有的人说，评课是那些专家学者以及领导的事，我们普通教师主要就是看课怎么上，根本就不擅长也不习惯对别人，尤其是名人的课说长道短，所以听完课就一走了之；有的人说，听报告太玄，尤其是那些大家甚至是理论家的报告，与教学实际相去甚远，何必浪费那个时间，所以听完课就一走了之。

试问，就我们一般老师而言，参与听课的目的是什么？难道不是学习吗？假如是学习，那听评课和报告就不是学习吗？事实上，公开课、评课、报告是教学研究活动中既有区别又有联系的有机整体。公开课是主讲人教育教学理念的主观表现形式，评课是听课人对讲课人的课堂教与学表现的客观评价，报告则是主讲人教育教学经验教训及为什么这样教的阐释。假如你顾了“此”而没有及“彼”，就有可能曲解或误解这一节公开课的内容和形式。

说公开课是主讲人教育教学理念的主观表现形式，是因为公开课是公开展示给大家看的课。正因为如此，它才要真实地反映主讲人的教育教学的理念，对教材的理解和把握的程度，学习过程的设计和调节的技巧，语言表达能力，板书设计及书写的基本功，驾驭课堂教学的能力等综合素质。好的公开课要通过这种形式告诉听课人一点新的东西，透露一点行之有效的信息。使听课人有所感，有所悟，有所借鉴，有所提高。要做到这一点，上公开课的人就要在平时下许多工夫。然后在这一节课中既要真实地体现“诗外功夫”，又要呈现这节课的目的性的特征。

目的性就是为什么要上这节公开课，这个问题不仅要使讲课人明白，更重要的是要使听课人明白，以便确定听课的目的和意义。如果是示范，对听课者来说，就要注意教学过程中的诸多环节哪些是超常态的，哪些是对常态的教学起引导作用的；教学设计中有哪些是最优化状态的，有哪些是使用比较先进的教学用具，展示前沿的教学方式的，有哪些是充分和集中地展示执教者对新课改的教学理念、教学艺术、教学风格等的追求的，等等。如果是探究，对听课者来说，就要注意执教者是通过哪些特定的课例来展示对教学问题的思考和追求的，尤其要注意的是执教者是通过对该问题的哪些化解流程的演示来表达教研主体的课堂价值取向的，并在开放的研究氛围中获得多元化的评价信息，从而共同深化课堂教学改革的问题研究。

说评课是听课人对讲课人的课堂教与学表现的客观评价，是因为评课是对照课堂教学目标，对师生在课堂教与学的活动及由这些活动所引起的变化进行的非主讲人意愿的客观的价值判断。评课是帮助和指导主讲教师和听课教师不断总结、吸取教育教学经验和教训，转变教师的教育观念，提高教育教学水平的手段。评课要坚持以新课程为标准，要以学生的发展为本，从学生全面发展的需要出发；要坚持评教与评学相结合，并且要把评课的重点放在“评学”上面；要从有利于对教学的诊断和正确的导向出发……

评课要评教学目标、教材处理和教学程序；要看教学思路设计，看课堂结构安排，看教学方法，看教师教学基本功，看学生活动状况，等等。

评课要根据课堂教学特点和班级学生实际，实事求是地评价一节课，切忌带有个人倾向；要以虚心的态度，商量的口气与被听课老师共同分析研讨，不能把自己的观点强加在别人头上；要突出重点，集中主要问题进行评议和研究，不要面面俱到，泛泛而谈；要以事实为根据，增强说服力；要做好调查工作，尽可能较全面了解教师和学生的情况。

听讲课，再听评课，一主观表现，一客观评价，再结合自己的独特感受，就会有一种全新的感觉。主讲人的主观表现可能过于“主观”，听课者的印象也可能过于“主观”；客观评价由于受评课人的水平和能力的限制也可能过于“主观”。三个“主观”，实际是三个不同侧面、不同角度。为此，只有将这三者“三位一体”，才能全面深入地解读、学习这节课。

说报告是主讲人教育教学经验教训及为什么这样教的阐释，是因为作报告的目的是介绍和交流教育教学中的经验和教训，诠释公开课为什么这样组织教学的原因，即“这样做”的思想基础、理论依据和实际效果。为此，作为经验交流性的报告是要具有先进性和典型性的，是需要给听课人提供学习和借鉴的范本的。

人们之所以听课、参与评课、听介绍，就是因为要获取“真经”学到经验，以便更好地提升自我，提高教育教学水平。

报告人之所以能够作报告，就是因为他在某些方面作出了超出一般的成绩。他的每一项工作、每一种思路、每一套措施、每一份收获，都饱含着艰难的探索、辛勤的努力……这一切亲身的经历，回顾起来，必然会有诸多感慨、百般滋味，把这些和盘托出，奉献给大家，对于虔诚的学习者来说，就是继承了一笔精神上的财富，是“直接经验中的间接经验”。认真品味这些间接经验，再和自己的实际状况相结合，或许就会对教育教学中的某个问题恍然大悟、豁然开朗。

我们不主张照本宣科的教条主义的学习方式，主张博采众家之长，形成自己的特色，主张拿来主义的为我所用。对某些“经验”要进行认真分析，区别对待，必要时可请教有关专家，或邀请有关方面人士共同研讨，以便弄清经验的真正价值，确定学习的重点和角度，避免片面、静止、孤立地看待“经验”。只有把经验的现实意义和长远影响全面揭示出来，才能卓有成效地吸收、创新，真正形成“一花引来百花香”的效应，进而全面提高教育教学水平。

综上所述，参与教学研究活动，听课、评课、听报告缺一不可。听课只是看“表”，参与评课则是初步明辨是非，听报告才是知“里”。只有兼而听之，由表及里，明辨是与非，才能真正对这节课有本质的认识，真正了解这节课的背后故事；才能真正知其然又知其所以然，真正学有所得。这种认识，既是内容和形式的统一，又是理论和实践的统一，还是台上和台下的统一。

板书永远不可取代

当前，随着多媒体技术的日趋成熟，语文教学由“三尺讲台，一根粉笔”的传统设备模式，逐渐为“一台电脑，一个投影仪”的新型设备模式所取代。利用多媒体教学，大多数教师讲课的节奏明显加快，传递的信息量也成倍增长。虽然课堂内容丰富了，但上课时学生往往目不暇接。一堂课下来，作为语文教学最重要一环的“品味、感悟”却被几幅多彩画面所取代，使应该记住的没记住，不应该记住的反倒记住了。

教学过程是学生学习知识的过程，更是教师以情动人的过程。语文教学因丰富的人文内涵，为教师走近学生的心灵架起了宽阔的桥梁。但是如果教学过程变成“看屏幕、记笔记，听老师读屏幕内容”，那情感交流就无从谈起了，最终必将严重影响教学效果。

如何取长补短，使多媒体技术与传统板书有机组合，充分发挥它们各自的优势，营造一个既丰富多彩又切实有效的教学氛围，已经成为大家关注的热点。

多媒体毕竟是教学的辅助手段，什么时候该用是要因人而异，因课而异，因课堂上学生的具体学习情况而异。虽然有些时候，多媒体课件比黑板上的板书要更美一些，更引人注目一些，可是，无论社会如何发展，科技如何进步，教学手段如何先进，板书在一般情况下都是不可缺少的。因为它的特殊作用是其他任何一种教学手段都不可取代的。

板书和多媒体并不是对立的矛盾体，多媒体课件集声音、动画等于一身，能引导学生更生动、直观地感受学科内容……板书方便、经济，有助于学生理解教学内容……它们对教学都起着举足轻重的作用。二者如能实现优势互补，使课堂教学手段最优化，语文课堂一定会生动活泼、丰富多彩，且扎实有效。

偏离性生成的处理艺术

什么是生成性教学？我认为“是指在弹性预设的前提下，在教学的展开过程中由教师和学生根据不同的教学情境自主构建教学活动的过程”的说法比较贴切。生成可分两类，一类是预设之中的现象，另一类是出乎意料的现象。“动态生成”是新课程理念下课堂教学的主要特征，它强调课堂教学要改变传统的固定不变、按部就班、机械僵化的教学模式，主张课堂教学必须构建生成性的探究性活动。

什么是偏离性生成？是指在弹性预设的前提下，在教学的展开过程中由教师和学生根据不同的教学情境自主构建教学活动的过程偏离了预设的教学目标。“动态生成”不是盲目生成，它必须围绕“课程与教学目标”来生成，这里的“目标”既可以是本节课的教学目标，也可以是本单元的教学目标，还可以是该门课程的目标等。

教学中，一旦出现偏离了预设的教学目标的情况该怎么办？

让我们先看两个例子。例子一：一位教师教学《我的战友邱少云》，快要完满结束时，有学生提出：“我们的部队天还没亮就潜伏到了敌人的前沿阵地，为什么要等到黄昏才发动攻击？还不如到黄昏的时候去埋伏或者直接冲锋，这样邱少云也许不会被活活烧死。”(偏离性生成)“你很善良，你在为邱少云的死而感到惋惜，希望悲剧能够避免。为什么要潜伏一天？能不能直接冲锋？这的确是十分重要的问题。请同学们再读课文，志愿军战士能不能潜伏时间短些，或者干脆直接冲锋?”教师想了想说。(教师没有直接回答学生提出的问题，但也没有置之不理，而是因势利导，把问题又抛了回去，让他们自己解决问题。)再读课文后，有学生说：“老师，志愿军战士潜伏的时间不能短，因为天还没亮的时候去潜伏，敌人不容易发现，如果白天或者黄昏去潜伏，敌人很轻易就能察觉。”其他同学也纷纷表示同意。老师接着说：“有道理，那么，能不能直接冲锋，这样也能缩短潜伏时间甚至可以不潜伏?”(教师进一步引领深入)有学生说：“不可以，黄昏时候发起进攻是作战计划安排的。课文中是我们连去潜伏，说明只有一个连的兵力，直接进攻只会白白送死。也许黄昏时候，大部队来了，相互配合，才能一举拿下这个391高地。”这时，刚才提出问题的同学又不同意了：“那么等到大部队来直接进攻也可以啊！何必潜伏呢？”他刚说完，就有学生反驳说：“志愿军战士潜伏的目的是打探虚实，里应外合，贸然进攻只会牺牲更多的战士，这是以最小的代价夺取胜利。”（共同探究，终于“修成正果”，此答案进入了“目标”）此时，老师接过话茬说：“是啊，以最小的代价夺取胜利，也许当时邱少云也想到了这点，牺牲自我换来更多战友的生，所以他在烈火中一动也不动。邱少云是伟大的志愿军战士。”（火候已到，教师予以肯定，并强化了文章主旨。）

上述例子中出现了课堂上经常出现的偏离性的生成：学生的对话交流逐渐游离了邱少云“牺牲小我，成就大我”的目标。此时的教师既没有随波逐流，也没有断然否定或置之不理，而是冷静地作出了判断和选择，提炼了学生生成当中比较重要又较有价值的两个问题，采用迂回的方式引发了学生的再思考，巧妙地利用了生成的资源，把生成重新引到目标上来，值得称道。

例子二：光明小学组织二年级同学参观动物园，二(1)班有36人，二(2)班有35人，而车却是“准乘70人”。二(1)班和二(2)班能合乘一辆车吗？

“老师，可以合乘一辆车！上次我和爸爸、妈妈坐车时，就是3个人挤在两个座位上的。”（偏离性生成）“你的想法真不错！”老师予以肯定（错误判断）。同学们听老师这么一说也都随和道：“对，大家挤一挤不就都坐下了。”“好！好！能从生活实际出发想问题，有创意！”老师表扬了他们（一错再错）……

学生把生活中的经验迁移到了数学课堂中，可谓是基于生活的再创造。但数学是一门严谨的科学，学生从事的数学活动要以数学条件或要求为基本内容，并不是结果越丰富，越有创意就越能彰显其智慧。面对像这种“挤一挤”的多元理解和独特感受，面对这种没有预设的生成，不能一味地给予肯定，如果肯定了它，以后遇到类似的乘车问题，学生就会认为“挤一挤”就能解决问题。这完全与数学学科所要求的严谨、科学的精神相违背。从另一个角度看，这节课中的生成是学生从生活中的个别现象体验出的数学问题，这种个别现象本身就不符合社会法则。“挤一挤”在生活中明显违反了交通规则，是一种超载行为。在数学课堂上让学生用生活中的个别违规现象去解决数学问题，混淆了“生活数学”与“学校数学”的概念。这堂课或许可以引导学生进行估算，问学生大约需要多少辆车，这样既没有背离数学学科的本质，又让学生学到了有价值的知识；也可以当学生提出“挤一挤”的想法时，先不急于评价，而是将问题抛给学生，让他们进行讨论，也许会产生新的生成，从而完成学生间的自我教育……

人们无法预料教学所产生的结果的全部内容，也无法预知课堂教学中师生互动中会产生怎样的变化，怎样的新问题。但是这不是说课堂教学就变得不可捉摸，无法控制。布卢姆曾说：“没有预料不到的成果，教学也就不成为一种艺术了。”为此，面对形形色色的“偏离性生成”我们还是有一些方法、原则可以参考借鉴的。

一、处理原则

第一，激励性。对话课堂中由于学生认知水平、自身经验的因素，教学对话往往会流于形式甚至偏离轨道。此时，作为对话平等中的首席，教师应该进行必不可少的引导。同时，因为存在即合理，出于对学生独特体验的尊重，对学生课堂积极性的保护，很多时候，教师都不能旗帜鲜明地对学生的对话感悟予以否定。这就需要我们教师运用实践智慧，讲求方法，巧妙地对学生的对话进行引领。

第二，实效性。生成的“目标制约性”是判断课堂教学是否是有效生成的关键，任何课堂的有效动态生成都必须围绕课程与教学目标来进行，如果没有这一“目标制约性”，那么，动态生成就很容易导致盲目生成，这既不符合学校教育规律，又不利于学生的最终发展。为此，面对生成时，教师必须独具慧眼，审时度势，相机行事。要学会比较、判断、鉴别生成的重要与次要，有用与无用等，然后采用相应的有效对策进行调控与处理。

第三，统一协调性。生成教学不是偶然的、随意的、教师被孩子牵着鼻子走的教学。生成教学的确要关注学生的兴趣和需要，但教学毕竟是要达到一定目的的，“目的性”是教学永远抹不掉的特征。教学的目的既包含教育的社会价值——培养社会所需要的人，也包含教育的个人价值——发展每一个人的潜在能力。因此，它既要考虑孩子们的兴趣和需要，也必须考虑社会的要求；既要满足学生即时的兴趣和需要，也要促进学生的长远发展。

我国课堂教学历来强调预设，因为它有利于学生循序渐进、系统完整地学习系统知识。没有充分的一贯的预设，也不可能有可持续地生成。只有最充分的预设，才可能有最好的生成。而生成则是对预设的超越，如果课堂教学完全按预设进行，那么教师心目中只会有“教案”，而不会考虑课堂中学生合理的发展需求，课堂教学就会变得机械、沉闷和程式化，缺乏生命与活力。因此，我们必须坚持生成与预设有机统一的原则。教师在预设的教学基础上，还要充分关注人的情感、态度、价值观等含有“生成性”的因素，让课堂充满生命的活力。

第四，时间制约性。课堂教学的时间是有限的，如果抛开了“教案”，把大部分时间都用于与备课的具体内容关系不大的“动态生成”，那么，知识的系统性、累积性将遭到严重破坏，这也不利于学生的最终发展。因为知识的积累和系统化，有助于人类及学生理性思维的培养。因此，课堂的生成性还必须考虑时间的允许与否，要适度，不能为生成而生成。

二、处理方法

第一，点到为止，不必深究。教材中有许多晦涩难懂的问题，如语文教材中个别词句乃至主题的理解，标点符号的运用等。如果在此生成，时间不允许，另外有些问题又确无任何意义。怎么办？点到为止，不必深究。点哪些，点什么？比如说鲁迅的《从百草园到三味书屋》一文有“仁远乎哉我欲仁则斯仁至矣”等晦涩语句，这些句子在教学中首先要求学生要断句点标点，然后讲明出处和原文，不必要求学生掌握。最后讲解一下大概意思即可。还有晦涩的名称，如“三味书屋”，关于它的由来及含义，完全可以不讲，教者只简要介绍一下(材料可让学生课下自读)，以给学生未来探究留下更广阔的空间。

第二，因势利导。学生在课堂中是带着自己的知识、经验、灵感来学习的，所以课堂往往会出现“节外生枝”的现象。当学生的对话感悟与价值取向出现偏离时，作为教师不能拘泥于教案，必须捕捉有价值的“意外”资源，并努力从两者之间寻求沟通点，从沟通点上做文章，因势利导作灵活、及时的应变处理，生成符合学习实际的新资源，把学生引入发现问题—探索问题—解决问题的情境中，让课堂变得更有智慧，演绎不曾预约的精彩。

第三，质疑问难，合作探究。“质疑问难、合作探究”是点燃智慧的火花，是打开知识大门的钥匙。教师应遵循学生的心理特点和认知发展的规律，鼓励和指导学生在教学中质疑问难、合作探究，以激发学生的求知欲和好奇心，最大限度地开发学生的创造潜能。“质疑问难、合作探究”是开放式课堂的主要特征。要使课堂开放，就避免不了要出现“偏离性生成”。当学生提出的问题是“偏离性问题”时，教师不要急于作“是与非”的回答，要采取“从群众中来，到群众中去”的策略，把问题再抛给学生，引领学生“再行质疑问难、再行探索、再行解决问题”，让学生的“偏离性问题”在这种氛围中得以纠正，这种情况下得到的知识是记忆深刻的。

第四，疑而无解，巧设悬念。在课堂“偏离性生成”的问题中，有些虽然偏离了教学目标，但它是有意义、有价值的问题。遇到这样的问题，学生或教师能够三言两语予以解决的还是把它解决掉为妙，如果这个问题师生当堂解决不了怎么办？那就“巧设悬念”，以留给学生未来探究。千万不能不懂装懂，误人子弟。教师的“导”对于塑造学生的灵魂、培养学生的理想、发展学生的智力、开拓学生的视野十分重要。特别是中小学学生，他们热爱科学，兴趣广泛，求知欲强，随便什么事都要问个为什么，怎么样，要求教师阐明和解答，如果教师没有广泛而丰富的现代科学文化知识，没有还学生主体地位，没有放下教师高贵身价，没有建立民主、平等的师生关系，就绝不能满足学生的求知欲望，甚至会扑灭学生求知的火花。

处理“偏离性生成”的问题绝不仅仅是上述的几招几式，我们可以直接处理，也可以间接处理；可以正向处理，也可以逆向处理；可以重处理，也可以轻处理，甚至不处理，要视实际情况而定。并且要多从教材中找联系，在巧妙嫁接上下工夫。

处理“偏离性生成”的最大问题是教师的素质问题。这种素质不仅仅是专业知识和技能方面的，还包括其他许多方面。为此，提高教师自身素质是能够很好处理“偏离性生成”的关键所在。

减轻负担　提高质量

——"导学单元教学"的初步成果

吉林省某市一所远离县城的农村初中，虽然学校存在着"办学条件差，师资素质差，学生基础差"的现象，但是苦于升学率的重压，教师还是拼命工作以提高质量，学生拼命学以提高成绩，可是结果却仍然不尽如人意。

"学校要想摘掉落后的帽子就必须改革"，这是该校领导和教师的一致看法。为此，1984 年初他们在认真学习国内外先进教育思想、广泛吸取和借鉴国内外先进教学改革经验的基础上，决定首先在语文、数学两门学科上进行教改探索性试验。1984 年 8 月，在总结前段教改经验教训的基础上，他们设计出了"导学单元教学"教改实验方案，并在除音、体、美和英语四个学科以外的八个学科中付诸实施。

"导学单元教学"有两个基本特点：一是"导学"，即在课堂上把教师的以讲为主变为以导为主，把学生的以听为主变为以自学为主；二是单元教学，即把过去按课时划分教学内容，割裂知识基本结构的做法变为有利于教和学的自划"单元"教学内容。

"导学单元教学"的基本程序是：导学→启发→训练→总结验收。

第一，导学，是在教师指导下学生感知教材，进行自学的过程。教师提出教学目标，布置学习任务，下发导学提纲。学生按提纲提示的内容和提纲设计的问题认真阅读教材，寻求答案，质疑问难与相互议论，教师巡回指导，为"启发"课做准备。

第二，启发，是在导学的基础上，教师从教材和学情出发，帮助学生解决共性的疑难问题，清扫学习上的障碍，进一步理解教材，寓精讲于学生的阅读、讨论、质疑、练习之中的过程。

第三，训练，是在教师指导下学生进行综合练习的过程，是学生巩固知识、运用知识的阶段。学生在练习时可相互研究，经教师讲评后纠正错误。

第四，总结验收，是在教师指导下，学生将知识系统化、类型化，总结经验及规律，系统复习的过程。教师下发总结提纲或简明表格，指导学生复习、小结，并作小结笔记。教师总结后组织进行单元验收考试，考试后教师进行评卷讲评，学生要“回头练”达到“百分卷”。

从整体上看，上述四个环节既相对独立又统一在一个“单元教学”的过程之中，其实质是教师的“指导”与学生的“自学”相结合的双边活动。导学时侧重指导学生自学，进行基础性的训练；启发时侧重帮助学生自学，进行较难的基础题训练；训练时侧重巩固学生自学得来的知识，进行综合题的训练；总结验收时侧重将所学知识系统化、类型化，总结经验及规律，进行基础题、综合题等多种题型的全面训练，然后验收考试，再进行“回头练”达到“百分卷”。这样每个单元都要通过“四步训练一验收”的方式来强化训练，使学生达到“熟能生巧”的境界。两个单元或两个以上的单元训练验收结束后，再进行综合性的“总结、训练、验收”，形成一个“宝塔式”的总结、训练、验收体系。

“导学单元教学”将预习、作业这两个课外环节统统纳入课堂中进行，反复强化训练，“双基”落得实，大大提高了课堂教学效率。当堂的知识，学生当堂基本上可以理解、消化，从根本上克服了教与学的恶性循环。把学生从繁重的课业负担中解脱了出来，把课外时间交给了学生。有了时间就为培养“全面”发展的人才，突出其“个性”发展提供了先决条件。于是学校便组织成立了美术、音乐、书法、写作、体育、数学等多个课外活动小组，每个小组都配备了兼职辅导教师，并且每个小组都有各自特色的活动方案。这样，学生可根据自己的特长、爱好来自由选择参加课外活动，从而使学生的个性得到健康发展。

教改以前，该校历届中考成绩一直处于全县下游；教改后，中考成绩呈现逐年上升的良好趋势，从1986年起进入全县上游的行列，受到了各级党委和政府、教育行政部门以及广大群众的赞扬和支持。1989年该校被县教育局评为“一流学校”。

后记

这是一篇写于1989年秋并发在《教科通讯》上的调查报告，重温这篇文章，其“强化训练”的核心精神，“总结、训练、验收”的体系，“将预习、作业纳入课堂”的做法等，仍值得我们今天的教学借鉴。

问题设计见真功

——兼说教学问题设计与考试问题设计的异同

教学中的问题设计，就是把教材的知识点以问题的形式呈现给学生，让学生在寻求和探索解决问题的思维活动中，掌握知识、培养能力。从设计问题的要求上来说：要抓纲靠本、突出重点，问题要有趣味性、层次性、研究性和启发性，要考虑学生的知识基础，遵循学生的认知规律，形式要多样等。从设计问题的形式上说：有选择比较式、情境体验式、启发式、探究式、检查式、归纳式、填充补续式等。

考试中的问题设计，就是根据课程标准的要求把知识点化为考点并以问题的形式呈现给学生，让学生在寻求和探索解决问题的思维活动中，掌握知识、养成能力。命题要遵循目的性、层次性、科学性、精练性、创新性、难易度适合大多数学生等原则。命题形式有选择、填空、计算、求证、问答、写作、作图表、修改错误等。

考试中的问题设计技巧，从改编试题的角度上说，改编是对原有试题进行改造，使之从形式上、考查功能上发生改变而成为新题。一般的做法是：或转换题型、或重组整合、或改变考查目标。从新编试题的角度上说，重点要体现一个“新”字，即提供新材料，创设新情景、新环节、新步骤、新样式等。命好新题首先要明确考试目标，然后寻找能够体现“目标”的材料，最后确定“问题”的形式。无论是改编还是新编，都有个难度控制的问题，一般来说，改填空题、问答题为选择题，在问答题中增加铺垫性的设问(即多设问)，降低赋分值等是降低难度的方法；而改填空题、选择题为问答题，减少设问，增加赋分值等则是增加难度的方法。

教学问题设计与考试问题设计既有相同之处，又有着本质上的区别。相同点是都为“问题设计”，都是把知识以问题的形式呈现在学生的面前，让学生在寻求和探索解决问题的思维活动中，掌握知识、培养能力。“问题设计”都应避免问题重复的现象，涉及同一知识的多个题目之间，考查要有所侧重，或者处于认知水平的不同层次。考试问题设计还要避免在一份试卷中出现前面的题目为后面的题目提供答案线索的现象。

两者的区别，首先表现为目的、作用的截然不同。“问题教学”的基本流程是“提问—讨论—作答”。问题的功能主要表现在“导学”方面：用问题来激活学生内在的学习动力；用问题来深化学生对课本知识的理解；用问题把学生置于新角度、新思路、新情境之中，引导学生进行有创见的探索和质疑；用问题来促使学生集中精力；用问题来提高课堂效率。而“命题考试教学”的基本流程是“命题—作答—讨论”。问题的功能主要表现在“促学”方面：用问题来考查衡量学生对知识和能力，过程和方法，情感和价值观的掌握和形成状况。即是对学生实现“三维目标”状况的考查，其最终的目的不仅是为了考查学生达到学习目标的程度，更是为了检验和改进学生的学习和教师的教学，改善课程设计，完善教学过程，从而有效地促进学生的发展。

其次是教学问题涉及的范围广，而考试问题涉及的面狭。也就是说，教学中所涉及的问题不一定都考，而考试的范围一般都比较明确。如学习过程和方法的问题，是教学中必须涉及的内容，但考试却很少涉及，有些也根本就无法涉及。

再次是两者除完全相同的设计原则、方法外还有这样的差别：教学问题设计比考试问题设计更讲究“以问题导学”的由表及里，由浅入深的循序渐进性。考试问题设计虽也讲究这一点，但它不是题与题之间的层次要讲究，而是不同题型模块内部的题与题之间和不同题型模块之间的层次要讲究。

考试问题设计更要讲究“求新、求变”的原则，以防猜题押题。教学问题设计虽也讲究这一点，但并不担心猜题押题。

最后是教学问题设计一般是以节为单位的同一学习内容下的不同角度的问题设计。而考试问题设计一般是阶段性的，是在有限的时间内，对不同学习内容从不同角度以比较固定的题型来进行的问题设计。所以教学问题设计和考试问题设计的题型以及所涉及的时空跨度、范围就出现了差异。

问题设计是一门学问和艺术，有许多“问题”需要和值得我们去探索。能设计出一堂比较好的系列教学问题，引领学生“向前去……”和一份好的试卷，督促学生“向前去……”的确需要真功夫。

异法佳绩，答疑者问

课堂上：学生或看书，或做练习，或小声讨论问题，或摇头晃脑如诵经般的背诵诗文——潜心学业、各有专攻、秩序井然；教师如闲庭散步，游览于学生之中，或检查作业，或方法指导，或答疑解难，或与生讨论——其乐融融，一派紧张而又轻松的祥和的学习气氛……

有悖于常理，有悖于传统教学方式的“异法”仅行二年有余，便呈现出了旺盛的生命力，异法佳绩何以然？一时间引起许多人的关注和好奇，他们有疑而问，我试答如下。

一、总练学生不烦吗？

答曰：“不烦!”这主要是习惯的养成问题。从起始年级开始就使学生养成学习必须眼到、心到、手到的“三到”的良好习惯。

“以学生为主体，以教师为主导，以训练为主线。”这是当代教育家钱梦龙先生提出的课堂教学的指导思想。但是在教学实践中，往往把“以训练为主线”当做题海战术，就是大量地做练习题。把过去的满堂灌，变为了现在的满堂练。其实，“以训练为主线”与“题海战术”是有本质区别的。以训练为主线，是把知识的传授当做手段，把促进学生可持续发展作为终极目标；题海战术是通过大量习题的强化，以巩固、理解知识为根本目的。以训练为主线中的训练，是一个师生互动合作的过程，练是在教师指导下，促进学生认识发展、获得各种情感体验、提升学生精神境界的途径和方法；题海战术中的训练，教师要么是知识的搬运工，要么是游离于认识过程之外的旁观者，学生则变成了通了电的机器，加了压的容器……以训练为主线所设计的问题，注重于思路的启发，注重于视野的扩大，注重于思考过程的开掘与体验，它重点强调的是一个“精”字；题海战术的训练则是上课问题成堆，课后作业成堆，它体现的是一个“多”字。

二、"读、背、写"等成为课堂的主旋律以后，那要教师还有什么用？

答曰："教师功不可没！"

其一是布置课业内容，提出、指导完成课业的要求和方法。布置课内外作业要明确的是"学什么，学多少"的问题，明确这个问题既要有长远的目标体系，又要有适当的弹性；既要考虑学生的学习兴趣，又要考虑学生的可接受性。为此，为师者要与学生商讨，如"这节课我们学习第二单元两篇讲读课文的哪一篇？今天我们能做多少页练习？"等，要与学生达成共识。指导的目的是要使学生明确"怎么学"的问题，即完成课业的要求和方法。

其二是检查督促。学生按要求开始做了，教师的检查督促也随之开始了，这是抓知识落实的重要环节。尤其要注意的是"培优补差"：对于差者，要制定补救措施，注重死记硬背的基础知识的落实；对于优者，要指导其"多拉快跑"，促其尽快完成由知识向能力的转变。

其三是答疑解惑。这一环节要解决的是"学习中的障碍"问题。是方法不正确，还是不恰当？应怎样调节？是知识的缺欠，还是具体运用中的不适当？应怎样解决？这些问题需要教师给予明确的解答指导。这就要求教师要有较高的驾驭教材、驾驭知识的能力。人们常说："要让学生有一杯水，教师首先要有一桶水。"现在看来，仅仅有知识还是不够的，还要懂方法，现代教师需要的是多才多艺的杂家。

三、做了那么多习题，记了那么多读书笔记，背了那么多诗文，写了那么多作文，这岂不是加重了学生的学习负担，挤占了其他科目的作业时间吗？

答曰："不然！非但没有加重，反而减轻了学生的负担。"

我充分有效地利用了课堂45分的时间，采用"精讲多练""精讲精练"的教学策略，讲基础知识的重难点，讲传授获取知识的方法和规律。在课堂教学中，多给学生练习的机会，引导学生通过"练"巩固所学知识，提高自己的理解能力和自主分析问题、解决问题的能力。教师要精选习题，通过"练"这一环节，使学生的知识转化为能力，内化为学生自己的东西。

我的课堂45分钟，将“讲”严格控制在每节六七分钟内，其余时间就是学生在教师的指导下进行“自主、合作、探究”性学习。这样课堂上的40分钟左右，再加上课外家庭作业的20分钟左右，就等于有了60分钟左右的练习时间，比以前仅靠家庭作业来“练”的40多分钟还多出20多分钟，所以做得就多，背得就多，写得就多！

原来学生不按时完成家庭作业是经常的事——这是影响学生学习成绩提高的主要因素，也是教师在教学中最头疼的“老大难”问题。现在将家庭作业的大部分移到了课堂上来完成，既有教师的管理和辅导，又有学生相互之间的帮助，一切问题都迎刃而解了，这不是减轻学生负担了吗？不仅学生的负担减轻了，而且还解放了老师，原来教师的催收作业、检查批改作业、发作业等繁琐的劳动，现在统统纳入到了课堂上进行，面对面地检查、评改和交流，环节和时间减少了，可是效果却比以前更好了，可谓一举多得，省时而高效！

四、让学生背诵千字左右的经典短文，甚至是背诵学生的优秀习作，还要求他们在写作中模仿借鉴，这不是急功近利，鼓励学生“抄、套”作文吗？

答曰：“非也，君不闻‘熟读唐诗三百首，不会做诗也会吟’吗？”

诵读，是被古老的中华文明验证了几千年的行之有效的读书方法。读、背是语言、文字、文化的精华的凝集和原始积累，是写的前提，厚积才能薄发，古人就是在不断地读与背中理解其含义并为我所用，创作了无数经典之作的。南宋著名理学家朱熹曾言：“古人作文作诗，多是模仿前人而作之，盖学之既久，自然纯熟。”今天我们采用这种方式，仍然是最朴质的，而且是行之有效的。

学习写作是从模仿写作开始的，模仿是写作的初级阶段，刚学写作的人大都要经历这一过程。模仿的目的在于创新，脱离模仿的创新无异于缘木求鱼。模仿不是剽窃抄袭他人作品，而是学习人家如何立意，如何谋篇布局，如何选材，如何运用生动的语言进行表情达意，学习人家的写作技巧等。模仿是主体的一种再创造，它在客观上能促使学生不断扩大阅读面，有效地激励学生在不断地对比、借鉴中汲取写作养分，催促灵感的生成，完成“积累—消化—模仿—提高”的知识技能转化过程，是短时间内提高一个人语言和思维品质的最佳途径，完全不同于抄袭。

背诵、模仿借鉴既可“急功”也可“近利”，这一点都不假，但它更是为将来建设写作的宏伟大厦所奠定的必不可少的基础。

我的理论和方法并不玄奥，也不繁琐，但却能取得比较理想的效果，要诀只是思想要解放一些：要用先进的理念，新课程的标准来武装自己的头脑等；内功要练硬些：教材要熟记于心，知识及知识体系要熟记于心，学生的学习状况要熟记于心等；方式方法要灵活些：要善于总结教学中的经验和教训，在此基础上，再不断根据学情来调整自己的教学策略等。如果能做到或基本做到这些，我们任何人的教学工作都可以做得顶呱呱！

立足本学科教学

LI ZU BEN XUE KE JIAO XUE

- 理论观点
- 慎思笃行
- 改革创新

我的生命语文教学观

——教学30年及课改几年回眸

语文教学生涯之30年的经验教训及课改几年的状况，思来想去，总归一句话：只有懂得了“生命语文”的真正含义，知道了要为“生命”负责任，我们的语文教育才能真正挖掘出“生命”的内在学习潜力，省时而高效！

我所认识的“生命语文”的概念有两重意义：其一是指语文是有生命的。其二是指人的生命离不开语文。

一、语文是有生命的

语文的发生发展是与生命的发生发展步调一致的。我们要通过现代的语文来了解过去语文生命的发生和发展的历程，抓住语文的根本，夯实基础，才能构建未来宏伟的语文大厦。语文是生命的载体，一个民族生命的发生和发展的历程要靠语文来记录传播，要靠语文来使生命得以完美的体现：从古至今，奔腾不息的人类发展史，没有一个波澜不是生命的跃动，没有一朵浪花不是生命的欢歌。同时语文还赋予了景物以生命的活力：一棵小草，一座高山，无论以一种什么特征出现，伟大的，生动的，甚至于毁灭的，它都是活生生的，跳跃着生命的脉搏。

汉字以形表义，形神兼备。汉语意蕴丰厚，简约凝练，是中华民族文化血缘之所系。因此，学习语文于己就是要认识自己生命从哪里来，知晓自己的生命将往何处去，打好人生的底色；于国就是传承文明薪火，延续文化命脉，打好人文的底色。

有生命才有语言文字、文学、文化，而语言文字、文学、文化又具有推动生命发展的作用，所以语文也就具有了生命。随着人类生命的由低级向高级的进展，语文生命的意义和价值也随之发生了翻天覆地的变化。语文的学习，事实上就是一种生命的学习。语文阅读，就是与生命的对话和感悟，就是要最大限度地激活生命的积淀，还原文本的生命色彩，要与作者人物思想的生命融为一体。从这个角度上说，语文不再是一个学科，而是我们生命中不可分割的一个部分。只有珍爱生命，重视语文的学习，让生命在学习中得以充实完善，语文的生命才能绚丽多彩。

二、人的生命离不开语文

语文是我们生命的奠基，我们的生命需要富有生命意识的乳汁哺育和滋润；需要富有生命意识的理念去激发；需要富有生命意识的文字去表现，如果一个生命没有表现欲望，那么这样的生命一定正在走向枯萎和死亡。语文以积淀着人类文明历史长河中的可歌可泣的生命精华，来哺育和滋润新的生命，激起我们更强烈、更旺盛的生命活力。语文与生命同在。我们的生命因语文而更加灵动鲜活，更富人性，更有魅力。

语文使人终身受用。语文的点点滴滴都是生活的，语文的点点滴滴都会伴随你的生活。哪怕是一个字的书写，一句话的诵读，一个句子的理解，一个意思的表达，一种语气的运用，可能成就你的事业，美化你的生活；也可能使你的生活工作没有生气和活力；从某一个角度说，可能毁灭你的事业，暗淡你的生活。语文素养的高低决定一个人生活品质的高低。一个人无论在何种环境中，如果他拥有较高的语文素养，必将使他的工作得心应手，锦上添花；使他现有的生活鲜活明丽，富有情趣，充满生气。

语文学习的外延与生活的外延相等，而生活是生命的轨迹，语文就在生活中与每个人的生命相随左右，陪伴终生。

我所认识的“生命语文”的教学观，是个“大语文”的教学观念，即我们的语文教学要实实在在地对人的一生负责。它具有以下课堂教学特点。

知识量大，面广

“绝不用一节课或几节课‘讲学’一篇现代文，而是用一节课或几节课‘导学’一篇或几篇现代文”是我“生命语文教学观”最重要的，坚定不移的立场和观点。语文课堂教学绝不是要学生“学深学透”教材规定的那几篇文章就可以有“用武之地”的。教材中的课文只是给人的终身学习选择的一个范例而已，只要给学生提供学习这类文章的必备知识和方式方法，让学生学会质疑，不迷信教师，也不迷信课本，敢于提出自己的观点和见解，在学习中学会合作，学会探讨，学会与他人交流信息，能深入教材，又能走出教材就可以了。让学生“多读、多写、多记”仍然是学好语文最古老、最传统、最有效的方法。

重打基础

夯实语文基础知识，为未来学习语文、运用语文打开一扇“升堂入室”的门。语文基础知识体系庞大繁杂，有语音、文字、词语、句子、篇章、标点符号、修辞手法、文学常识、古代文化常识、作家作品、名篇名句、诗词鉴赏等部分，要分门别类地让学生采用不同的记忆方式掌握这些知识。如语音、文字、词语、文学文化常识、作家作品、名句等知识要以课本为依据，适当进行扩展记忆。要重视课文的注释，熟记课文中出现的字词、文化常识、名句等。要重视课内外经典古诗文的背诵与默写，因为它是学习语文之根。要注意教育学生懂得逐渐使零碎的基础系统化、条理化、不断完善自我的知识体系的方式方法。

基础知识中的句子、标点符号、修辞、诗词鉴赏等以运用为主，要使学生明白不但要有正确的语法知识作为理论指导，还要有准确的语感作为实践依据。

语文学习习惯的养成教育是打基础阶段的重要内容之一，如好读书的习惯，阅读中善于运用工具书进行解决疑难的习惯，擅写读书笔记的习惯，写作时善于查找资料的习惯，刨根问底的求学精神等。

重方法规律的传授

“文科一大片，理科一条线”，不可否认，语文的知识面是广泛的。但只要我们善于积累和归纳，分析和概括，绝大多数知识是有规律可循的。以语文阅读能力的培养为例，首先要明确阅读分析的常用名词术语，如表达方式有记叙、描写、抒情、议论、说明；说明文分类有实物说明文、事理说明文、程序说明文，还可分为科技性说明文、文艺性说明文(也叫科学小品或知识小品)；说明顺序有时间顺序、历史顺序、年代顺序、四季交替顺序、早晚(先后)顺序……这些名词术语可以集中讲解，让学生掌握这些名词术语“都有什么”和“是什么”这个概念的问题后，再在实践中强化复习记忆；也可以一个或几个为例，再将其同类别的另外几个名词术语归纳到一起来学习记忆；还可以“同类知识归纳概括”的形式在复习巩固中掌握。

阅读中的阐述题，如语句在文章篇章结构上的作用，概括分析一下无非有总起全文、引起下文、打下伏笔、作铺垫、承上启下(过渡)、前后照应、首尾呼应、总结全文、点题、推动情节发展等几个方面；语句在表情达意方面的作用主要有“渲染气氛、烘托人物形象(或人物感情)、点明中心（揭示主旨）、突出主题（深化中心）”等几个方面。这些基本知识同样可以集中讲解，让学生掌握这些基本知识“都有什么”和“是什么”这个概念的问题后，再在实践中强化复习记忆；也可以一个或几个为例，再将其同类别的另外几方面的知识归纳到一起来学习记忆；还可以“同类知识归纳概括”的形式在复习巩固中掌握。

讲练结合

讲要求精。讲基础知识的重难点和考试中的失分点，讲获取知识的方法和规律，答疑解惑、查缺补漏，拓展联系、举一反三。

练要从多到精。明确要求，掌握方法和规律，强调实际运用、熟能生巧，善于质疑问难和归纳总结。“多练”指的是在课堂教学中，教师应多给学生练习的机会，并加以指导，目的是引导学生通过“练”，达到理解、巩固所学知识和培养学生分析、解决问题的能力。练要及时并要精选习题，切忌讲量不讲质。练是讲的深化，通过练这一环节，很多知识才能转化为能力，内化为学生自己的东西。精选习题才有针对性，练才有价值。

精讲多练和精讲精练是一个由初级向高级发展的两个不同的阶段。由精讲多练逐渐向精讲精练过渡是“讲练结合”所追求的目标。也只有这样才能够完成“生命语文”省时而高效的大目标。

重视应试教育

我的生命语文教学观不排挤应试教育的重要地位，因为目前选拔人才的途径仍然是中高考，同时它又是教育评价的重要手段。考试只能改革不能放弃，这是在教育资源依然匮乏的今天，不可回避的现实。

随着国家实力的增强，随着市场经济的繁荣发展，随着对外开放的进一步扩大，应试教育将逐步弱化。但要想取而代之，恐怕还需要一个相当长的历史阶段。

那种一提到“应试教育”就“横眉冷对”的观点和做法是超乎于现实的理想主义的，是不能被现实社会所接纳的。重视应试能力的培养就是重视生命的现实意义，就是对生命负责任。

我所实践的“生命语文”教学的具体操作的原则就是“三求”。即一求语文之根，二求现实生活之语文，三求未来发展之语文。

求语文之根

中国语言文字之根是扎在经典古诗文之中的，翻开中国文化的历史，古诗文作为中华民族三千多年的文化瑰宝，中国人受其影响是深远的，很多脍炙人口的名句、格言经久不衰。其丰厚的文化积淀，独特的审美情趣，滋养了一代又一代人，它的重要功能确实是现代文所不能代劳的。

以诵读经典古诗文为主要内容的“国学”教育之所以被越来越多的人所接受，就是因为它是中华民族文化发展的源泉。这些千古美文之所以能够经过历史长河的洗涤，流传下来，就是因为它们无论在思想上，内容上都堪称典范，可以使学生在诵读中受益于千古美文的滋养和熏陶，奠定内涵丰厚的文化底蕴。同时，古诗文在材料的选择，写作的方法和技巧等方面也极有可取之处。

要打好语文基础，多学些经典古诗文，读背些经典诗文是很有必要的，为此，我在教学中把教材里的现代文当成阅读材料，每单元选取一篇文章作为方法、规律“导读”的例子。由原来的“讲学”变成现在的“导学”。课堂上讲方法、讲规律，明确学习要求，然后就让学生自己去读课文，积累词汇，做练习。练后议议讲讲，整理归纳要点。将讲读现代文压缩下来的时间的一部分用于强化课内经典古诗文教学，增加课外经典古诗文的学习：(1)初中 7～9 年级教材共 6 册，古诗文部分 7 年级学完 3 册，8 年级学完 3 册。(2)增加课外古诗词背诵 50 首。7 年级完成10 首，8 年级完成 20 首，9 年级完成 20 首。(3)增加课外 300 字左右的精短文言文 200 篇。7 年级完成 50 篇，8 年级完成 100 篇，9 年级完成 50 篇。

求现实生活之语文

我的“求现实生活之语文”是要根据实际生活中运用语文工具的规律来探求语文教学的规律；是要根据实际生活中运用语文工具的众多场合来开拓语文教学的空间领域；是要根据现代生活的发展前景来规划语文教学的未来；最后就是要提供更广阔的时空、更广阔的内容让学生来看听、读感、说写现实生活。

第一，看听现实生活。街上的一个店名，一句广告和交通警示语；学校里，家庭中，街头上的人、事、物、景；参观访问机关单位，去敬老院献爱心、春游观海园等有意义的活动……这些都是一扇扇了解社会的窗户，都是丰富学生的生活体验，让他们感受到生活中处处有使用语文的极好机会和条件。

《语文课程标准》指出："各地区都蕴藏着自然、社会、人文等多种语文课程资源。只要我们仔细观察，就会发现校外的教育资源是十分丰富的。"经常利用这些资源，引导学生在社会的大环境里学习和探索，使他们积极主动地开展语文综合实践活动，对学生开阔视野、丰富知识，提高语文能力是大有裨益的。

关注生命的教育必然是富有生活性的教育，因为生活是语文教育的家园。所谓的人文性，如果离开了现实的生活，抛弃了平淡、苦闷、压抑、无奈、欣喜，便成了远离人间烟火的空中楼阁。

语文的存在就是要从纷繁平淡的生活中发现美、创造美、体验美，就是使学生在真实的生命体验中向往着生命的辉煌。

第二，读感现实生活。阅读、感悟、体验现实生活的过程不仅仅是学习的过程，还是一种生命成长的历程。

1. 在阅读中体验。让学生敞开思想去阅读、去感受，把阅读学习的过程当成自己生命体验的过程，真正融入作者的感情世界，与作者进行心灵的沟通，进行生命的对话。经典名著中的语言文字饱含着前人的生命体验，蕴藏着生活的哲理与智慧，流淌着生命的血液。语文教育就是要在这个丰富的生命世界中唤醒、增强和丰富学生的生命体验，并使学生获得生命表达的新的形式。

2. 在活动中体验。这里所说的活动既指课堂内的语文学习活动，也指课外的语文实践活动。学生通过对课程运行中一系列活动的参与，体验着一种生命的意义，或者说他们是用这种活动诠释着生命的价值，表达着生命的激情。因此，活动参与过程就是学生生命体验与成长的过程，这种体验使学生在课程运行中不断获得发展自己的动力。

3. 在生活中体验。新课标指出，要引导学生"多角度地观察生活，发现生活的丰富多彩"，教师要注意拓展学生的人际交往空间和现实生活空间，使学生多角度多层面的充分体验生活的乐趣。为学生提供广阔的思维、想象、创造的天地，让学生在充满灵感、充满激情、充满理想的生活过程中，生命体验得到充实和丰富。

"体验"是用全部的心智去感受、关注、欣赏、评价某一事件、人物、事实、思想。只有经过体验，我们才能把一个陌生的、外在的、与己无关的对象变为熟悉的、可以交流的，甚至是融于心智的存在。所以语文学习中，我们不是要把别人的文字化为自己的生活，而是要借体验把生活化为文字、感受、理解，从而达到主动地吸收、自觉地获取、高能力地反馈。让学生从生活体验积累中上升到生活体验的实践。

第三，说写现实生活。“积蓄于中，发乎于外”，学会了看听、读感现实生活之后还要学会“说写现实生活”。

“说写现实生活”，就是要学生写自己的生活，写自己熟悉的事物，写自己的所见所闻，写自己的联想和想象，表达自己对事物的认识和真情实感。

现实生活是五彩缤纷的，我们看到了、听到了、读到了，也感受到了现实生活的滋味，正是有了这些的感受因而使我们能捕捉瞬间的灵感，从而点滴成文。因此，语文教师要引导学生多留心生活、观察生活、感受生活；要求学生写真话，抒真情，写实感；要指导青少年学生平时养成善于观察生活的习惯，注重捕捉生活小事中的点滴；要培养学生认识生活、丰富生活、创造生活。

茅盾曾说：“无论到哪里，你要竖起耳朵，睁开眼睛，像哨兵一样的警觉，把所见所闻随时记下来。”如果再把这些与本身已有的感知素材融化，开流掘源，把握其内涵，即可获得写作灵感。

“静观默察，烂熟于心，然后凝神结想，一挥而就。”这是鲁迅先生的创作经验谈。于是，一篇篇感情真挚、内容鲜活的文章便跃然纸上。“生活化”的作文训练，要让学生明白从日常生活小事中撷取题材的作品，完全可以写得情真意切，震撼读者的心灵。

为“求现实生活之语文”，我将讲读现代文压缩下来的时间的一部分用于学习课外贴近自己生活实际的精短现代文，增加写作训练量：(1)指导自学1000字以内的优秀中学生作文50篇：7年级完成15篇，8年级完成15篇，9年级完成20篇。要求背诵15篇：7年级背诵5篇，8年级背诵5篇，9年级背诵5篇。(2)指导自学2000字以内的当代名家名作20篇：7年级完成5篇，8年级完成5篇，9年级完成10篇。其中要求背诵7篇：7年级背诵2篇，8年级背诵2篇，9年级背诵3篇。(3)每学期完成大作文15篇(可独立完成，也可合作完成；可独立创作，也可模仿写作)。养成写周记，记日记(可独立记，也可几人一组轮流记)的好习惯。

求未来发展之语文

如果说“求语文之根”“求现实生活之语文”是语文学习过程中的初级

和中级阶段的话，那么“求未来发展之语文”就是语文学习过程中的高级阶段。初级阶段重打基础，掌握语言的基本技能；中级阶段重在模拟生活以提升有效运用语言技巧的本领；高级阶段则是要充分发挥语言的特色为人类发展服务。

在教学中着眼于学生的发展，着眼于学生的未来。既不能以应试教育为代价来桎梏学生的发展，扼杀学生的个性，又不能被教材和传统的教学方法所局限，禁锢自己的教学思路。要解放思想，大胆创新，在不拘一格地培养学生“多读、多记、多写、多练”的好习惯基础上注意下列对“求未来发展之语文”起重要作用的几方面的问题：

第一，关注学生生命的成长与价值的提升，使学生形成良好的个性和健全的人格，这是“未来之语文”得以健康发展的前提。“重视情感、态度、价值观的正确导向”也是新课标的要求。把教育真正当成人的教育，把学生的发展从知识层面提升到生命价值的层次，这是语文教学的一个飞跃。

在语文学习中，教师应帮助学生认识崇高的理想和博大的胸怀对于人生的意义；帮助学生认识自信与谦逊是生命中的两种美好气质；协助学生认识良心是人的特质之一，爱心是人的高尚品质之一，理解良心的独立性及功用，了解爱心对于个人与社会的无穷力量……

第二，培养学生广泛的阅读兴趣是“求未来发展之语文”最基础的环节。以往的教学苦于对阅读量的无法监督控制，中高考又无明确考试要求，故喊得多，实际做得少。以教材中的名著导读为基点，适当进行扩展，明确阅读要求，如阅读要有读书笔记，读书笔记要求有篇名、作者简介、内容介绍、精彩片段摘抄、读后感想(重点是从中获得那些对自然、社会、人生的有益启示)等；明确考查范围，历次考试有所涉及是实施“阅读教学”有效监督控制的方法之一。

第三，知识的传授要具有前瞻性。只要与“未来发展之语文”有关联的知识都要重视，绝不能因为中高考不考就不予理睬。如有关语音、音素、语素、音节等知识在“新课标”中没有明确的要求，但它在语言中是最基本的常识，不仅汉语用，英语及其他语种也要用；再如新课标中的“不宜刻意追求语文知识的系统和完整”的观点，千万不要理解成是不要，任何一门学科知识都有其内在的知识系统和完整性。不注意整理概括、分析抽象就不会取得好的效果，对于学生的未来发展就不利。

第四，注意语文个性化的人才培养。演讲、表演、朗诵、写作等都是语文个性化的训练项目，在普遍训练的基础上，相对而言谁在这些项目的某一方面有培养前途就要在谁身上下些功夫，针对他们的不同特点去采取不同的教育训练措施，让学生的个性得以充分的彰显，得以长足的发展。语文的个性化教育，是对现代教育的挑战，是未来发展的趋势。

此外还要培养学生的求同思维和求异思维的能力，赞美和批判性阅读能力，思辨性的写作能力等，这些都是“求未来发展之语文”的必备能力。

“求未来发展之语文”是以课内现代文为学习范例的，但仅学这些篇目是远远不够的，还要进一步扩大阅读量和综合训练量，让学生在广泛的阅读和训练中吸取营养，形成能力，为今后的发展奠定坚实的基础。(1)压缩教材中现代文的教与学时间。6 册书中的现代文，7 年级完成 3 册，8 年级完成 3 册。(2)认真对待教材中的名著导读部分。督促学生读原著，7 年级完成 3 册，8 年级完成 3 册。(3)增加古今中外经典名著阅读 5 部。7 年级完成 1 部，8 年级完成 2 部，9 年级完成 2 部。(4)强化语文基础知识训练。9 年级上学期进行单项训练。9 年级下学期进行综合训练。

新课标强调语文课程的特点是人文性和工具性，人文性作用的对象主要是学生的精神生命。语文教学的主要任务就是要通过阅读、思考、实践和体验来建构学生的精神世界，那么，我们的语文教育就必须确立生命意识，用生命的意识去关注学生这一特殊的生命体，让语文进入每个学生的生命，唤醒他们的生命意识，丰富他们的生命内涵，提升他们的生命质量。

近几年，我一直坚持探讨实践的“生命语文”的教学策略的线条越来越清晰明确，兴趣也越来越浓。学生语文素养的提高也越来越明显，真可谓是一举多得！

语文学习的楷模——教师

从语文教学要培养学生听、说、读、写能力的角度上看，语文教师首先应是这四个方面的学习楷模。

第一是会听。听懂别人讲话，并能抓住其要点这是一种能力。作为教师要通过“听”来了解学生的学习情况，并及时通过学生的反映给予恰当的解答和指导。由于教学对象是年纪小的青少年学生，他们知识欠缺，语言也不够丰富，回答教师提问或发表意见时词不达意，语义含混不清的现象经常发生。这就要求教师能从学生含糊的话语中听出其主旨，或补充、完善，或概括、总结，或引申、升华。进而帮助学生理清思路，弄准概念，学懂知识。如果教师不会听，就会抹杀学生表达中的闪光点，误解学生的意思，教学知识的准确度也会大打折扣，甚至会闹出笑话。

教师以“听懂”学生的话为根本，反过来再教育学生如何“听”，这是最有针对性和说服力的。

第二是会说。对于教师，出口成章的表达能力，有时甚至比专业知识还重要。教师“传道、授业、解惑”必须通过口头表达来进行。倘若教师不善于表达，“说”的含含糊糊，拖泥带水，学生就无法思考；如果“说”的没有主题，语无伦次，学生就难以正确理解和掌握教师所要传授的知识；“说”的高亢，则学生精神紧张，头脑发胀；“说”的低沉，则学生精神分散，昏昏欲睡；“说”的不文明，则使学生听来心烦意乱。

“说”一般要“说”得准确简明、生动形象、风趣幽默，并懂得区分场合对象，且善于运用肢体语言。其中以“生动形象、风趣幽默”为主要特点的课堂教学语言最受学生欢迎。

教师的“说”还包括“问”。“问”是教学双边活动的重要手段，它是一种艺术，要精心设计，心中有数。既要有针对性、简单明了、化难为易，又要内涵丰富，发人深省，还要成为检查互动的纽带。总之，“问”要以活跃学生思维，提高课堂教学效率为前提。切忌没有目的，没有答案，随心所欲，乱问一通。

第三是会读。首先要会朗读，朗读是教师的基本功。作为一名语文教师不仅普通话要标准、清晰、流利，还应该声音具有美感，语言精练传神，声情并茂，体现语音语调美、表情动作美等。而且要把这种美融入教学的情境中去。从声音上发挥语文教师的个性优势，这对学生是有感染力、感召力和说服力的。

其次是会读多读。语文教学中涉及的知识不只是语文本身的内容，而是“五湖四海，四面八方”。为了适应“知识整化”“百科全书式教材”的需要，教师要精通本专业，了解邻近专业，还要学一点距离自己专业较远的学科知识，一主多副，相得益彰。

第四是会写。汉字是丰厚的中华民族文化的一部分，是中华文化的主要载体。语文教师要能写一手正确、工整、美观大方的汉字，钢笔、粉笔、毛笔要样样写得棒，它是语文素养的“门面”。教师写好字也是为教好写字提供“活”的字帖，使学生产生羡慕之情进而去模仿书写。

教师还要会写文章，尤其是语文教师。实用性的要写，非实用性的也要写。教学论文要写——苏霍姆林斯基，就是从写教学日记开始，成为有名的教育家的；下水文章也要写——作文指导时理论与实践兼顾，经验与教训并举，深入浅出，效果明显。

此外从语文学习的手段来说，语文教师还要成为从网络、电视广播、报纸杂志等获取语文知识的楷模。

嬉笑怒骂皆文章，说学逗唱均语文。新课标强调学生学习的“自主、合作、探究”，看似课堂上学生的活动多了，老师的空间少了，实际上对老师的知识底蕴要求是越来越高了。教材只是个例子而已，由教材这个“点”扩展的知识五花八门，要想在开放式的课堂上游刃有余，就要苦练过硬本领，力求做一名“百宝箱式”的语文教师。

五种角色话转换

语文新课程标准中教学理念的一系列重要更新，热切呼唤着教师角色作出相应的转换。这种转换是伴随着基础教育改革的推进和现代语文课程的发展而进行的，是教师面向未来教育的必然趋势。那么当代语文教师的角色到底应是什么呢？我认为，下列五种角色是当代语文教师的基本素质，既需要兼而扮之，又需要根据不同情况有所转换。

一、传道人

"授之鱼，不如授之以渔"说的是教师要把捕鱼的方法教给学生，让他们变被动地等鱼入口为主动地捕鱼。"知之者不如好之者，好之者不如乐之者"说的是学生只有乐学、渴望学，才能自觉积极地投入到学习活动中去。这个问题说起来容易做起来难，首先要求教师有勇于探索善于学习的精神，在学习实践中不断积累教与学的经验和教训，及时地将自己总结出的或前人已经总结出的小窍门、大规律教给学生。有的学生学不好，不是不用功，而是方法不当。科学的方法可以在一定的程度上弥补学生在智力上的不足，也能在学习中有效地改善学生的心理素质。

掌握一定的语文知识可能受益一时，但掌握一套科学高效的学习方法却能受益一生。许多伟人的成功经验告诉我们：他们的成功不是老师教出来的，而是他们学会了学习的科学方法，找到了一条适合于自己的学习探索之路。

二、导演

每堂语文课，都可以看成是一场"戏"，怎样才能使这出"戏"演得精彩，关键取决于教师这个导演。目前，传统的教学方式已被各种生动活泼的教学模式所代替。课堂上老师与学生之间是主导与主体的关系，即导演与演员的关系。所以，教师要根据不同的"剧本"内容，采取不同的方法来导演好不同的"戏"。

要当好一名出色的“导演”，首先要对“剧本”（教学内容）了如指掌。教学过程中让学生充分发挥学习的积极性和主动性，让学生听、说、读、写、演，把课堂交给学生。老师在课堂上只不过是作引导和点拨。

教师在教学过程中讲求设计的艺术性，对于激发学生学习语文的兴趣，提高语文学习的效率，具有非常重要的意义。一堂课、一篇课文，教师要教的有艺术，需要教师在备课时的努力，如首先要懂得最新的教育教学理念，研究语文的课程标准，接着是认真钻研教材，然后以学生为对象，设计和选择适合学生的教学思路及教学方法，把作者的写作思路和学生的学习思路沟通起来，犹如导演依据剧本和演员设计导演计划一样，需要一个创造的过程。就一般教师而言，如果他们对所备的课文有自己独到的设计，注意超凡脱俗的创新意识，注意充分调动学生学习的积极性，就会使整个教学活动蓬荜生辉。难怪有人说教师只有从最大限度地减少学生在学习过程中的曲折和痛苦出发，经过创造性的设计，才可能使教学不只是一门严谨的学科，而且成为出神入化的艺术。

因此，需要我们教师在教学设计时，应注意目标的设计、重难点的设计、导语的设计、教学过程中学生“自主、合作、探究”性学习活动的设计等一系列问题，只有真正考虑到这些问题的设计，切实以学生主动、积极学习为出发点，才能把一堂课、一篇课文备好，才有可能获得课堂上的演出成功：师生共同进入角色，演而同其乐，演而有所得。以内容设计形式，不走过场。

三、主持人

新课标指出：“充分发挥师生双方在教学中的主动性和创造性，”“语文教学是在师生平等对话的过程中进行”。因此教师最好让自己的视线与学生保持在同一平面。可以走到学生中去，也可以坐下来，列出提纲，选好话题，用逻辑清晰、通顺流畅、平实精练、生动风趣的语言来“主持”课堂。在目标达成的实际操作中不断调整主持的内容与风格。角色的出色扮演，完全能够调动起学生学习的积极性、主动性，学生的主体地位体现了，教师的主导作用也就得到了充分体现。学生学得痛快，教师导得酣畅，这才是真正意义上的“教学相长”。同时，新课标指出：“不应过分强调评价的甄别和选拔功能，”“应加强形成性评价，”“在评价时要尊重学生的个体差异，促进每个学生的健康发展”。因此，主持人型教师，应更多关注学生的学习过程，评价应以鼓励为主。

以往的课程编制及其理念有其传统的既定性、凝固性和封闭性，教师只是消极被动地执行，而今在新课程新标准的引导下，语文教师的教学创造精神将得到充分的发挥，从而在相当程度上更注重学生学习的主动性和创造性。这样，教师“主持”的课堂就能成为让师生共同来塑造课程的阵地。所以除了备知识，还要备学生。也就是说，教师作为学习的组织者、参与者，应尽可能多地把学生在学习过程中可能遇到的问题考虑在内，学生不仅应该成为课堂学习活动的主体，也应该是我们备课的出发点和归宿。用这样的理念来指导备课，“主持”学习定会取得骄人成绩，令人“刮目相看”。

四、激励者

重视课程评价的教育发展功能，关注“人”的发展，是新课标的评价理念。过去的语文课程评价，比较注重其甄别和选拔功能，教师扮演着课程评价者的角色，学生始终处在一种被评价和被测试的消极境地。而今天的形势敦促教师要从评价角色转向课程学习和发展的激励者。

为此，语文教师必须具有娴熟驾驭课程评价的艺术并把握好下列的原则。

第一是情感性原则。以情动人，以情激励人是语文教师对学生进行评价时应讲究的原则。就情感取向而言，应以肯定和表扬为主，对于学生虽不成熟却经过自己思索的独特判断，尤要珍视其中建设性和创新性的价值意蕴，摒弃求全责备。就是针对完全错误的答案也要像对待病人一样给出医治的良方，鼓励其战胜病魔。

第二是发展性原则。每个学生在语文学习成长的过程中都免不了有这样或那样的缺点毛病，这就要求教师要特别关注其发展的潜力和可能的进步，尽量捕捉他们身上的闪光点。语文学习具有显著的内隐性特征，从对优秀文学作品的鉴赏和玩味到对语感素质的积淀和语言能力的升华，需要极为漫长的心理同化和顺应过程，其细微的进步都需语文教师以博大的情怀去精心发现和呵护，并以信心去保护其成长，若不顾及这些客观因素，而用统一标准去评估其课程目标的达成度，将会窒息许多学生对语文课程的学习热情。在新课程背景下，语文教师要从课程始点、过程和结果多方面去关注每个学生，通过纵向比较去评估每个学生的多样化发展。

第三是差异性原则。学生学习效果是有基础差异和个性差异的。要承认并尊重课程学习中的个体差异，要承认并尊重个体在群体中所处的位置。不要以分数的高低来论好坏，要以进步的大小来肯定学生的成绩。

五、研究者

过去教师们认为自己的任务只是教书育人，把书本上的知识教给学生，规范好学生的行为，就是很好地完成了教学任务，就是一名好教师。而把教育科研认为是“教育专家”的事情，不愿参与，甚至不想参与，造成教育与研究的脱节。今天新课程呼唤教师的专业创新意识，它包括：教师对自己教学行为的反思，对具有挑战性的教学情境进行研究，教师要以研究者的心态置身于教学情境中。它是提高教学水平的关键，是创造性实施新课程的保证。

新课程倡导民主、开放、科学多样化的课程理念。语文离不开生活，社会的生活、广阔的大自然都是我们的教材，作为语文教育工作者要善于发现与开掘，并加以不断完善与更新；要不断学习教育教学理论，积极参与教育科研，深入钻研国家课程、地方课程，结合学校实际、学生实际，努力参加开发校本课程，成为新课程的“排头兵”。

随着教育教学改革的不断深入发展，随着教育教学内容和理念的不断更新，根据学生的不同实际情况，老师的角色在不断地变化着，时而是导演，时而是演员，时而又是观众；时而是主持人，时而又是参与人、发问人；一会儿是教师，一会儿又可能是学生……也正是在这风云变幻中，师生得到了全面的发展。

语文教师必须握在手中的纲

无规矩，不成方圆，教学亦如此。掌握了这些规矩犹如一纲在手，纲举目则张。那么作为一名语文教师有哪些“纲”须牢记在心，紧握在手呢？我这里重点强调的是语言文字的规范化问题。因为它是语文教学中最小的最基本的元素。

语言文字是人类最重要的交际工具，它须有一个统一的规范标准让人们遵循，这样才能够发挥作用。中小学生学习规范的主要途径是课堂，那么教师，尤其是语文教师的责任就重大了。他们首先要掌握规范，然后才能教学生学习规范、掌握规范、运用规范。

到目前为止，国家已颁布《汉语拼音方案》(1982)《标点符号用法》(1995)《现代汉语通用字笔顺规范》(1997)等12项有关汉语汉字的规范性条文，除此之外，2004年中国版协校对研究委员会、中国语文报刊协会、国家语委异形词研究课题组、《咬文嚼字》编委会发布的《264组异形词整理表》(草案)，也是解决异形词问题的重要参考资料。

掌握了这些“纲领性条文”，语文教学中许多莫衷一是的问题就会迎刃而解。如古诗文中有许多字的读音，是沿袭“古读”还是从“今读”，一直是仁者见仁，智者见智。有了国家语言文字工作委员会、国家教育委员会、广播电视部1985年发布的《普通话异读词审音表》，人们就有“法”可依了。“骑”统一读作“qí”，不再有“jì”的读音。“闭门造车”中的“车”，除了象棋棋子名称读作“jū”以外，其余统统读作“chē”等不一而足。

教语文，不懂这些怎么教？岂不是错误百出，误人子弟吗？同时我也呼吁：类似这样的纲领性的条文，应作为师范院校学生的必修课内容之一，每一个新的条文出现，都要及时加以补充。各地方教育教学管理部门要充分重视这项工作的传达和落实，及时印发手册，组织教师学习甚至考试。语文规范化只有这样才有希望落到实处！

要把讲读课文的时间压下来

语文教学的“少、慢、差、费”现象由来已久，其中一个主要原因就是我们太重视对教材的“三透”处理，即教者要吃透教材、讲透教材，学生要学透教材。经验和教训告诉我们：绝不用一节课或几节课“讲学”一篇现代文，而应用一节课或几节课“导学”一篇或几篇现代文，让学生“多读、多记、多写、多练”仍然是学好语文的最古老、最传统、最有效的方法。

语文课堂教学绝不是学生“学深学透”教材规定的那几篇文章，就可以有“用武之地”的。教材中的课文只是给人的终身学习选择的一个范例而已，因此，教师要给学生提供学习这类文章的必备知识和方式方法，让学生学会质疑，能深入教材，能走出教材。

课堂上仍然要贯彻“讲练结合”的原则。“讲要求精”“练要从多到精”，“精讲多练”和“精讲精练”是一个由初级向高级发展的两个不同的阶段。由“精讲多练”逐渐向“精讲精练”过渡是“讲练结合”所追求的目标。也只有这样才能够完成“省时而高效”的大目标。

我在教学中把教材中的现代文当成阅读材料，每单元选取一篇文章作为方法、规律“导读”的例子。由原来的“讲学”变成现在的“导学”。课堂上讲方法、讲规律，明确学习要求，然后让学生自己去读课文，积累词汇，做练习。练后议议讲讲，整理归纳要点。

讲读现代文压缩下来的时间一部分用于强化课内经典古诗文教学，增加课外经典古诗文的学习；一部分用于学习课外贴近自己生活实际的精短现代文，增加写作训练量：一部分还可以用来进一步扩大阅读量和综合训练量，让学生在广泛的阅读和训练中吸取营养，形成能力，为今后的发展奠定坚实的基础。

后记

本文曾在《北京教育》2008 年第 3 期普教版刊出，选入本书时略有删减。刊发时编辑在前边加了编者按，后边还加了编后语。并由此展开了一场到现在还未结束的教学话题讨论。

编者按

高中新课程改革实施以来，教师们亲历改革的方方面面，在微观的课堂教学层面产生了各种各样的疑问、困惑，由此，也产生了强烈的交流、讨论需求，希望在交流、讨论中获得启迪与指导。

因此，本刊将从本期开始不定期的针对新课改中的典型问题，约请早先进入新课改实验区的教师或北京市在课改探索中走在前列的教师，介绍自己解决问题的经验与思考，希望能给困惑中的教师以某种指导。

编后语

“少就是多”

上述文章反映了解决课时紧张问题的两个主要途径：一是在教学内容上做工作，将教学的量由多变少；二是在教学方式上做工作，提高教学效率。改变教学方式，教师们听得多了，实践的也多了。而改变教学内容的量对于习惯了传统“灌输式”教育的教师实是一个更大的挑战。

一位校长曾这样描述“灌输式”教学：“灌输式”教学是教师推卸责任的一种表现。教师通过将所有东西一股脑儿地教给学生，来逃避自己需要承担的责任，比如学生考不好时，教师可以说，这不是我的责任，因为该教的我都教了。

但在新课改的今天，模块式教学大大增加了教学内容，这时，如果教师仍要把教学内容一股脑儿地教给学生，课时将变得越来越紧张。

从本质上说，课时紧张不是一个教学量的问题，而是一个教学观的问题，即我们到底要教给学生什么？

中国教育学会“十五”重点课题《多元与和谐——来自借鉴多元智能理论实践研究的报告》指出：课程设计要遵循“少就是多”的原则，要通过少的课程帮助学生把握核心知识与关键能力，促进学生真正理解与学以致用，“少”是为“多”服务的。

同理，学科教师也要通过少的课堂教学帮助学生把握本学科的核心知识与关键能力，促进学生真正理解与学以致用。这就要求教师认真整合教材，仔细遴选习题，合理安排教学，该详讲的详讲，该略讲的略讲，该学生自己学习的放手让学生自主学习。

当然，这对教师提出了更高的要求，教师不再仅仅只是连接教材与学生的桥梁，而且是引领学生走进教材的导航人，其引领性与指导性将变得越来越重要。

语文课改的关键是教材

——兼说语文教材的建设

一本教材，一本教学参考书，一本练习册，课改前有《语文教学大纲》，课改后有了《语文课程标准》，这便是语文教师长期以来的全部家当。教学参考书上怎么说，教师就怎么用教材和教学生；练习册上怎么设计，教师就怎么教学生做，至于如何落实《大纲》和《标准》，一线教师很少去研究。这便是语文教学长期以来的基本情况。

“家当”陈旧，有了新标准又不知怎么用“旧家当”来达到新要求。当务之急就是多多探讨实践如何达到“新课标”的方式方法。

现在需要马上实施的是在“新课标”指引下，建立一个与之相配套的系统工程，这个配套工程说得简要一点就是“知识和能力、过程和方法、情感态度和价值观三维目标的序列化的细化工程”。

这个庞大的系统工程的构建原则应是：理论紧密结合实际；由大到小的制作顺序，循序渐进的教与学序列；由基础抓起，由养成良好的习惯开始；有利于教师的教和学生的自学；以通行的教材为蓝本，以经典篇目为主要例子等。

这个庞大的系统工程的最后呈现形式就是教材，根据上述的分析和设想，我认为理想的教材应该是这个样子：学习目标＋规律＋方法＋例子＋知识归类＋拓展材料＋拓展问题等的“多位一体”。

课程的本体就是课程内容，课程改革的核心当然也应是课程内容的选择与重构。语文课程与教学改革的核心也应是语文课程内容、教材内容与教学内容的重新构建和调整。

语文课程教学，我们面临的第一个问题就是该教点什么。拿到一本教材，我们教和学的是一篇篇的课文，可是课文并不是我们要教和学的内容，它只是我们要教和学的内容的载体而已，我们真正要教和学的内容是隐藏在课文之中的。于是，面对这一篇篇课文，教师不知该怎么教，更不知该教点什么，那就只好按照教学参考书上的内容或自己的理解和感悟去教了；学生不知该怎么学，更不知该学点什么，那就只好按照老师教的内容去学了。于是，“课程内容是什么”这个在其他学科里老师们开始实施教学前就已经解决的问题，在语文教学中就成了一个等待解决的问题了。

现实中，学生、家长，甚至我们的教师都认为，语文课少上几节没什么关系，并且经常有这样的情况发生，就是一个学习自觉的学生一个月不来上课，自己在家看看书，背背写写词语、课文，语文考试照样可以得高分，原因就在于语文教材缺少一个知识体系。

在其他学科的课程标准研制过程中，“课程内容”都是重要的组成部分，甚至是主体部分。但是《语文课程标准》专设“前言”讨论“课程性质与地位、课程基本理念和课程标准的设计思路”的问题；专设“课程目标”描述课程所指向的学生行为结果；专设“实施建议”提供关于教、学、评价教科书和课程资源的利用与开发方面的帮助，但是没有课程内容、教学内容的相关描述与规定。教材上有什么内容可教，应该教教材上的什么内容，课程内容、教材内容与教学内容之间的生成转换关系等问题，在编写教材的时候，根本就没有纳入思考的范畴，更没有在教材上得到体现。

教材是教学的蓝本，它对教学起至关重要的作用。美国的母语教学的长处不在于《课程标准》而在于教材，特别是课文后面的练习设计。这些设计，不仅体现了序列化的要求，而且为学生创设了运用语言技巧的良好情境氛围，有助于学生进入学习和训练的程序。在学生进入情境，开始学习和实践的过程中，模块化的语文知识、语文能力、语文素养自然使学生容易理解和接受。国外的语文建设未必适用于国内的语文建设，但起码在我们语文教材建设不足的今天具有十分重要的借鉴意义。

学习目标＋规律＋方法＋例子＋知识归类＋拓展材料＋拓展问题等的“多位一体”的教材结构建设模式，是我近几年探讨实践的一条行之有效的“课改”思路。

例如初中语文第一课教材编写的主要梗概是：(1)教与学目标。定为“激兴趣、说意义、讲方法、做准备”四条十二个字。(2)规律、方法和例子(按教学目标中的四条分别编写)。(3)知识要点和拓展的问题。(4)教与学的方法。定为“学生先自学，将重要的问题用红笔在句子的下面画上一条红线，然后教师演讲”。第二课的教与学的目标是“学会做圈点勾画、学会使用工具书解决问题”。第三课的教与学目标是“养成写日记或周记的好习惯”……

每一课都有规律、方法的介绍，都有具体例子的剖析和借鉴，都有知识的归类和拓展训练等。这种模式集理论与实践于一身，集教与学于一身，让教师的教有法可依，学生的学有理可据；这种模式可使语文教学的新目标因有与之相对应的内容支撑而得以较好的落实。

“多位一体”的教材建设模式的最大难题是语文知识的科学分解与细化，因为只有它才能构成语文课程与教学改革的主体。现在语文教学存在的最大问题就是“该教的没有教，不该教的又教得太多”，不管哪种情况，原因都在于没有科学地将语文知识分解、细化，并落实到每一节语文教学的课堂中去。

全面构建语文知识的阶梯式大系统，是一个艰辛而复杂的大工程，需要科学的精神、严谨的态度，需要从实践中来到实践中去的过程，非一人一时一地可就也。为此，我衷心希望有更多的有识之士能参与到这个行列中来，更希望有关权威部门能组织有关专家学者，尤其是工作在教学第一线的教育教学实践家来深入探讨实践这个大课题。尽快拿出一套或几套这样“多位一体”的实验性的教科书来，为语文课程改革上新台阶，为《新课标》能真正落到实处而贡献力量！

三维目标的梯次细化及其分解

“知识和能力、过程和方法、情感态度和价值观”的三维目标，在一篇文章中具体指什么，不同文章的目标之间有怎样的区别和联系等问题，一直困扰着语文教育工作者，尤其是一线教师。要解决这个问题，“三维目标的梯次细化及其分解”是其关键所在。

一、语文课程标准的目标体系概述

语文课程标准虽然比以前的教学大纲更加细化了，但也只是有总目标和阶段目标而已。而至于每个年级、每个学期、每册书、每一个单元、每一篇课文的目标是什么就没有了详细的说明。但教师们天天面对的却是“这篇课文我要教学生些什么，怎么教才能达到目的”等具体问题。

二、三维目标的梯次细化及其分解

“三维目标的梯次细化及其分解”就是要使课程目标体系落实到每一篇课文，形成一个由小到大的序列化的“目标系统”。

(一)“过程和方法”的梯次细化及其分解

“过程和方法”的梯次细化及其分解比较容易。因为它归根结底是为“知识和能力”服务的，不管设计什么样的过程，使用什么样的方法，只要能达到“知识和能力”的目标就是可行的。所以，它不一定非要落实对应到每一篇课文，只要用先进的理念和原则，采用重方法、规律的传授的原则以及促进“自主、合作、探究”的学习方式等来规范教师的教育教学行为就可以了。

(二)“情感态度和价值观”的梯次细化及其分解

“情感态度和价值观”是循序渐进、潜移默化形成的，它是针对不同思想内容的课文来说的，无法形成教育系列。况且它也不是能用序列性目标的形式来强行塑造的。所以，只要教者善于挖掘教材，不放过任何一个育人的知识点，不失时机地进行思想教育也就可以了。但要注意，绝不能牵强附会，流于形式，一切都需要根据具体的课文内容来确定。

(三)“知识和能力”的梯次细化及其分解

“知识和能力”的梯次细化及其分解是最关键，也是最难的。现在语文教学存在的最大问题就是“该教的没有教，不该教的又教得太多”，不管哪种情况，原因都在于没有科学地将语文的知识和能力分解、细化，并落实到每一节语文教学的课堂中去。

语文课中，我们教和学的是一篇篇的课文，可是课文只是我们要教和学的内容的载体而已，我们真正要教和学的内容蕴涵于课文之中。于是，就要为每一课制定具体、明确的教学目标，目标之间循序渐进，由浅入深，最后形成一个金字塔式的目标大系统，塔顶就是语文课程标准。

这种“三维目标的梯次细化及其分解”，可使语文课程标准因有与之相对应的内容支撑而得以很好的落实。这种教学方式，可以大大提高教学效率，进而扩大学生的课外阅读量和写作训练量，有利于解决当前“费时低效”的语文教学现状。

总之，“三维目标的梯次细化及其分解”是在遵循宏观教学目标基础上的具体、微观目标的落实，不同的教师可能有不同的细化与分解内容，但只要遵循学生的认知发展规律及宏观教学目标的总体方向，教学都是有效的。

语文课堂情节结构六元说

理想的语文课堂，是一曲师生共奏的交响乐，是一首师生共唱的歌，更是一出精彩的戏剧，一部广受读者欢迎的小说。

从语文课堂的结构组成角度上来看，它酷似一部精短的叙事性文学作品。所以用小说的情节为例来说明语文课堂的情节结构是生动、形象、逼真的。

情节，一般是指叙事性文学作品中表现人物性格形成和发展的一系列生活事件。情节的生动性和丰富性，对于深化主题和增强作品的艺术感染力起着重要作用。情节一般分开端、发展、高潮、结局四个部分。有的作品还前有序幕，后有尾声。无论什么类型的语文课堂都应有开端、发展、高潮、结局四个部分，余称之为“四原色”，有的课型还应有序幕和尾声，加之一起并称为“六元素”。

一、序幕

预习是上课前的序幕。它虽不是课堂情节结构中的一环，但它却是语文课堂教学中不可缺少的组成部分。它决定着课堂教学质量的高低，同时也是培养学生自学能力、教给学生自学方法的有效途径。叶圣陶先生说：“预习原很通行，但要收到实效，方法必须切实，考查必须认真。”如此看来，序幕不是无组织无纪律拉开的，而是要教师授之以渔，严格考查。

二、开端

语文教育教学专家于漪老师说过：“课的开始，其导入语就好比提琴家上弦，歌唱家定调。第一个音定准了，就为演奏或者歌唱奠定了良好的基础。”开端部分是整个课堂教学情节进展动作的基本动因。一个或悬念、或释题、或故事、或谈话交流的开场白，可以使学生从一开始就带着浓厚的学习兴趣、强烈的探究心理，投入到对新知识的学习之中，从而提高课堂教学效率。

三、发展

发展是自学、思考和阅读，是知识学习的展开，是学生思维与情感的渐深，是认识与思考的深入。它是整个教与学矛盾的展开过程。展开得是否合乎本节内容的特点和学生实际的学习状况的教与学规律，既可显示教师驾驭教材，掌握理解学生的能力，又可看出教师对整体教学情节的把握调节程度。这个展开过程假如不充分、不完整或不完善，高潮就会软弱无力，感染力就会丧失、减退，本节课的主题思想也就失去深刻性和广阔性。所以，发展是高潮的基础，是为高潮到来而进行的蓄势。

序幕、开端和发展，既是课堂进程的三个必备阶段，也是高潮形成的准备阶段。高潮所需要的所有信息条件，都应在这三个阶段传递给学生，使他们在知识的积累、心理上都有所准备。三个阶段过后，学生的思维、情绪，通过所传递信息的刺激，都应处在“一触即发”状态。学生兴趣盎然、思维活跃，老师情绪高昂。这时，这堂课的重点、难点等问题都将获得最后解决。

四、高潮

语文课堂结构艺术的关键在于高潮的设置。高潮是整个情节发展到顶点的那一部分，也是整个情节中最重要的环节。在整个教与学的矛盾冲突中，它是教学目标落实在学生身上的行动的最紧张的阶段，矛盾和冲突最集中的焦点。

成功的课堂必有高潮一次或几次，或中间或结尾。没有高潮的课堂教学，是平铺直叙式的令人昏昏欲睡的课堂。但是，如果一堂课到处是高潮，那就等于没有高潮，难免有无视教学规律，哗众取宠之嫌。所以课堂的高潮一定要控制好。课堂的高潮主要表现为学生情感发展高潮和学生思维发展高潮两种形式。教师应当准确地把握学生情感和思维发展的动向和脉络，创造条件，因势利导，采取或自主、或合作、或探究等方式，不失时机地把学生的情感推向高潮，让学生的思维撞击出火花，并呈主体式发散。这样的教学会给学生留下深刻的印象，收到事半功倍的效果。

五、结局

对于课堂教学而言，结局是各种信息反馈、归纳、总结的时刻，是教师主导地位体现最突出的阶段。此时的课堂教学情形是：由动到静、由讨论到思考、由百家争鸣到成一统或几统、由零散到整合。这是需要明确解决问题的方法、规律和答案及注意事项等问题的时刻。而后，教师又不能让学生的体验和感受停滞不前，而是要引导学生进一步向课外延伸，纵深拓展课堂上的“余兴”效果，让他们有回味无穷又不甘浅尝辄止的感觉。

六、尾声

一个完整的课堂还应有尾声，任何一堂课或任何一篇课文，甚至是任何一种知识都不是空前绝后的，都有其时间和空间、内容和形式的诸多限制。这些“有限”或者说是瑕疵权当是留给课后的尾声，有待学生慢慢咀嚼玩味、思考探索。另外，问题思考的角度是多侧面的，所以有些知识的谜底又不是唯一的，有的还有待探索研究，尤其语文知识更是如此。所以课堂上适当留点余音以激发学生探索知识的积极性是必要的，尤其是对学生未来的学习影响是极大的。这样的课堂才真正有了延伸和拓展式的学习。但需强调的是，一定要恰到好处，有“尾”则留，无“尾”则舍。

一节语文课不管学习的是什么内容，要想取得良好的课堂学习效果，都应具备如上的“六元素”。一般来说，一堂课的整体情节结构的运作都应该在教师的精心设计、组织协调和具体指导下，以学生自主、合作、探究为主要学习方式，以思维训练为中心，以提高学生听说读写的能力为目的，要做到教学内容自身体系脉络、教师主导的思想、学生主体学习的思维规律三者融会贯通，要做到科学性、艺术性与思想性三者有机结合。

语文课堂情节结构的起承转合是要讲究波澜迭起、引人入胜的，是需要有张有弛、有快有慢的教学节奏的默契配合的，是需要形式与内容的完美统一的。

字字落实的理念丢不得

——初中文言文教学一管见

如何进行文言文的教学？在新的教学理念的指导下，各种行之有效的教学模式纷呈。但也应看到文言文教学确实存在着许多问题：重文言词句解释，轻文章思想情感的感悟；重课文内容的分析、写法特点和语法的教学，轻文言文基础知识的积累教学。即使是词汇教学，教师也是比较关注词汇的单义教学，而忽视词语意义的系统的教学等。一言以蔽之，就是不能统筹兼顾。

窃以为字字落实的观点不能丢，且要一落再落。王力先生说："……如果说，寻找一种系统性学习方法，使古书的阅读水平很快提高，这种钥匙是有的，那就是掌握常用词的常用意义。"要想理解文章，就得先扫除语言障碍。文字是语文的根。试想，连字义都搞不清楚，只是粗略地感悟，文章能真正读懂吗？假如说是明白了文章的大概意思，那也只能说是似是而非，甚至说是断章取义的。

"字字落实"也不是说所有的字一下子都要掌握，而是要有重点，循序渐进的一点点积累。对于积累的内容和方法，教师有必要做一些具体的指导。

从积累的内容讲，最要注意的就是实词。文言文字词的构成，除与现代文相同的常用字词外，教学中应重视的是：通假字，一词多义或多音的词，古今异义的词，古今异读字词，词类活用的词，古代专用字词、冷僻字词等，它们是学生阅读文言文的拦路虎，教学中必须首先解决它们。和实词相比，虚词的数量要少得多，但是它的用法比实词更灵活，使用频率比实词高，语法功能比实词强，在汉语发展的历史中，变化情况也比实词大。虽然初中对虚词不作具体的学习要求，但掌握常见的文言虚词的意思和用法，对提高阅读文言文的能力乃至以后的学习是大有裨益的。

字字落实，不仅要掌握字词的意义和用法，还要读准字音，认准字形。一些特殊字词的读音，不能按现在的通常读法，而是要按古字音认读，如“远上寒山石径斜(xiá)”“可汗（kè hán)、单于(chán yú)”等。辨认字形，注意力要放在通假字、象形字、形声字上，尤其要重视形声字的认读。指导学生通过辨析字形结构，准确把握字意。

至于积累的方法，在此，仅介绍我在教学中认为比较有效的几种：

第一，比较联系。字词句都可以对照比较，或同中求异，或异中求同。如蒲松龄的《狼》一文中“顾野有麦场”的“顾”的意思是“看、看到”，我们可以联系到成语“瞻前顾后”中的“顾”，通过对这个词的理解，再来理解《狼》中“顾”的含义，就很少会出现认知障碍了。而《为学》末句“人之为学，顾不如蜀鄙之僧哉”中的“顾”意为“难道”。对于较为特殊的解释，则必须在比较中让学生牢固掌握，以增加他们的积累，为以后的学习打下扎实的基础。

第二，温故知新。讲新课时要以旧知识带新知识，加强知识的连贯性。这样，旧的得到了巩固，新的又在不断增加。例如《出师表》中“先帝不以臣卑鄙”的“鄙”字在《为学》《曹刿论战》的“蜀之鄙有二僧”“肉食者鄙”中分别解释为“边境”和“目光短浅”。联系语言环境，本处的“鄙”即理解为“目光短浅”。

第三，寻找特点和规律。如从“页”的字，多与人的脑袋有关(“页”是“首”的变形)。有的是头部各部分，如颅、顶、颠、颊、颐等；有的是头的形象，如颓(秃发)、硕(大头)、颇(头不正)、颂(容颜)等；有的是头的动作或感觉，如顿(磕头)、頫(低头)、烦(发热头痛)等。

另外，一个词往往有若干义项，如果记住词的基本意义，并掌握基本意义和引申意义之间的内在联系和区别，就能根据上下文和课文内容确定词的引申意义。如“徙”，在文言文里作动词用，在不同的语言环境里，可译作“迁移”“调职”“调动”“变迁”“变化”等，但基本含义是“迁移”。

第四，总结归纳。每学习到一个阶段都要将所学的字词按意义、读音、用法等项进行一下总结归纳，最好是列成表格。如果能有目的、有计划、有步骤地使之系统化、条理化，从而找出规律性的东西，就可大大提高文言文学习的质量和效率。

“字字落实”实际上是文言文教学的一个基础目标。它要求教师要采取灵活多变的方式方法，使学生学习文言文能够一步一个脚印地进行，而不是观其大略、不求甚解。

一定要把课内古诗文教学落到实处

从汉字诞生之日起至近代白话文兴起止，中国历史文化是由古诗文传承下来的。要想继承这笔遗产，培养青少年阅读古诗文的能力就尤显重要。并且，对古诗文背诵默写、阅读能力的考查又是中高考的重要内容。如何将课内古诗文的教学落到实处，是每一位语文教师需要思考的问题。近30年的教学经验和教训使我懂得：只要“严”于对学生学习过程的管理，抓住教与学的关键性环节，就可以将课内古诗文教学落到实处。

一、字词关

怎样使学生过字词关？其一是要教给学生积累记忆的方法，如比较联系、温故知新、寻找特点和规律、总结归纳等。其二是强调多动笔写。课前预习要将自己不懂的字词借助工具书和参考材料搞懂写下来，尤其是书下注释中的字词解释一定要根据课文先行抄写记忆一遍。课堂上教师再将重点词语强调一下，并要求学生记笔记。在翻译课文时再将重点词语作为一个步骤来加以强化。其三是让学生“结对子”相互抽查考试。

二、背默关

2001年的新课程标准，要求背诵的“优秀诗文”增加到240篇，其中1～6年级160篇，7～9年级80篇。

这么多需要背诵的篇目如何落实？“课前背诵、当堂理解背诵、课后背诵”，人们在不断地探索着有效的记忆方式。我认为，根据不同的体裁、篇幅长短等来确定不同的背诵时间、地点乃至不同的组织形式的方式方法，不仅可以激发学生的学习兴趣，还可以大大提高背诵的效率。但是，课堂的教与学的时间和内容必定是有限的，为此当堂理解背诵只能是为调动学生的学习积极性而注的兴奋剂而已，不可能经常使用，况且由于学生的记忆能力参差不齐又很难达到统一的步调和效果。

课前（准确地说是在学习背诵内容之前的任意一段时间内）背诵则为

首选的学习方式。实践说明，它的优点还确实很多：如预习作用；强化记忆的作用；充分发挥学生的主观能动性，有利于培养学生的创新精神的作用；可以提高课堂的教学效率和整体的语文素质等。

如何组织学生过背诵默写关？仍是以“结对子”的方式相互检查。

三、翻译关

文言文翻译就是用现代汉语的词汇和语法规范来翻译所提供的文言语句。怎样正确翻译呢？先让学生背一个口诀，即“留、删、补、换、调，直译为主，意译为辅”。背完口诀后再理解其意。

第一，留，就是保留。凡是古今意义相同的词，以及古代的人名、地名、物名、官名、国号、年号、度量衡单位等，翻译时可保留不变，照原文抄录。

第二，删，就是删除。文言中有些虚词的用法，仅有语法作用，无实际意义，故翻译时可删除不译。这些词包括：发语词、凑足音节的助词、结构倒装的标志、句中停顿的词、个别连词及偏义复词中虚设成分等。

第三，补，就是增补。(1)变单音词为双音词；(2)补出省略句中的省略成分；(3)补出省略了的语句。注意：补出省略的成分或语句，要加括号。

第四，换，就是替换。古文中有些词语的意义已经发展，用法已经变化，语法已经不用，翻译时，要用现代词汇替换这些古代词汇。注意：要根据原文的语境确定词义，做到词不离句，句不离篇，切不可用今义当古义。

第五，调，就是调整。由于古今语法的演变，有的句型表达方式已有所变化，这就是特殊句式，包括：主谓倒装、宾语前置、定语后置和介词短语后置等。对于这些特殊句式，应按现代汉语的表达习惯及时调整后再翻译。

第六，直译为主，是指用现代汉语的词对原文进行逐字逐句的对应翻译，做到实词、虚词尽可能文译相对，这是文言文翻译的主要方式。直译的好处是字字落实；不足是有时译句文意难懂，语言也不够通顺。

第七，意译为辅，是根据语句的意思进行翻译，做到尽量符合原文意思，语句尽可能照顾原文词义，这是在直译基础上的辅助手段。意译好处是既有一定的灵活性，文字可增可减，词语的位置和句式可以变化；

又可使文意连贯，译文符合现代语言的表达习惯且好懂。其不足之处是有时原文不能字字落实。

“直译为主、意译为辅”，实为一体。就是在直译时，如果文意难懂，语言也不够通顺就要采用意译的手段来使文意连贯且符合现代语言的表达习惯，通顺、好懂。

怎样组织学生过翻译关？有三道工序，其一是在课前就布置，借助《古汉语常用字字典》以及《文言文全解》等工具书和资料按“抄写原文、重点词语解释、翻译”的“三位一体”的格式和步骤来自行翻译一遍，教师亲自检查督促。其二是课堂上学过之后的自行检查。要求看书(不许参看其他材料)一句一句地译，发现疑难句子还不能准确翻译时将其抄写下来，参考有关资料译下来并写上。其三是学生互相抽查考试。

四、分析概括关

首先，要找准角度：(1)根据不同文体，理清基本要素：记叙性文字要理清时间、地点、人物、事件的前因后果；议论性文字要理清论点、论据及论证方法等；说明性文字要理清说明对象、说明内容和说明方法等。(2)划出层次结构，逐层归纳分析段意及手法。

其次，把握分析概括中心的方法：(1)文章的思想倾向主要通过作者对文中所述事件的认识，所写人物的态度，所论道理的判断及主旨寓意的评价来表现。(2)借助文体特征分析观点。史传散文中作者观点态度寄托在人物形象及评价上；咏物散文中作者观点态度寄托在所咏的事物上；说理散文的观点态度一般为文章的中心论点。(3)借助关键信息分析观点。标题、开头、结尾和注解；关键词、点睛笔、文眼；中心句、关键句、过渡句等。通过提取这些关键信息归纳分析出文章观点。

最后，文言文的写作手法及特色。分析概括的方法与现代文是基本一致的，只是要根据不同文体的特点，注意修辞手段和表现手法。

怎样组织学生过分析概括关？其一是让学生将课内文言文列一张表格，按文体归类：按上述方法理清基本要素后填入表格，然后再填入各层次段落的层意及段意、中心、写作手法及特色等内容。其二是学生互相抽查考试。

上述各关卡把关靠的是学生自己，因为教师一个人的力量是有限的。调动学生的积极性参与学习过程的管理，才能取得比较理想的效果。

养·用·训

——初中语文"三年三字"大教案

建楼房首先要设计出一张图纸，长、宽、高，内部结构及用材等尽列其中，施工者只要按照图纸要求去做就可以了。可是语文教学就不同了，新课标只是个标准而已，至于具体教什么，怎么教才能达到这个标准却完全靠教者的本事。以初中三年教学为例，首先要像建楼房一样设计出一张图纸，这张图纸要以新课标提出的"三维目标"为前提，以训练掌握语文知识和养成解决语文实际问题的能力为主线。近 30 年的语文教学经验和教训使我认识到"初一养成习惯，初二巩固运用，初三强化训练"是比较理想的教学设计方案。

一、初一养成习惯

第一，良好的书写习惯。书写是语文学习的脸面，它直接影响语文成绩及人际交往。朱熹说："凡写字，未问工拙如何，且要一笔一画，严正分明，不可潦草……凡写文字，须要仔细看本，不可差讹。"这就是培养学生书写习惯的标准。教学中要悉心指导并严格要求学生练习书法(先练楷书，后练行书)，培养良好的书写态度和习惯，包括坐姿和握笔的姿势等。

第二，查阅工具书的习惯。工具书是学习语言材料的好帮手，教师应要求学生配备《新华字典》《现代汉语词典》《成语词典》《古汉语常用字字典》《语文基础知识手册》等工具书，并且要教给学生如何查阅、使用这些工具书。

第三，良好的预习习惯。了解作者的地位，生活时代，写作背景，代表作等；初读借助工具书扫清阅读障碍，感知课文等；结合课后问题，将不懂的问题做上记号等。布置作业一定要将预习的时间计算在内，并且在课堂上一定要检查预习情况。如果大部分学生没有完成预习任务，课堂上要补上这个环节再进行新课的学习。

第四，良好的读书习惯。“书是人类进步的阶梯。”要想让学生学好语文，非让其多读书不可。

1. 激活内因，培养兴趣。首先，要引导学生多观察自然、社会和人类，从中发现问题，产生疑惑，萌发求知欲望。其次，要适当满足学生对读物的兴趣取向，不要随便否定学生的愿望。教师不能强迫学生在课外也要读对课内学习有帮助的书。当学生有了自己感兴趣的读物时，促使学生养成天天自觉读书的习惯才有了基本条件。

2. 布置检查，督促阅读。教师对学生的阅读要有布置、有检查、有测试。教材后面的名著导读部分是必读书目，除此之外还要根据不同学生的实际状况来布置一些不同的书目让学生来阅读。有布置还要有检查、督促，才能使阅读落到实处。一般情况下，以检查读后感促读书，以测试必读书目促读书等是行之有效的方法。

良好的读书习惯绝非上述两种方法就可养成。每天至少安排一个固定的时间来读故事，一段时间之后再适当“拉长、拓宽”内容；教师不仅要和学生同步读，还要比学生多读，读到什么好东西和学生一起分享等都是促使学生养成良好的读书习惯的有效方法。

第五，自主、合作、探究的学法习惯。新课标倡导“自主、合作、探究”的学习方式。自主，即主动，就是要主动地在语文实践中丰富人文素养，提高语文能力。合作，就是要切磋学问，砥砺思想，共同完成学习任务。探究，就是要求善于质疑问难，深入研究并解决问题。

1. 赋予自主学习权利。首先，学生已经懂的不讲，学生通过自己读书思考能学会的不讲，学生通过伙伴合作学习能解决的不讲。其次，一节课要给学生至少一半以上的时间去读、去思、去说、去写，让所有的学生充分活动起来。

2. 创造合作学习机会。首先，在整个的学习过程中，要善于、敢于把机会让给学生，让学生充分体验自己学习的过程。其次，给予学生自由合作的空间。让学生自由选择合作对象，选择不同的学习方法来完成教学任务。如合作日记、合作检查、合作测试等。

3. 给予探究学习的信心和策略。首先，树立探究解决问题的信心。鼓励学生在课堂中大胆“质疑问难”“刨根问底”和“别出心裁”地思考问题。其次，指导探究解决问题的策略，避免偏离主题的放纵式的探究方式。

第六，善于寻求方法规律去解决实际问题的习惯。语文知识面虽是广泛的，但不是没有规律可循。在教学中，一方面教师本身要善于寻求方法和规律以“授之以渔”；另一方面也要培养学生善于寻求方法规律去解决实际问题的习惯。

中学生良好的语文学习习惯除上述的六条之外，还有如下诸多内容：从总体学习语文的角度说，课上记笔记的习惯；课后复习的习惯；质疑讨论的习惯；大声答问的习惯；积累(材料、观点、方法、语言)的习惯；自我计划的习惯；自我检测、总结的习惯等。从阅读的角度说，抓重点、概括要点的习惯；运用已知、学习新知的习惯；记读书笔记的习惯；讲求阅读速度与效果的习惯；联系实际、学以致用的习惯等。从听话的角度说，积极、专注的听讲习惯；尊重讲话人，礼貌待人的习惯；边听、边审视、边思考的习惯；边听、边记的习惯等。从表达的角度说，先思考后表达的习惯；先写提纲后写文章的习惯；使用文明礼貌语言的习惯；运用停顿、重音、语调、语气表情达意的习惯；选择适当语词、句式、语气、语态的习惯；自找毛病，自觉改正错误的习惯等。

哪有那么多时间去抓这么多的习惯养成？培养良好的语文学习习惯，先要教给学生一定的程序和方法，然后再加以强化训练。压缩“讲学”课文的时间，把课文当成培养习惯的例子使用，把语文知识纳入例子之中，这样时间就会有了。

二、初二、初三巩固运用，强化训练

初一知道了什么是好习惯，懂得了怎样做才能养成好习惯，并且在教师的帮助下开始运用这种习惯进行学习。这只是习惯养成的初级阶段，还没有形成比较稳定的不容易改变的行为、倾向。要想把这种通过教与学而得来的习惯真正变成自己的习惯，还要通过初二、初三的巩固运用和强化训练来完成。并且在此过程中还要不断增加新的内容，如应试技巧的训练、总结归纳的方法训练等。

“养·用·训”的三年三字大教案的关键还是要书写设计好初一的“养”字教案，无论初二、初三还有多少东西要添加，只要初一打好了基础，基本养成了比较好的习惯，到了初二、初三年级，只要按照这比较好的习惯去学习实践，并在巩固运用，强化指导训练的过程中不断提升自我，丰富、矫正、完善习惯的内容，就可使比较好的习惯变成良好的习惯，进而为省时高效的学习奠定坚实的基础。

举例子与举例

——论语文教学中的教条主义

一次期末考试评卷，有一道题是指出文段中所用的论证方法，参考答案是举例论证。学生的答案五花八门，有举例、举例论证、例证、举例子等。针对这种情况，老师有三种意见——第一种是命题人的，他认为“举例论证”最标准；“举例”严格来说不应省略“论证”，但也勉强说得过去；“例证”则有些模糊不清；“举例子”是说明方法。第二种是评卷者的，他认为这四种答案均可，因为都包含了“举例子”的意思。第三种是一位名师的意见，他认为语文答题是要讲究规范，尤其是有些名词术语不能随意变动。像“举例子”是说明方法的通常说法，就不要再用到论证方法上来，否则有些概念不清。

举例说明与举例论证，一是说明方法，一是论证方法，但二者都是例子，只不过因为出现在不同文体中而使它们成为两个不同术语。用于说明事物与事理的举例便是举例说明，也叫举例子；用于议论文中论证论点而举的事例便称作举例论证，也叫事实论证或例证法，说它是“举例子的论证方法”也不是不可以，只不过是与其他两种叫法相比而显得不太简练而已。只要懂得了这些，我想上面的意见就不难判断是非。

类似的情况，不仅是这样的一次期末考试，即便高考、中考也常有。2007 年某市中考试卷中《台湾客家文化的重镇——高雄县美浓镇》一文有几道阅读题，一道要求用横线在文中画出文章的中心句。参考答案是第一段最后的一句话，即“如今，美浓以保存最完美的客家文化而闻名全台，也因为其客家文化的特色，成为台湾客家文化重镇而享誉中外”，有相当一部分同学答的是文章的最后一段的“美浓可以说是目前台湾硕果仅存的客家文化之乡，值得客家乡亲及客家文化爱好者访游和研究”。从文章推介“美浓镇”的创作意图来说，可以认为文章最后这句话更符合原意。“仅存”就是独一无二，“值得访游和研究”就是说这里很美，这里的文化博大精深，不仅有上述介绍的那些，还有许多有待我们去研究——这才更令人向往，更能引起读者的兴趣。写作文章的结构是不拘一格的，可以在开头提出中心句，也可在结尾总结出中心句，还可开头提出，结尾强化或深化。

另一道题是“阅读文章后，如同你已经对美浓镇作了一次游览。如果请你用一个字写出对美浓镇的感受，这个字应是什么”？参考答案是“美”。而学生的答案也是五花八门，有“好、美、纯、奇、稀”等，联系文章的主旨和内容上来看，我觉得这几种答案均说得过去，而以“纯、奇”最有创意。

可就是上述这些令人玩味的答案到了评卷人的手里却不分青红皂白地被判了死刑。他们唯答案是从，不具体情况具体分析，怕费时费力又不讨好。

如果只是考试评卷中的教条主义还好解决，出题人多研究出几个答案，评卷者在答卷中多抽取一些样本，研究一下学生的答案是否有道理等就可避免误差。

但事情并非如此简单，语文教学中的教条主义早已深入某些教师骨髓，严重桎梏了学生思维的发展，“少、慢、差、费”的效果也就可想而知了。

教条主义的特点是把书本、理论、经验等当教条，思想僵化，一切从定义、公式出发，不从实际出发，反对具体情况具体分析。在语文教学中表现为唯答案是从、唯教材是从、唯教学参考书是从、唯理论或经验是从，等等。

教学中我们常常可以看到一些学生，他们上课认真听讲，做笔记，课后及时完成作业，答题时与老师的讲授和书本上的答案一字不差，可是一旦离开课本，离开教师他们就不知所措，寸步难行。长期以来的模式化教学和教条主义教学习气，从内容到形式都给教学造成了许多有形无形的“牢笼”。面对丰富多彩、日新月异的生活，学生的感觉、想象、思维和情感却都被“引导”就范于固定的模式中，只有符合这模式的才被允许，才能得高分。这样僵化的教学只能造就僵化的头脑，它不仅使学生心情压抑，而且严重扼杀了学生的创造力。

在教学中既不能以应试教育为代价来桎梏学生的发展，禁锢学生的个性，也不能被教材和传统的教学方法所局限，束缚自己的教学思路。语文教学绝不是要学生“学深学透”教材规定的那几篇文章。教材中的课文只是给人的终身学习而选择的一些范例而已，只要给学生提供学习这类文章的必备知识和方法，让学生学会质疑，不迷信教师，也不迷信课本，敢于提出自己的观点和见解，在学习中学会合作，学会探讨，学会与他人交流信息，能深入教材，又能走出教材，就可以了。

教条主义害人又害己。要摒弃它，教者除了要提高自身素质外，还要既不保守又不超脱现实。要解放思想，大胆创新，不拘一格地培养学生多读、多记、多写、多练的习惯，为将来发展打下坚实的基础；要不拘一格地培养学生探索意识和创新精神，进行个性化的语文教育，这才是未来语文发展的出路。

内化外延话探究
——语文教学中的探究问题的探究

我们所说的探究是指教学过程在教师导演下，以学生自主、合作学习为前提，以现行教材为基本研究内容，以学生周围实际的生活为参照对象，为学生提供充分自由表达，质疑、探究、讨论问题的机会，让学生通过个人、小组、集体等多种组织活动，将自己所学知识应用于解决实际问题的一种教学形式。

一个人一生中知识的获取，绝大多数是自行探究所得，而课堂上通过教师传授所获得的知识是极其有限的。为此学会探究就显得十分重要。对于中学语文教学来说，我觉得教学生如何将知识内化和外延是语文教学探究的重点内容之一。

一、知识内化探规律

知识的获得首先是一个积极的内化过程。知识的内化就是把当前学到的知识结合进自己已有的认知结构之中去，以便将它再现或派作他用，这实际上是一个将外在普遍性的知识转化成为个人个性化的内在品质的过程。

知识的内化包括同化与整合。同化是新的知识与学生认知结构中已有的观念相互作用的过程，同化的结果是旧知识得到改造，原有认知结构得以扩充、拓展，新知识为学习者理解。整合是指主体有意识地对内部的知识、经验进行统一调整，是新旧知识之间、新知识之间、原有知识之间的结构化和系统化过程，新旧知识相互作用最终形成一个多层次、多类型、相互关联的有序整体。只有经过同化与整合，知识才能为学生所理解，才能形成完整的认知结构。

语文知识的内化就是在知识序化的基础上把语文概念、规律和语文问题进一步消化，转变为自己的知识系统。知识内化的过程实际上是对语文知识进一步的理解后进行归纳、比较、总结的过程。语文知识枝繁叶茂，如果不及时归纳、比较、总结，那就会边学边丢，支离破碎。为此我在每单元，每册书教学结束之后，单元、期末考试之前都要求学生对已学过的知识进行归纳、比较、总结。

知识内化的真正完成，真正转化为学生的精神财富，还需进行外化过程。即把此前领会的知识通过操作和言语展开、呈现出来。在语文教学中，就是练习、操作、问答、考试等过程。在每一个单元，每一册书学生或自主、或合作、或探究进行知识归结分析后，我都要以试题的方式设计一套复习纲要：第一部分是语文知识积累与运用，第二部分是现代文重点语段阅读，第三部分是文言文，第四部分是精彩文章赏析与写作。这套复习纲要的一、二、三部分老师不讲，学生自主、合作、探究解决。第四部分老师组织学习，借鉴写作。然后再进行单元、期中或期末考试。长此以往，学生在知识的内化探究中学会了怎样学语文才能扎实有效的问题。

二、知识外延探疑惑

“语文的外延与生活的外延相等。”生活是语文学习的源头活水。不拘泥于课堂、书本上的知识范围，让学生学到任何感兴趣的甚至是疑惑的知识，促使学生深层次地感悟到他们要学的东西还太多。让教材与生活走到一起，学生在生活中学习，在学习中生活，这种知识与情感、知识与生活共生的课堂，才是有生命力的课堂。

外延性学习要根据外延学习的目的、层次、基础等因素而确定好外延的基点与方向。这种扩展可以节选的文章为基点，向整篇(部)著作扩展；也可以某篇名作为基点，进一步向这个作家的其他作品扩展；以某篇作品为基点，向同类题材的作品扩展；以某一作品为基点，向同一文体的其他篇章扩展；以某作家作品为基点，向介绍这位作家的传记或评述性文字扩展；以某篇作品的引文为基点，向引文的(出处)原作扩展；以作品的删节稿或修改稿为基点，向原稿扩展等。如教学鲁迅的小说《从百草园到三味书屋》，横向拓展内容至少包括：(1)作家本人同时期的作品；(2)同时期其他作家的作品；(3)同时期的历史背景事件。纵向延伸的内容至少应包括：(1)作者本人生平；(2)作者不同时期的重要作品；(3)历史上同类型不同时期作家的作品。

我们在丰富阅读课堂教学的同时，要根据认知规律，使后学习对象与前学习对象保持信息的联系，保持结构的一致。这样就使增补的教学内容与课文的教学内容达到相互辉映的和谐状态，让每一节语文课成为精彩的瞬间而永驻学生心中。

知识的外延的方式要根据学生素质的差异，学生的领悟程度的差距而有所不同。要对那些领悟较差的“后进生”实施填漏补缺，进行个别的或集体的辅导帮助，使他们顺利地达到预定的教学目标。而对于那些尚有余力的“尖子生”，则应指导他们在达标的基础上拓宽加深，以课内学到的知识或规律向课外扩展延伸，去研究解决课外的实际问题。只有差生辅导好了，才能大面积提高教学质量；只有尖子生辅导好了，才能谈“高科技”。也只有这样，语文课的目标教学才能得到真正的实现，语文课才更加妙趣横生。

以课堂知识为基点，面对从前已掌握的知识进行内化：温故而知新、而知方法、而知规律；面对今后未知领域进行知识外延：用一把钥匙去试开多把锁，打开多扇门。那么这节课就是承前启后、继往开来的，扎实有效的课。

会当凌绝顶，一览众山小

——语文备课实效性的经验和体会

“凡事预则立，不预则废。”备课是上好课的前提。

语文备课从内容上可以分为两类：一为广义备课，教师的学习、生活都应是这个过程的一部分，因为教师也是以自己的所有生活感受和知识储备教会学生如何学习，如何思索的；二为狭义备课，它只是指语文教师为完成本学期或本堂课的教学任务所做的一系列准备活动。如熟悉新课程标准，钻研教材，编写教学计划或教案，选用或制作直观教具，了解学生情况等活动。狭义备课又分为学期备课、单元备课和课时备课三种。

语文学习是个大概念，所以备课应从大处着眼；语文课堂又是相对集中的，所以备课要从小处入手。

一、大处着眼，“大”是关键

有人把这种从“大处着眼”的相对于课前常规性的备课叫做间接性备课，指的就是教师经常性的阅读、思考与积累。没有长期经常不断的间接性备课，只靠上课前的临时准备，是难以胜任教学工作的。

(一)备素质。因为语文学习是个大概念，所以教语文的人就应是个高素质的全才。从培养学生听、说、读、写能力的角度上看，语文教师首先就要把自己锻造成这四个方面的楷模。

(二)备知识。教师的“大百科”知识要以教材为辐射点，拓宽自己的知识面，厚积才能薄发。下列几种知识积累渠道可供参考。

第一是广泛阅读，注重积累与课文相关的知识。随着社会的发展，新知识、新的科研成果、文学新思潮、各行各业新动态，首先反映在书报杂志上。坚持经常性阅读，教师的知识就会保持有“活的源头水”。

随着教材的不断更新，一些反映新知识的文章被选进了教材。仅“教参”所提供的材料还不够，平时要多看名家著作、作家自传、文学批评等方面书籍，开阔视野。另外，教材中的说明文，涉及多学科的知识。对此，教师平时要有的放矢地学习吸取，从而使自己的教学不落在学科研究的步伐之后。

第二是认真学习教育教学理论。较高的教育教学理论水平是提高教与学效益的前提条件，它也应是备课的一部分，而且应是重要的部分。教育理论是教学实践的总结与升华，理论是用来指导实践活动的。没有理论指导的实践是没有深度，没有高度，没有目的，没有方向的活动。

第三是多“接触”社会。多接触社会，便会获得书本上得不到的社会知识和丰富翔实的信息。把筛选过的各领域的优质信息引进课堂，既可充实课堂，又可促使语文教学与现代化社会生活有机结合。亲身感触后再教相关课文时，就会胸有成竹，有声有色；学生听课就会身临其境，兴趣盎然，教学效果就会不同寻常。

（三）备能力。语文教学能力是一个复杂的综合体，它包含众多因素，众多系列，既可分解，又可综合。从新课标对现时代语文教师的要求来看，除上述提到的素质外，我认为下列几种能力应突出强调。

第一是了解学生的能力。学生是教学对象，知识的接受者，教师在备课之前一定要深入了解学生。要关注学生的知识储备状况，关注学生的智力类型，关注学生的生活经验，关注学生的学习方式，关注学生的处境与感受等。只有在全面深入地了解学生后，备课才具有针对性与指向性，也才有利于顺利完成教学任务。

第二是设计教学的能力。教学设计一般包括：(1)确定教学目标。如年段的目标，学期的目标，单元的目标，每课的目标等。(2)确定教学重点、难点。要做到重点突出、难点攻破。(3)安排教学程序，要做到紧凑、合理、有新意、不摆花架子。(4)选择教学方法。要做到新、活、实。(5)设计作业。(6)设计板书。

教学设计主要的依据有：一是新课标；二是教材；三是学生学习实际；四是教师自身素养，而教师自身素养又是最重要的。

第三是课堂组织能力。课堂气氛是否活跃，预定目标是否达到，预定任务是否完成，这要看语文教师组织课堂教学的能力。课堂中常会有意外发生，出现偏离教学目标甚至完不成预定任务的情况。这时，教师要控制好课堂节奏，不急不缓、讲究技巧地将学生的注意力和兴趣吸引到正题上来，以确保课堂教学既定目标的顺利实现。

课外活动是课堂教学的补充。要适当组织一定的课外活动，扩大学生视野，满足学生对知识的需求，培养学生的组织能力、主持能力、实践能力等。课外活动应有相对的独立性，不能一味地搞课堂教学的延伸，不能以规定的作业束缚学生，加重他们的负担。组织活动要争取学校、家庭和社会有关方面的支持。

第四是课程资源开发的能力。语文教师应当跟上时代发展的步伐，努力开发课程资源为我所用。目前，可以利用的资源主要有三种：一是校内的课程资源，如各类教具、实验室、图书馆及各类教学设施和实践基地；二是校外的课程资源，包括图书馆、博物馆、展览馆、科技馆、科研院所等广泛的社会资源及丰富的自然资源；三是信息化课程资源，如校内外的网络信息资源、多媒体教学资源等。

第五是合作能力。语文教师一定要铭记"三人行，必有我师"的教诲，坚持集体教研制度，这是备好课、写好教案的前提和保障。集体教研的重点是集体的说课。同年级组的教师在备课之前，先进行以一人为中心发言的说课，在说课中，几个人对于教材的重、难、疑点，教、学法等达成共识后，再动手把理解的内容落实到书面上，形成简洁的提示性的教案。这样，备课效果势必会比以前的备课要实用得多。

第六是教育科研的能力。时代在发展，中学语文教学正在走向科学化、现代化和艺术化。语文教师不仅要掌握教什么，怎么教，还要懂得为什么要这样教，怎样教才可以提高教学效率和教育质量这些"大问题"。

在认真完成正常的教学任务前提下，要不断吸收最新的教育教学理论，并系统学习总结传统教育教学理论中的精华，仔细反思归纳自己教学上的得失，认真探索语文教育教学的规律。实践表明，只有认真进行教育科研并坚持教改实验，才能卓有成效地培养学生学习语文的能力，切实提高语文教学效率和质量。

语文教学研究主要应注意三种能力的培养：一是选题的能力，二是收集资料的能力，三是撰写教学研究论文的能力。

二、小处着手

小处着手又叫直接性备课，就是直接针对课题的备课。一般来说，有充分的间接备课做基础，直接备课就不需要太多的时间，因为"小"在"大"之中；反之，如果间接备课不充足，那么，直接备课的费时、费力就不言而喻了。直接备课的内容要体现在教案上。主要包括如下几方面内容：(1)这节课教学任务是什么？温习大目标确立小目标。新课标下教学目标设置已由单一目标变为多元目标，语文教学不应单纯要求学生掌握知识，而应该在学生的知识能力、情感、态度、价值观等方面都有提高。(2)这节课的重、难点是什么？如何突出重点，攻克难点？(3)教和学的过程和方法是什么？(4)这节课的教与学亮点与独特点是什么？(5)教学之后有何思考？课上完了，效果如何？学生在课堂上的表现怎样？所备的课和撰写的教案有哪些利弊？我们的想法或感悟是什么？得与失是什么？这些，对于教师总结教学经验，提高教育教学质量乃至教育教学科研都大有益处。因此，在备课改革过程中，一定要把它作为教案中的一个重要环节来对待。

讲读课文话短长

纵观现行各种版本的初中语文课本，大多是由现代文、古文，现代诗、古诗词，寓言、童话，写作训练、口语训练、综合性学习指导训练，名著导读等不同文体的文章、不同训练内容的材料组成。从教材所选文章的内容或字数上看，有长文和短文之分；从教学课文的主次程度的要求上看，又有讲读课文和自读课文之分。在有限的时间内，学习和掌握无限的内容和要求，怎样浓缩和拓展？甲乙双方的对话或许能给我们提供一定的操作参考。

甲：在实际教学过程中怎样处理这些内容、要求、字数不同的教材呢？

乙：凡事不能眉毛胡子一把抓，要有计划、有步骤、成系列地进行语文教学活动。要在课本中落实基础，然后举一反三，在课外阅读训练中培养能力。一个学期二十几周，100 节课左右，除去各种活动，讲读课文的实际教学时数只有 60 节课左右。只有灵活、机动地分配教学时数才能完成教学任务。

甲：怎样解决教学时数不足与内容繁多的矛盾呢？

乙：精讲精练，长文短讲，短文长讲。其中精讲、短讲、长讲中的“讲”是教与学的总称。另外，精讲的“精”和短讲的“短”是一个意思。

甲：怎样理解这“短”和“长”呢？

乙：需要说明的是，“短”和“长”是相对而言的。短长交错，短蓄积于长，长是为了短。首先要根据新课标的要求明确一个粗线条的标准。即一年级要达到什么要求，养成什么能力；二年级要达到什么要求，养成什么能力……其次根据学生的实际状况和自己的教学水平、能力来确定具体目标。即一年级的第一个月乃至第一个星期要达到什么要求，解决什么问题，养成什么能力；二年级的第一个月乃至第一个星期要达到什么要求，解决什么问题，养成什么能力……长短目标一定心中有数。“长文短学，短文长学”的问题只有置身于这种大背景下才能真正有所选择地落到实处。

甲：哪些课文和知识需要长讲，哪些课文和知识需要短讲呢？

乙：这要根据总体目标来确定，具体问题具体分析。像《阿Q正传》这样的文章要讲的东西实在太多，实际教学过程中不可能面面俱到。在教学过程中，常常出现这样的情形，有一些从课本上看来，是必须讲的东西，但从全局来看却不见得非讲不可，相反的情形自然也有。正确处理全局与局部的关系，才能有效地控制课时不合理增加的现象。一般情况下，讲读课文要细、长点讲，自读课文要短、略点讲；古诗文要细、长点讲，现代文要短、略点讲；刚刚接触的新知识要细、长点讲，以后再遇到这个知识的时候即可短、略强化温习。但是，有些知识是不能分短、长的，比如字词的积累，陌生字词有多少要积累多少。再如需要背诵、默写的诗文等。

甲：短讲讲什么，长讲讲什么？

乙：第一，以前没有接触的东西或个性化突出的东西要长讲，此外一律短讲。我仍以《阿Q正传》来说明这个问题。阿Q的性格特征在文学史上独树一帜，不能短略；独特的写法，作品的结构不能短略；辛亥革命后的典型环境学生所知甚少，也不能略短。

第二，有争议的问题不能回避，必须讲明白。如初中课本《马说》中作者写道："世有伯乐，然后有千里马。"而实际情况是这样吗？如果没有伯乐世间就不会有千里马吗？如果没有伯乐千里马就不会发挥作用吗？即使是伯乐发现了千里马，那么他一定就会成为名副其实的千里马吗？……

第三，可作为培养能力的知识点或者以此为基点的知识的拓展和迁移可长讲。在课堂上，以课文为阅读材料，设计一些开放性问题或趣味性活动等，不但可以提高学生的综合素质，还可以为他们表现自我，发挥潜能提供一个舞台。例如，在学习《藤野先生》时，让学生发散思考：假如鲁迅先生没有观看那部有关日俄战争的纪录片，他会弃医从文吗？在学习《我的叔叔于勒》时，让学生展开联想：如果于勒看见并认出菲利普夫妇，会有怎样一段情节出现？……

第四，能够体现方法、规律的知识要细讲、长讲。如我在阅读教学中，将阅读文章归结为"辨文体、知旨要，整体面貌先知晓。审题干、区域讨，问题在心文中找。定要点、语言巧，理清思路规范妙。记说议、各有道，文体特点要记牢"八句歌诀。先要求学生背诵，又用两节课时间来讲解含义。然后以课文为例子来一一验证、训练，不厌其烦举一反三式的强化学习收到了良好的效果。

第五，胸怀全局，突出其一点进行细长讲，其他则略短讲。如初一年级起始阶段的朗读能力的培养，抓住几个重点篇目细讲、细训效果更佳。人教版初中语文第一课是《在山的那边》，我从语音、语调、语速、表情、动作等一招一式、一字一句训起。以后的课文我又以《童趣》《春》《匆匆》《黄河颂》《安塞腰鼓》为重点篇目进行了不同体裁、内容、感情基调的朗诵强化训练。

确定"短、长"，不仅要看到教材的要求，还要看到全学年乃至初高中阶段的要求，缺乏全局的眼光，就会在取舍之间犹豫不定，不敢突出重点。

甲："长文短讲，短文长讲"需要注意哪些问题?

乙：就教材而言，一册教材可以算是一个全部，一篇教材则是一个局部，初高中阶段的教材可以算是一个全部，每一年级的教材则是一个局部。就培养能力而言，读、写、听、说四种能力是一个整体，每一项则是一个局部。正确处理二者之间的关系，就是在胸有全局的前提下做好局部安排。因此，制订每一篇教材的教学目的，除了这个大前提需要特别注意以外，下列几点也不可忽视。

第一，长文短讲，必须以学生认真看书为前提。没有这个前提，不管教师的设想多好，结果必然落空。短文长讲，必须有明确的目的，切不可假借开阔视野，培养能力为名而东拉西扯、牵强附会，冲淡了主题，干扰了学生对重点知识的把握。

第二，要克服求全思想，敢于忍痛割爱。教材里比较长的课文都是名家名篇，可讲的东西确实很多。由于害怕出现疏漏，往往是哪一方面都要照顾一下，课时自然随之增多。另外，课文自身所包含的知识面又很广，如文字、词汇、篇章、语法、修辞、逻辑等。除此以外，又要培养听、说、读、写多种能力，每一篇课文如处处都要照顾到，也非得加课时不可。我们在课堂教学中往往看到重点不明、全线出击等现象，就是由这种情况造成的。要解决长文短讲的问题，就要克服这种求全思想，正确处理局部和整体的关系，忍痛割爱。

第三，夯实基础，循序渐进。无论是"短"还是"长"，都要以"夯实基础(基础知识和基本技能)，循序渐进地养成能力"为原则。要一步一个脚印的向着既定的长短目标前进。切不可急功近利。

先背后讲好处多

中国人学习古诗文向来是注重背诵的，中学语文新教材充分体现了这一特点。2001 年的义务教育的新课程标准，要求背诵的“优秀诗文”增加到 240 篇，不仅仅包括中国古诗文和近现代经典诗文，还有国外经典诗文。

这么多需要背诵的篇目，教学中应该如何落实？课后背诵需要先讲后背，在实际教学中很难达到预期效果。那么，课前(准确地说是在学习背诵内容之前的任意一段时间内)背诵则为首选的方式。实践说明，它确实有很多优点。

一、先背具有预习作用

课前预习实际上是自学。在课前背诵的过程中，肯定会遇到这样或那样的问题。上课时，如果教师讲到背诵时不理解的内容时，就会全神贯注地听；如果老师讲到自己背诵时已理解的内容时，就可以把老师的思路和自己的思路进行比较，看老师是怎么提出问题、分析问题和解决问题的。有时，背诵中自己认为已经理解了的东西，听课时也许会发现老师和自己想的并不一致，错在哪里？这会引起更进一步的思索。这种比较与思索，无疑大大提高了听课的效率。

二、先背后讲具有强化记忆的作用

先行的记忆往往是机械的，教师课堂上的精要讲解，会使机械的记忆变成理解性的记忆，从感性认识上升到了理性认识。预习背诵中独自弄懂的内容，经过了积极思考，再加上老师的讲解就难于遗忘；预习背诵中没有弄清的问题，经过了一番思考，听课时就会豁然贯通，产生强烈的印象，经久不忘；预习背诵中理解有误之处，听课中得到了纠正，有了正反两方面的对比，印象也会深刻得多。如果预习背诵中没有弄懂的问题，课上仍然没听懂，到专门请教老师或复习时才彻底搞清楚的问题，经过三番五次的钻研，一定是更加难以忘怀的。

三、先记忆后理解符合人们认识过程的总规律

“实践、认识、再实践、再认识，这种形式循环往复和无限发展，使人类的认识不断深化和提高。”这就是认识的总规律。“先记忆，后来才在生活中逐渐理解”造就了古代那么多大文豪的例子足以说明这种方式方法是符合人们认识的总规律的。要求背诵的经典诗文，教师不一定都讲，即使讲也一定要根据课前背诵的问题，有针对性地答疑解惑。朗读与背诵的直接效果是可以感知诗文的音调美和诗文中的特定氛围；背熟了就可引发学生的想象、联想、体验和感受，进而沉浸于诗文所建构的情感世界，达到“与作者心灵相通”的共鸣境界。

四、先背后讲可充分发挥学生的主观能动性，有利于培养学生的创新精神

在传统的阅读教学中，一般都是通过学生的阅读获得对课文内容情境的初步体验，然后再由教师对课文的逐步分析与讲解让学生获得对课文内容的理解，最后学生背诵记忆程式化的课文主旨和内容来应付考试。可以说，学生对课文的理解是通过教师的讲解讲出来的，而不是通过自主学习探究获得的。学生最终形成的不是自己对知识的独特理解，而是教师强加给学生的所谓的共识。这完全抹杀了学生的创造力。先背诵预习，课上讨论疑惑的方法可以充分发挥学生的主观能动性，调动学生学习的积极性，而且有利于培养学生的创新精神。

五、先背后讲可以提高课堂的教学效率和整体的语文素质

先背后讲的“讲”是根据“背”中的问题而设计的同学们讨论后的“点拨”，自然就有针对性和实效性。1962 年，北京市景山中学开办了一个“古典文学试点班”，坚持了 3 年。专家回忆称：“学生作文水平提高明显，即使老师讲得差，毕竟东西在那儿放着，而且营养丰富，学生吃一口是一口，一生受益。”这是先阅读记忆，后疏通讲解的成功例子。

先背后讲，多背精讲、少讲或不讲是经典诗文教学的有效途径之一，其中“背”是关键。

语文教学无效劳动十一种

第一，只顾低头拉车，不知抬头看路的劳动是低效或无效劳动。

平时忽视对教育教学理论的学习，教学工作缺乏科学的教育观念和教学理论的指导，工作盲目、随意，应付，跟着感觉走，只懂得直接经验的自以为是，不懂得间接经验的借鉴作用。教不会学生动辄埋怨学生基础差、不学习，却很少反思自己的教育思想和教学行为是否合乎教育科学的客观规律，有的甚至以教无定法来搪塞自己的教不得法，缺乏质量和规范意识，使教学工作长期处于低效或无效的运转状态。

第二，只备如何教，不备如何学的备课是无效劳动。

教师吃透了教材，教学目标、重难点、教学过程及内容、课后反思等一路辛苦地写下来，什么备课标、备学生、备教法、备学法、备教具等，统统放到脑后，有的教案甚至成了教学参考书的翻版，把从教学参考书上抄下来的东西一股脑儿地倒给学生，这种教师“一言堂”的“讲教案”，就使教学设计越到位，就越限制了教师和学生思维发展的自由空间。教师不敢越雷池一步，生怕丢三落四；学生也只好被教师牵着鼻子走，没有丝毫的学习自主性……独断学舌式的教学怎能引领学生学得知识，培养能力？

第三，缺乏规范的操作制度及长远的规划，不是以定时间、定课题、定内容、定中心发言人、定基本要求等程式开展的集体备课活动是无效劳动。

这种集体备课活动具有随意性，或为应付上级检查，或为临时抱佛脚解决某个问题。内容或为主持人的“一言堂”，或为避开实质性的问题，扯一些闲话，或埋怨一通学生素质差、头脑笨、没法教等。集体备课结束，老师们还是各自为战，终不见集思广益之功效。

第四，不知默读、大小声读交错，也不知眼、手、脑、口并用的千篇一律的齐读齐诵的早读方式是无效劳动。

如果说朗读是语文学科所特有的教学方式，那么默读则是学习语文及其他学科中普遍采用的方式，语文学科的工具性就是通过默读的方式体现的。学生的默读能力和默读习惯关系着学生一生的学习质量和学习进程。因此语文教学要特别加强默读训练。

目前，绝大多数学校，尤其是中学都有语文早读时间。学校一般要求语文早读要书声琅琅，有的还要求齐读。事实上这是僵死的带有形而上学色彩的教条主义规范。另外，对于需要记忆的知识，光读还不行，还需要眼、手、脑、口并用才有成效。否则都是低效或无效的劳动。

第五，不知讲、练结合，更不知精讲、精练结合的"讲"或者是"练"是无效劳动。

课堂上讲要求精，"练要从多到精"。前面就此问题已作大量阐述，此处不再赘述。

第六，只重数量，不重方法指导和内容评价的"日记"是无效劳动。

要激发兴趣，使学生明确写日记的作用，把日记作为自己倾诉的对象，向它诉说自己的喜怒悲伤，切记不能写成流水账等；懂得写日记可以培养细致的观察力，要做到每天有事可写，就须时刻留心观察等；要借助榜样的力量，引发学生的表达欲望；要积极引导，使学生感受到写日记的快乐；要开展丰富多彩的活动，让他们在活动中获得写作的成就感；等等。

第七，只重结果评价，不重过程的监管和校正的详批详改的作文评改方式是无效劳动。

教师收上作文，由于怕学生改不好，一般要自己详批详改。面对八九十篇作文，教师要批上一周甚至更长时间，绞尽脑汁、头昏眼花，批语有时还免不了不痛不痒，套话、空话连篇，虽朱迹满篇，却毫无实用价值。批阅后对学生的修改监控力度又不够，结果起不到批改的应有作用。这也与《语文课程标准》强调的"养成修改自己作文的习惯，修改时能借助语感和语法修辞常识，做到文从字顺。能与他人交流写作心得，互相评改，以分享感受，沟通见解"相违背。而注重过程的监管和校正，就可使学生根据目标来达成共识，进行自我修改，使文章在修改中不断完善，在修改中不断提高自己的写作水平。

第八，只是想方设法地把学生引入预先设计的教学环节中，没有指导学生对所提的问题进行归类筛选，也没有提供学生思考和解决问题的策略，这样的自主学习和探究是无效的。

新课标下的教学设计注重生成与建构，淡化预设与讲授。课堂教学要从学生的疑问入手，体现以学定教，因需施教。如果教师总是让学生解决预先准备的问题，即使问题是学生学习的难点，学生解决问题时也会索然无味。其实，学生的问题往往有一定的普遍性，且和课文的重难点有着必然的联系，老师若作适当调整梳理，让自己的设计意图融进学生的思维，学生的自主性会在师生对话中得到更有效的发挥。

自主和探究的学习方式使课堂变活了，在一定程度上激发了学生的学习兴趣、学习热情和主动精神，但“自主”不能变成“自流”，只赋权却不增能，课堂展现的是学生肤浅表层的，甚至是虚假的主体性，失去的却是教师有针对性的引导、点拨和具体帮助的重要职责；探究有形无实，学生只是机械地按部就班地经历探究过程的程序和步骤，缺乏好奇心的驱使和思维的探险以及批判性的质疑，从而导致探究的形式化和机械化，变成没有内涵和精神的“空壳”。

第九，只追求形式，不全盘考虑学习的目的、时机、机制、指导方式等因素的合作学习是无效劳动。

实施合作学习要以学生个体的自主学习和独立思考为前提，并需具备以下四个条件才能取得实效。一是合作学习的目标要明确恰当，是学生在比较短的时间内可以解决的，也就是说，目标必须处于学生的“最近发展区”内。二是小组已经形成合作的机制，小组内的学生熟悉合作的规则，明确自己的分工，学习要在民主、有序的状态下进行。三是提供充足的学习时间，让孩子有机会充分地讨论、交流、整合。四是合作目的是“双赢”，要让学生体验集体智慧的力量，感受合作学习的效益和快乐，凡是个体学习能解决的问题最好不用小组合作的方式来解决。

第十，教学内容泛化的语文课是无效劳动。

上语文课必须具有语文特色，不能上成其他课，更不能上成拼盘课。语文综合性学习时，不管学习活动涉及哪个领域、哪门学科，采取哪种方式、利用哪些手段，其归宿都在于为语文服务，为积累语言、积淀语感服务，为着实培养听、说、读、写能力服务。语文的综合性绝不是各门学科的整合学习，也不是另外给语文附加一些其他学科的任务，让语文课替其他学科分担目标。

第十一，一味追求先进性和新颖性而忽视实效性的多媒体教学设计是无效劳动。

利用多媒体教学，虽然课堂内容丰富了，但上课时学生往往目不暇接。一堂课下来，作为语文教学最重要一环的“品味、感悟”被几幅多彩画面或影像等所取代，使应该记住的知识没记住，不应该记住的知识反倒记住了。

教学过程是学生学习知识的过程，更是教师以情动人的过程。语文教学因丰富的人文内涵，为教师走近学生的心灵架起了宽阔的桥梁。但是如果教学过程变成“看屏幕、记笔记，听老师读屏幕内容”，那情感交流就无从谈起了。如果教师一味地受课件支配而牺牲了原本个性十足的讲授，放弃了与学生交流情感的机会，最终必将严重影响教学效果。

此外，多媒体为教师提供了广阔的教学空间，然而课件一旦成型，在课堂上按部就班地逐一放映，往往会使整个课堂程序化有余，灵活性不足，这样就很难调动具有奇思妙想的学生参与课堂的积极性……

上述所列，只是语文教学无效劳动的一鳞半爪。要提高语文教学质量，就必须尽可能地减少无效劳动，增加科学而有效的投入，脚踏实地、一步一个脚印地向着“省时而高效”的理想目标前进。

朗读、默读与朗诵

朗读、默读、朗诵都是语文素养中的必备素质。明确三者的概念、特点及联系，根据学习材料和学生的不同特点来培养这三方面的能力，对语文教学具有十分重要的意义。

一、朗读

朗读是用声音再现文本内容，不仅再现文字，甚至连标点符号、行文格式等都要再现出来。一切文字都可以作为朗读对象。它只是传递信息，所以要“照本宣科”，把“沉默”的字、词、句、章转换成有声语言。

朗读要求普通话说得标准，正确处理好停顿、语调、语气，做到不添字、不漏字、不回读、不颠倒语序、语调平稳，还要“眼口不一”，即嘴读到这一句眼已看到下一句。

朗读时要把自己的心放到文章中去，要和作者想在一起，把作者的思想感情表达出来。

二、默读

默读要求是边默读、边思考，并有一定的速度。由于省去了发音的动作，速度快，环境安静、互不影响，所以便于集中精力地思考、理解读物的内容，也因此不易疲劳，易于持久。默读应用范围十分广泛：读书报、查资料，看通知、布告、信件等，都要用到默读。

默读要做到“眼到、心到、手到”。“眼到”就是要认清每一个字，不能一目十行，以免养成不求甚解的不良习惯。“心到”就是集中注意力，一边读一边想，理解词句的意思和内在联系。“手到”就是在默读时，边读边动笔，画出重点词句，标出段中的层次，记下自己不懂的问题，提高默读的效率。

默读可参考使用如下几种方法：第一，带着问题读书。读书前，思考一下自己需要了解什么，得到什么等。然后一边阅读一边寻找自己想要获得的信息，其他的便一带而过。第二，从感兴趣的章节开始读，然后紧紧抓住其主要部分进行精读。这样可节约时间，多读些书，还可以避免一下子遇到过难的内容，半途而废。第三，多读推理小说训练阅读速度。像这样的书在休息时或睡觉前读一些，钻进文字堆里，不但不是负担，还能使你掌握速读方法，对阅读其他书籍大有帮助。

三、朗诵

朗，即声音清晰、响亮；诵，即背诵。朗诵，就是用清晰、响亮的声音，结合各种语言手段来完善地表达作品思想感情的一种语言艺术。朗诵是口语交际的一种重要形式。朗诵不仅可以提高阅读能力，增强艺术鉴赏力，还可陶冶性情、开阔胸怀，培养对语言词汇细致入微的体味能力。

朗诵是一种再创作活动。它不是脱离朗诵的材料去另行一套，也不是照字读音的简单活动，而是要用有声语言传达出原作的主要精神和艺术美感。不仅要让听众领会朗诵的内容，还要使其在感情上受到感染。

朗诵时，一方面要深刻透彻地把握作品的内容；另一方面，要合理地运用各种艺术手段，准确地表达作品的内在含义。“停顿、重音、语速、句调”是其常用的表达手段，除此之外，还得借助一些特殊的表达手段，例如：笑语、颤音、泣诉、重音轻读等。

四、三者的区别、联系及在教学中的应用

(一)朗读和默读

朗读和默读是既相互联系又各有特点的阅读活动。为了更快掌握读物的内容，人们在日常生活中便更多采用默读的方式。朗读或是为了发展自己的阅读能力，以便进行自我检查，或是为了读给别人听，因而就要读得精确并富有表情。

从阅读能力的发展过程来说，朗读为默读准备了条件，默读是阅读的高级阶段，但朗读又可以用来作为检查默读的手段。默读又是创新的源泉。

教学中，在什么情况下需要朗读，什么情况下需要默读呢？一般来

说，第一，低年级应以朗读为主。低年级儿童的内部言语没有很好地发展起来，注意力不稳定，要靠出声的言语来组织思维和依靠生动的音调来理解所读的东西，使自己对教材的注意保持稳定，从而把书面文字的感知与它的含义联系起来。第二，刚接触的课文或检查预习时应朗读。只有出声地读才能检查能否正确地读出字音，“正确地读”是理解课文的前提。第三，为了发展学生的想象力，增进学生的文字鉴赏力，体会文章的思想感情，应有感情地朗读课文。第四，要求背诵的课文应先朗读。朗读可以建立并促进学生视觉、听觉、思维三者间的联系，提高记忆的速度，背诵建立在正确、流利、有感情地朗读的基础上。

除上述情况外，一般都需要采用默读。开始学习默读，要朗读训练和默读训练配合使用，到高年级则应把默读训练作为重点。默读既可以回视或重复看，又便于学生思考，应成为高年级尤其是初中以上程度的学生阅读教学的重要方式。

(二)朗读和朗诵

朗读是一种再现，朗诵是一种再创造。朗诵的要求比朗读要高。具体地说，二者的共性是：都以书面语言为表达内容，以口头语言为表达手段；都是把书面语言转化为口头语言的一种语言再创造；都要求深入理解作品，字音正确、语句流利，语调、语气和谐，用普通话充分表情达意。二者的区别是：首先是选材种类不同，朗读的选材十分广泛，而朗诵在选材上只限于文学作品，并且只有辞美、意美、脍炙人口的文学精品，才适合朗诵。其次是应用范围不同。朗读是一种教学宣传形式，主要用于课堂学习和电视、电视台播音等。而朗诵则是一种艺术表演形式，多在舞台上、文娱活动中使用。最后是表现形式不同。朗读要求平实、自然，可以边看边读，目的是准确表达原作的思想内容。朗诵则要求生动、优美，脱稿成诵，面对观众，语音动听悦耳，态势语言和谐优美，眼神、表情、手势等自然大方，既传达作品的思想感情，又能引起听众的共鸣，目的在于艺术表演，使听众受到思想感情熏陶和美的享受。为了增强表演效果，往往还需化妆、配乐，舞台灯光、背景等。

综上可知：“朗读、默读与朗诵”同样是“说”，但“说”的方式方法及其作用却是各自不同的。只有掌握它，才能教好它，学好它。

《济南的冬天》教学反思录

一、教学方案的出笼

初稿教学构思方案轮廓为：从教的角度，以提问是否见过雪，体验过冬天入手，引导学生初读，扫清字词障碍，了解文章大意；精读，理结构、带问题；研读，分析精彩语句和段落等。从学的角度，初读以自主学习为主，字词疑问要自己查字典、词典解决，其他问题可以前后左右询问；精读，以合作为主，自己的答案要在小组讨论中得到确认；研读，以探究为主，鼓励质疑问难，相互争论。

初稿尚未完成，顿觉新意不足，目标多且界隔模糊。罢罢罢！改改改！目标要单一，重点要突出，以借鉴写作为线索来贯穿教学过程。从教的角度，以提问是否见过雪，体验过冬天的滋味切入，引出新课——《济南的冬天》(板书课题)的导语不变。然后宕开一笔，且不说《济南的冬天》，而是引出另一与学生有切身经历的话题——《深圳的夏天》。组织讨论《深圳的夏天》的写法，然后以此为线索来带读、导读《济南的冬天》。初读、精读、研读的环节及学习内容基本不变，只是时时刻刻以《深圳的夏天》为例子来对比阅读。

从学的角度，以充分调动学生的学习积极性为出发点，力争使学生人人参与，个个发言。“异口同声”说写《深圳的夏天》要抓住的主要特点，“七嘴八舌”谈论选材角度，小组讨论后的“可汗大点兵”“智力快车抢答题”等都是为调动学生积极性所设计的“小把戏”。

教学方案就在这反复思考的过程中形成了，但是能否在课堂教学实践中高质灵活运用？心中仍有疑虑。

二、课堂教学要点回放

第一，导语引起了他们的兴趣，轻而易举地将北方冬天的特点归结为“寒冷”为顺利导入新课奠定了基础，这比事先预想的要顺利得多。

第二，宕开一笔的《深圳的夏天》的写作讨论，由于学生有切身感受所以打开了话匣子："异口同声"道出了深圳夏天的主要特点是"热"。从哪些角度来突出深圳的热？同学们"七嘴八舌"说出了诸如山、树、水、风、人、动物、路面及路面空气……一发不可收拾，教师只能叫停，适时把学生注意力转移到《济南的冬天》的特点和选材角度的学习上来。

第三，精读，理结构。同学们在小组讨论中趋向于"总一分"的两段式分法，即先总写济南冬天的特点，再分写山、水的特点。但也有个别同学提出异议，提出了"总一分一总"的三段式分法，并找出了关键句，有的甚至搬上了参考书，理直气壮地说："你们看，这里不是写着分三部分吗?"见此情境，我一时不知寻找何种恰当理由进行了断。因为这是我事先没有预料到的，正可谓"智者千虑，必有一失。"但凭二十多年的教学经验和直觉，迅速反应，果断肯定这两种分法都是有道理的。

第四，精读、研读过后的"可汗大点兵""智力快车抢答题"充分调动了学生的积极性，个个摩拳擦掌、跃跃欲试，场面十分热烈。平素虽然经常搞这样的"把戏"，以至于老师一说"可汗……""智力快车……"学生就立即回答"大点兵!""抢答题!"但如此热烈的场面，这还是第一次。

第五，以课后研讨与练习第三题结束，将第三题的"冬天"改为"夏天"，就变成了写深圳的夏天了，以此宕开又以此收拢，即所谓放得开又收得拢。实践证明：这种大开大合的多种多样的教学方式是值得尝试和深入探讨的。

三、收获及感悟

第一，教学目标单一，不贪多求全，是扎实有效上好每一节课的先决条件。也是易于把握教材，把握学生的有效方式。

第二，以写《深圳的夏天》开始，继而以《济南的冬天》为学习范例，又以写《深圳的夏天》合的单一写作目标和教学样式是新颖别致的，效果又是明显的。教有法而无定法的别出心裁的方式是今后教学中要积极探索的。只有创新的构思才能收到意外的效果。

第三，探讨重构本土教学实践基础上的、具有本地特色的教育教学理论和实践，是今后在课程改革的大背景下的教育教学活动的发展趋势。

第四，"异口同声""七嘴八舌""可汗大点兵""智力快车抢答题"等为调动学生积极性所设计的"小把戏"，对活跃课堂气氛，真正使学生成为学习的主人具有不可估量的作用，“玩中学”是人尤其是少年儿童学习的天性，要进一步拓宽视野，深入挖掘学习中的“游戏”因素，找到它，再借此反作用于学习，其效果是非常显著的。

四、不足及觉醒

第一，对于《深圳的夏天》的选材，同学们的回答确实是五花八门的。教师没有将学生提出的选材对象有条理地归结板书，更没有强调选材的典型性、新颖性。而是将学生提出的大部分选材对象都写在了黑板上，无条理、无选择，所以也就没有了代表性。

第二，教学语言、板书设计不够精练，随意性较大。预设的板书随着生成的教学没有得到很好的调节，有些“乱了方寸”。随机应变的教学机智尚须修炼。

第三，备教材、备学生尚不认真仔细，以至于在课堂教学活动中出现出乎意料的情况。教学过程中出现“出乎意料的情况”是正常的，但是，在可预见和不可预见之间，作为教者要在课前尽量做到“周密备课”，以减少出现“出乎意料的情况”，从而使课堂教学达到“省时而高效”的目标。

点到为止，不必深究

——谈《从百草园到三味书屋》几个晦涩问题的处理

《从百草园到三味书屋》一文有许多晦涩难懂的问题，如个别词句乃至主题的理解，标点符号的运用等。讲吧，一是时间不允许，二是有些问题又无任何意义；不讲吧，如果不借助一些参考资料连教师都搞不明白，又何况学生呢？怎么办？点到为止，不必深究。

一、晦涩语句

1.“仁远乎哉我欲仁斯仁至矣”出自《论语·述而》，应读作：“仁远乎哉？我欲仁，斯仁至矣。”意思是：“仁难道离我们很遥远吗？只要我内心想达到仁，仁就自然来到了。”是宣扬孔子哲学思想“仁”的。

2.“笑人齿缺曰狗窦大开”应读作“笑人齿缺，曰‘狗窦大开’”。意思是：“笑人家牙齿缺了，就说‘（那个缺口）就像一个狗洞大开着’。”出自《幼学琼林·身体》，原文是“笑人齿缺，胡为狗窦大开”。属学生错读。

3.“上九潜龙勿用”出自《易经·韩卦》，由“初九潜龙勿用”和“上九亢龙有悔”二句爻辞杂糅而成，是学生因不懂而胡乱拼凑到一处的。应读作：“上九，潜龙勿用。”“初九潜龙勿用”意思是“君子应韬光养晦以待时机”；“上九亢龙有悔”意思是“人应以亢满为戒，注意物极必反的道理”。两句所表达的意思是恶势力强大时，才高德重的“好人”就要隐居起来，暂时不出去做官，以免被害。

4.“厥土下上上错厥贡苞茅橘柚”应读作“厥土：下上、上错。厥贡：苞茅、橘柚”。摘自中国古代典籍文献中最艰涩难懂的《尚书》中的《禹贡》篇，原文不在一起，而是由“厥土惟涂泥”；“厥赋下上（上）错”；“厥贡……厥包橘、柚，锡贡”和“厥名包匦、青茅”诸句拼合而成，也是因学生不懂而胡乱拼凑到一处的。意思是“天下土地（共分九等，上上为第一等），下上为下等里最上的一级，好坏交错；那进贡的物品里有祭祀专用的一捆捆的茅草，还有橘、柚这类水果等”。

上述四个句子在教学中，首先要指导学生断句点标点，使他们明白这些句子应该怎样读，然后讲明出处和原文，不必要求学生掌握。最后讲解一下大概意思即可。

二、晦涩语句和标点

“铁如意，指挥倜傥，一座皆惊呢～～；金叵罗，颠倒淋漓噫，千杯未醉嗬～～……”这个语句在教学中至少要明确四个问题。

1. 出处及原文。出自清代刘翰的《李克用置酒三垂冈赋》，文载清人王先谦所编《清嘉集初编》卷五。“铁如意”原作“玉如意”；“颠倒”原作“倾倒”。

2. 意义。“金叵罗”是一种敞口的浅杯。“如意”原为搔背痒的搔杖，后因其名吉祥，便成为指画和赏玩之物，多为玉制，柄微曲，头为灵芝或云叶形。全句的意思是：拿着铁如意，指挥比划，潇洒自如，满座的人都感到惊讶。用金杯喝酒，痛快淋漓，喝得很多而未醉。

3. 标点。文中的“～～”叫做曳引号（又叫象声号、声浪号）。是一种既表示声音延长又表示声音抑扬的标点符号。它与破折号是有区别的，破折号只能表示声音的延长，不能表示声音的抑扬。曳引号在20世纪20、30年代的文学作品中很常见，现在已经不用了。在此，它不仅生动地再现了寿老先生吟诵古文时的那种拖腔拿调、抑扬颤动的读书声，而且形象地刻画出“先生读书入神”时摇头晃脑、如醉如痴、自得其乐的神态。

4. 含义。从这里，我们可以深刻地感受到寿镜吾先生潜心从事蒙学教育，远离官场仕途，自甘淡泊的正直的知识分子的清白品格。他如醉如痴的情态是那么投入，以致读错了字词也浑然不觉，不以为意。对照课文，寿先生“不常用戒尺”，“不常有罚跪的规则”，连孔子的牌位也没有，也从侧面反映了他的宽厚、和蔼及开明，体现了他在某种程度上表现出的对“正统”的封建教育的怠慢和疏离。也折射出鲁迅先生对封建教育制度的批判。

鲁迅先生为什么将这些晦涩难懂的句子列入文中？这在讲完上述各句之后要有所交代。即是对“死读书”的效果进行生动的再现，不仅反映了旧私塾学习内容的枯燥乏味，脱离学生的实际生活，超过了学生的能力范围，而且把批判的锋芒指向了封建教育制度，目的在于抨击旧教育制度对青少年思想的束缚、误导和毒害，抨击旧教学模式和手段的呆板和无聊。同时，对当下有些在教学中手段匮乏、方法不多的教师，依然有着极强的警示作用。

三、晦涩名称

关于“三味书屋”的由来及含义，完全可以不讲，但鉴于目前探索者越来越深入地推陈出新，教者也不妨给学生简要介绍一下，以给他们未来的探究留下更广阔的空间。

1.“三味书屋”由来。原来购买房屋时所带一块“三余书屋”匾上的“余”字改为“味”字而来，这目前尚无异议。

2.“三味”含义：(1)“布衣暖，菜根香，诗书滋味长。”将这“三味”三句话作为私塾的教学方针，并要以此为世代相传的祖训家规，要子孙认真遵守，更不许子孙去当清朝的官，要甘当老百姓，凭自己劳动做人，要甘于过清苦的生活。此“三味”的由来，最近寿镜吾之孙撰文说，清代一位官至文林郎的甘肃人士王了望，辞官隐居乡间，曾为人题写过一幅中堂，即“布衣暖，菜根香，诗书滋味长”。遂借来用作“三味”的内容，推算起来，要比三味书屋形成早160多年！(2)当有人问及“三味”含义时，寿镜吾之子寿洙邻以“读经味如稻粱，读史味如肴馔，诸子百家味如醯醢”答之，也就是以三种味道来形容读书的感受。但此说令许多人感到难以信服和认同，他们纷纷提出不同意见。(3)又有人提出这是借用佛教语言，“三味”即“三昧”，是梵文samadhi的音译，原指诵读佛经、领悟经义的“定、正受、等持”三重境界。意思是说，诵经之前要止息杂念，做到神思安定专注；领悟经义态度必须端正，具有百般恭敬的虔诚；学习过程中要专心致志，保持始终如一的精神。后来“三味”逐渐引申为对事物本质精神意义的概括。私塾的主人寿镜吾先生将私塾命名为“三味书屋”，本意是要创立一种最佳的教育境界。

上述材料可打在大屏幕上或印发给学生，让学生自读，不必在课堂上浪费更多时间。

《我儿子一家》的题目真别扭

原九年义务教育三年制初级中学教科书《语文》第一册中有一篇舒婷的文章叫《我儿子一家》。看文题，按常理思维推断：描写的对象应是“儿子的一家”，“我”是叙述者，即“我”写儿子的一家。可是读后却大相径庭，给人以云里雾里的感觉。

初读文章首段——“妈妈怀我不到30天开始大吐特吐……”一般读者都会判定这里所说的“妈妈”指的是“我妈妈”，即“儿子的姥姥”。可接着读下去就扑朔迷离了，第一个谜团是第三段妈妈生下的“是男孩”，而大家都知道舒婷是女作家，这个“我”与“男孩”也不对应呀！当读到第五段这个人物关系才初步明确：文章中的“我”是舒婷的儿子，与题目中的“我”不是一回事。人们不禁要问：“作家为什么要这么写呢?”

这种“题不对文”的人称变换有人称其为“错位美”，认为这种“美”正是由“谜”而生；也有的人说这是“独辟蹊径”，题为此而文指彼，以五岁孩子的视角写一家人，新颖别致。

教学中孩子们对这种说法不能理解，提出了许多问题，诸如“这不是故意给读者摆迷魂阵吗?”“是故弄玄虚!”“假如都这样去写文章，读作品不是累死人吗?”——课堂上的这种生成，是我这个教者没有预料到的，但对于学生的这种质疑又不能无动于衷，为此，我因势利导，把这种疑惑看做是培养学生探究精神的机会。放下预设好的教学内容，组织学生展开了大讨论，“你们认为这个题目太‘绕弯子’那你们给起个好题目，最好能说说理由，好不好?”话音刚落，学生就七嘴八舌地说了起来，“叫做《我的一家》，把‘我’变成儿子来写”，有许多同学赞成这种说法。“叫《儿子眼中的一家》吧!”“叫《 我父母一家》”“干脆就叫《一家》算了。”……为师者也与学生一起讨论，争来讲去，思来想去，都不能否认同学们所讲问题的合理性。

试想这样一篇初中生“自读性文章”，孩子们怎能理解连大人都难以接受的所谓“错位美”和如此只有人称一变的“另辟蹊径”。

课后的反思使我联想到了朱德曾有一篇文章叫做《回忆我的母亲》，20世纪80年代曾被选入初中语文课本，当初的题目是《母亲的回忆》，而内容却是“我回忆母亲”。那时人们对这个题目也曾议论纷纷，我也曾写过文章对此题目提出异议。但当时比较权威的人士认为这是伟人的作品不易更改，又认为《母亲的回忆》就是“我对母亲的回忆”，虽可有歧义的理解，但结合课文来认识不改亦无大毛病等。经过一段时间后，人们越来越冷静地觉得这个题目太别扭，与人们的一般思维常规相悖，维护原题解释的理由也太牵强，还是按大多数人的想法来行事为好，所以，这个题目最终被改成了《回忆我的母亲》。

《我儿子一家》是否也应重新思考一下这个只差文题一笔就令读者颇费周折的题目呢？

“创新”是胜利之本

——《白蝴蝶之恋》教学个案回眸

一、创新背景

《白蝴蝶之恋》写的是一只美丽的白蝴蝶不幸遭风雨袭击而奄奄一息，“我”深深同情并施以援手，将其捏起放在手心并用口哈着气，白蝴蝶渐渐苏醒过来，我又把它放在盛满阳光的嫩叶上。它试了几次，终于一跃而起飞走了，可是我这时却感到失落和惆怅。文章的感情线索是白蝴蝶遇难时，我同情、怜悯、帮助它；白蝴蝶恢复生机时，我喜悦满足；白蝴蝶远走高飞时，我失落、怅惘。

针对这样一篇充满爱意，不仅语言美，而且充分融自然美与人性美为一体的抒情性的自读散文，如何组织学生自学并进行合理点拨？几百人同讲一篇课文，何以“克敌”制胜？唯“创新”不可！

二、创新思路

何以“创新”使得？我头脑中迅速明确了一种思路三个问题，一种思路是要按新课标“学生是学习和发展的主体”的精神，使学生进行自主、合作、探究的学习，尤其是自读课文更应如此，但又不能忽视教师的“主导”作用。三个问题其一是如何激发学生学习兴趣的问题。其二是要创造性地使用教材，对教材有自己的理解。其三是如何组织学生进行探究的问题。

三、创新问题及教学主要过程预设

(一)突破口

首先我要求学生结合课后思考练习二进行预习，理解文章主题，讨论作者在白蝴蝶获救振翅高飞之后所发出的“唉！人啊人……”的人生感叹。他感叹的是什么？并且要求学生补充人生感叹的省略部分。做完后以学习小组为单位讨论统一几种认识，然后选一名代表准备在课堂上发言。我把对这个问题的解决看做是教学这篇课文，理解主题的关键点和突破口，亦为“新”之所在。因为我查阅的所有教学资料都没有把这个问题作为重点来讨论，而只是泛泛地说人的思想感情是丰富的、复杂的，不可能是单向的。主题亦不可能用一句话，一种感情概括出来。可是我觉得此处大有文章可作，解决了这个问题，其他一切问题都迎刃而解。

(二)解决方式

问题明确了，突破口选准了，如何解决？首先我精心设计了一个与课文内容、情节相类似的导言，以激发学生的学习兴趣。

“假如你悠闲散步在野外，忽然发现有一只非常可爱的小狗儿在你面前悠哉游哉，正在你欣赏玩味这可爱的小生灵之际，突然有一不明飞行物击中小狗的头部，它奄奄一息……此时别无他人，你能袖手旁观吗？不能！而是大发慈悲，把它抱回了家，经你的医治、呵护、精心饲养，小狗恢复了健康。你对它关爱备至，非常喜欢。正在此时，失主找上家门，你能不给吗？不能！可是当别人把你曾救助、关爱喜欢倍加的宝贝狗抱走的时候，你的心情又是如何呢？今天我们就来学习刘白羽的散文《白蝴蝶之恋》，看作者是如何与白蝴蝶产生恋情的。”

这个引言事实上不仅具有“导”“激”作用，而且具有与课文线索并列的遥相呼应的“合”的作用。

其次，课后练习一的第2题：“但我的灵魂里在呐喊——开始像很遥远、很遥远……我还以为天空中又来了风、来了雨，后来我才知道就在我的心灵深处：你为什么把一个生灵弃之不顾？”自己的心声为什么“很遥远”，“后来”才感觉到？参考书中对此是这样解释的：自己的感觉应该自己最清楚，离自己最近。作者这里说“很遥远”，是强调这种感情发自灵魂深处，来自人的本性，仿佛从无意识的底层而来，上升到理性的层次。“后来”才感觉到，是说明这一感悟认识的过程。两者都是为了说明爱发自心灵，发自本性。我认为这种说法既晦涩也不确切。首先整体上看这句话都是对我灵魂里呐喊的具体解释说明，其一解释说明的是呐喊的过程。其二解释说明的是呐喊的内容。内容很明确，即“你为什么把一个生灵弃之不顾”？这是对生命的呼唤，这是“爱”的奉献。那么导出这个内容的过程又是怎样的呢？开始很遥远，且以为是又来了风和雨，这实际上是人一种对弱小生灵最质朴的“怜悯、担心”，此时是心灵震撼的初级阶段。后来才知道就在我的心灵深处，指的是对弱小生灵不能置之不顾的信念，亦可说成是纯粹的、虔诚的爱，而这种信念又应是人的本性，所以作者说就在心灵的深处。从“开始”到“后来”是一个由浅入深，由朦胧到清晰，由感性的上升到理性的感悟过程。

最后，我在作者思想感情和主题的理解把握上下了一番苦工夫，尤其是在“唉！人啊人……”的省略部分上动了一番脑筋。

1. 点拨：这个人生感叹是在白蝴蝶获救展翅高飞的失落、怅惘后发出的。为此这个感叹的感情基调应为“爱的感伤或困惑”。具体内容或为付出而未得到回报或者回报甚少，或为爱而未得，或为离别之恋情，或为多情之困惑……

2. 归结：综合上述分析我作了如下几种答案准备参与和学生的讨论。

(1)唉！人啊人，真是自古多情空余恨。

(2)唉！人啊人，就是这样多愁善感。

(3)唉！人啊人，多情却被无情恼。

(4)唉！人啊人，道是无晴(情)胜有晴。

以上四条均是被“情”所困，“无情无意无烦恼”，但作为一个活生生的人来说又怎能这样？

(5)唉！人啊人，多情自古伤离别。

(6)唉！人啊人，真是剪不断，理还乱，是离愁，别是一般滋味在心头。

以上两条是被“爱”所缠，体现人间有“真爱”的主题。

(7)唉！人啊人，我们对孩子的呵护、培育，一直到他长大成人离家翱翔又何尝不是这样？

(8)唉！人啊人，爱的东西不一定非得得到，只要他过得比我好。

以上两条是爱的升华，是爱的无私性的具体体现。

四、反思

这是一节特殊的课堂教学“考试”课，当考试成绩公布我看到自己名列前茅时，心里不禁发出由衷的感叹：创新乃胜利之本！

传统之课堂，千人一面，双基之培养以何谈？唯求新路以试之，“新大纲”“新课标”“新教材”可见一斑。

《化石吟》引发的几个考古学谜团

考古学属于人文科学领域，是历史科学的重要组成部分。它的产生有长远的渊源，但到近代才发展成为一门科学。作为一门近代科学，考古学有一套完整、严密的方法论。考古学按年代范围划分，可分为史前考古学和历史考古学两大分支。按地区范围划分有很多分支，如欧洲考古学、埃及考古学、中国考古学、日本考古学等。按研究对象划分，则有宗教考古学、美术考古学、铭刻学、甲骨学、古陶瓷学、古钱学、农业考古学、环境考古学(包括地质考古学、考古植物学、考古动物学)等。给课文《化石吟》定个位，那就是史前中国环境考古学。

考古学是一门涉及面很广的学科，必须得到其他许多学科的协助，才能完成各项研究任务。考古学常利用第四纪地质学、体质人类学、古动物学、古植物学、物理学、化学、民族学、民俗学、社会学、历史学、宗教学、语言学、科技史、美术史、建筑史的研究成果对考古材料进行研究和解释；其成果又有助于上述各有关学科的研究。

《化石吟》是一首宣传科普知识的抒情诗。它展示了人类对化石的研究成果，再现了亿万年前的神奇景象，从而赞美科学的神奇与人类的伟大。诗中一系列的疑问将人们带入奇幻的神话般的生物世界，又用优美的语言富有感情地赞颂了会讲话的奇异的化石。

现在列举几项考古学中的谜团，以引发学生的思考和兴趣，助读《化石吟》。

谜团一：人究竟是从哪里来的?

达尔文说人是由猿演变而来。那在猿变成人之前生命是如何起源，又是如何演化的?

如今，这个千古谜团终于被我国科学家揭开：人是鱼变的，鱼是虫变的。罗惠麟、陈良忠、胡世学等科学家描绘出生命起源和演化的序列如下。

由头索动物到脊椎动物的演化模式：云南虫—海口虫—华夏鱼—中

新鱼—昆明鱼—海口鱼。脊椎动物的演化模式：无颌鱼类（昆明鱼、海口鱼）—硬骨鱼类—两栖类—爬行类（一支演化成恐龙、一支演化成鸟类）—原始哺乳类（一支演化为象、一支演化为人类）。

这个结论能够得到普遍认同吗？能经得起时间的考验吗？能有更多更有力的佐证吗？人们拭目以待！

谜团二：史前欧洲有黑人吗？

意大利的格里姆尔第山洞在20世纪一再成为考古学家关注的热点，并被大力发掘。令考古学家惊异的是，这些山洞在遥远的史前时代，就被古代人当做藏身立足之地。目前从这些山洞里发掘出来的最早遗物居于旧石器时代，时间是公元前三万五千年左右，这里发掘出的骸骨，属于克鲁马农人，也是欧洲大陆第一批真正的原始人。

然而在格里姆尔第山洞发掘的所有骸骨中，最令考古学家们百思不得其解的是两具史前的黑人化石。这两具化石一具是老妇，另一具是个小男孩。他们合葬在一起，头顶上还有一块架在石柱上的保护板。考古学家和人类学家们研究了这两具骸骨。根据他们头骨的形状、颜面骨的结构以及前臂的长度，他们属于尼格罗人种。通俗地讲，就是非洲黑人。

这个发现令考古学家们极为惊讶。人们知道，尼格罗人一直生活在撒哈拉沙漠以南的非洲大陆，欧洲并没有黑人存在。据历史记载。直到1441年。葡萄牙海军军官安东尼奥·贡萨尔维斯在非洲里奥德奥罗海岸掳取了一男一女两个黑人，带回葡萄牙。后来贡萨尔维斯又和另一船队再去非洲。在那儿捕获了12名黑人，带回葡萄牙贩卖为奴。这是黑人被带到欧洲的最早记录。至于大批非洲黑人被贩卖到欧洲为奴，就更是后来的事了。可是这两具骸骨却属于三万年以前的旧石器时代。如果那时的欧洲就有黑人在生活，那么他们是怎么来的呢？若说他们是史前欧洲的土著，那后来怎么又完全消失了呢？

历史似乎爱跟人类开玩笑，把人或事物放在他们不应该出现的时间和空间里，弄得科学家们绞尽脑汁仍无法解释。

谜团三：楼兰古城之谜。

楼兰在唐朝还是边隆重镇。王昌龄有诗曰："黄沙百战穿金甲，不破楼兰终不还。"然而，不知在什么年代，这个繁荣一时的城镇神秘地消失了。楼兰古国究竟在何方，又是如何消失的呢，成了人们猜了若干世纪的不解之谜。现在虽然对此的研究、探讨有了新进展，但仍有许多问题需要进一步揭示。

谜团四：千古未解之谜三星堆。

文明起源何方？古蜀国消失在历史长河的真正原因究竟是什么呢？神秘的器具、文字和图画如何破译？

……

考古之谜，非此几例，仅举几个而已。随着科学技术的不断发展、进步，有许多谜会被解开，但又有许多谜会陆续被发现。对于学生而言，点到为止，重在激发他们的探究兴趣，引导他们去叩启科学探究之门。

后记

2009年1月的一天，我去教室里找学生，恰巧班里上科学课。同学们一见我的到来都纷纷嚷了起来："老师，老师！"我还以为这是学生对我的热情欢迎，心里喜洋洋的。没想到前边的同学大声说："老师你进来！科学老师讲人类发展史时说人类是由猿演变而来，我们说语文老师说这个千古谜团已被我国科学家揭开：人是鱼变的，鱼是虫变的，并描绘出了生命起源和演化的序列。科学老师就把我们训斥了一顿，说我们不信科学信传言……"

我微笑地看了看大家，又回过头微笑地看了看站在讲台上的科学老师，然后对同学们调侃似地说道："这个问题目前还没有定论，这里还有许多问题，待我明天慢慢向你们道来……"

当天晚上，我与那位科学老师交换了意见，那位老师把在大学里所学的人类进化史给我大讲了一遍，其他科学老师也随声附和，我这个语文老师有点势单力薄……

第二天我又把这位老师请到我的办公室，把上述这篇文章以及写这篇文章所查证的材料和盘托出让他去研读，而不再和他讨论谁是谁非的问题。同时也把这些知识在我的语文课堂上向同学们进行了讲解……

"知之为知之，不知为不知，是知也。"人类传授文化知识时应保持实事求是的态度，这不仅是为自己，更是为他人；知识的不断更新是一个民族走向繁荣富强的基本保证，而对于传道、授业、解惑的教师而言则显得更为重要。

在玩中学语文

在《实用汉语词典》中，“玩”的第一个义项就是“指参加使自己精神愉快的活动”。我所说的“玩”即为此义，只不过这个“玩”是与语文教学相关的活动而已。

“学习本身就是一件艰苦而复杂的劳动，怎么能在玩中学?”著名教育家霍懋征的“玩、道结合说”似乎为我找到了理论依据。“玩”而有“道”，变“苦”学为“乐”学，语文教学之极佳境界也。“知之者不如好之者，好之者不如乐之者。”我国古代教育家孔子就曾把“乐学”视为教育的最高境界。

“玩”是教师调动学生学习积极性，激发学习兴趣的一种手段。人们都说“兴趣是最好的老师”。《语文课程标准》中也指出“语文教学应激发学生的学习兴趣”。学生在学习过程中，兴趣越浓，注意力就越集中，思维、记忆等多种智力活动也就越有成效。因此，兴趣是智能发展的基础。

教师是语文教学中“玩”的设计者和组织者。玩什么，怎么玩？这是个艺术。教师要运用现代教育理论，结合学科教材的内容特点及可玩因素，将课设计得生动有趣，以此来激发学生的求知欲望。二十五年的语文教学生涯，让我越来越认识到它的重要性，并从探索中尝到了甜头：我的课堂教学和学生的课堂学习真的变得轻松愉快了，而且成绩也越来越好。归结一下，我们师徒大致玩了如下几方面的“花样”。

一、玩主持

现在电视已成为人们生活的一部分，节目主持人受到普遍关注，优秀的节目主持人总能将形式和内容有机地结合在一起，不断推陈出新，进而形成自己的风格，吸引观众的眼球。好的教师也应是一个优秀的节目主持人。我在教学中经常模仿电视制作节目，将一节课分成“异口同声”“七嘴八舌”“可汗大点兵”“智力快车”等不同栏目，然后将教学内容装入相应的栏目里。如要检查字词预习情况，只要我说：“比预习、看扎实，字词检查——”同学们就会立即异口同声地说：“可汗大点兵!”然后我就点兵点将让学生回答问题了。布置阅读或提出一个问题后，只要我说："比思维、看速度，智力快车——"同学们就会立即异口同声地说："抢答题!"然后便纷纷举起自己的手。若问题比较简单，且答案明确，只要我说："异口同声!"同学们则一起说出这个答案。这种教学方式样式新、主持活，课堂氛围和谐融洽，效果好。

二、玩音乐

音乐是人类心灵的语言，课文是作者真情的流露，如果把两者结合起来，极易使学生思维活跃，心灵震颤，与作者的情感产生共鸣。为此，我经常采用以下两种方式将音乐引入课堂。

一放。即根据语文教材的具体内容特点，适当地播放一些歌曲、乐曲，让学生在音乐声中轻松愉快地学习、理解、记忆知识。例如在教学朱自清的《背影》时，我播放了一首崔京浩唱的《父亲》，并且将歌词投影在大屏幕上："那是我小时侯，常坐在父亲肩头，父亲是儿那登天的梯，父亲是那拉车的牛……"优美的旋律，动听的歌声，与《背影》情境相似的歌词，令许多同学为之动情。既巧妙地导入了新课，又起到了加深理解课文的作用，一举两得。

二唱。即依托自己的特长，在教学中以歌唱的形式来激发学生学习兴趣，活跃课堂气氛的方式。如我在教学写作书信时，就唱了一首李春波的《一封家书》，并将歌词投影到大屏幕上。用这首歌为什么走红来说明书信的特点：形式新颖，内容亲切感人，唠家常似的娓娓道来。用这首歌的开头、结尾来说明书信的格式。用这首歌的正文来说明书信之所以感人的原因。天赋的歌喉，加之播放的伴奏带浑然一体。师生乐在其中，学在其中。

三、玩游戏

巴班斯基说："做认识性游戏的方法可称为重要的刺激学习兴趣的方法。此法依靠在教学过程中创造游戏的情景来进行。"在教学中，我常把下列游戏作为学生学习活动的兴奋剂，寓知识于游戏之中。

(一)盲人抓大兵。在教学中，我常把班级同学分成四大组。每组成员的桌子都放到中间，然后人围桌子坐。在检查提问生字词、背诵默写诗文及其他问题时，常常让不会答或答得不正确的同学扮成盲人(即蒙住眼睛)到其他组去抓替答者。玩中学是也。

(二)课前表演三分钟。或小品或故事或演讲或歌唱，形式不限，但必须是与语文有关的内容且时间不能超过三分钟。人人参与，按座位次序进行。

(三)走社会。即走进社会，走入生活。我在教学生写作时十分重视体验生活，写真情实感，强调先做后写。如郊游写景，看电影写观后感。父亲节、母亲节为父亲或母亲做一件事或亲手制作一件礼物送给他们。然后自拟题目，写一篇文体不限，但要围绕“体会和感想”的文章。假期让学生到大公司、大企业去走访调查。拿着老师给拟定好的调查提纲，选择某个领域的某项问题进行走访调查，然后写一篇调查报告等。

(四)扮记者。利用学校广播站，运动会、军训广播宣传报道等机会，鼓励学生当一回小记者，留心采访身边的人和事；当一回小作家，动笔写一写，从身边的好人好事，以及自己满意的日记中取材，以儿歌、消息、打油诗等多种形式写成文字向广播站投稿。拿着学校统一制作的采访证，学生觉得自豪和光荣，同时也为学生写作能力的培养提供了一个训练的平台。

(五)做编辑。每学年都组织一两次手抄小报编辑活动。内容涉及教师节献礼、国庆专刊、元旦专辑、环境保护、学法论坛、为人之道等。人人参与，可一人制作一期，也可多人合作制作一期。然后展出评比。

(六)题诗作画。即“根据画面(相片、图画等)写一句话或一首小诗，根据景、事、物描写比较具体的诗文画一幅或多幅画”的活动。如在教学“老照片的故事”的写作时，我先让学生收集老照片，然后在找到的照片后题上一句话或一首小诗，择其优者让他们讲给大家听。在学习《春》一课时，让学生画出春的特点，结果有许多同学的春草、春花、春风、春雨图栩栩如生，令人赞不绝口。

四、玩电脑

多媒体教学的出现为课堂教学开辟了新的天地。使用电脑课件进行教学，既可以为学生提供动画、图像、解说、文字、音乐等多种信息，又可以把课文中的形象美、意境美、语言美等美的因素直观地再现出来。而且多媒体教学还具有构图美、色彩美、音乐美等因素，既可以使他们对美的事物产生学习、领会、把握的兴趣，又陶冶了他们的审美情操。

在教学中，我不仅自己去寻找那些图文并茂、动静结合、乐声齐全的课件进行教学，而且还发动学生去寻找资料和课件，有的自读课文还让他们自己根据找到的资料和课件来讲课。

五、玩 PK

"在竞争中实现自我，在比赛中突出自我"是现时代的召唤。教学中我处处注意引入竞争机制，每个学期甚至每一节课都有"竞赛"参与教学活动。课堂上经常使用的竞赛方式有：知识抢答赛，问题争论赛，是非辩论赛等。学期经常组织的竞赛有：作文竞赛，诗歌朗诵赛，古诗文背诵默写赛，字词大赛，阅读大赛等。每个学生都参与活动，个个都能表现自己，人人都能体验到成功的喜悦。学生又可在竞赛中相互启发，相互补充，形成多向信息交流，以此来探究学习，活跃气氛。有利于学生大胆参与，克服胆怯的心理障碍，发挥其学习的主动性。

六、玩演戏

有些课文是童话、寓言、小故事、小说等，我常常和学生一起把这些课文改编为小品、小话剧等来让学生表演。如学习《羚羊木雕》一课时，我指导学生将课文改编成课本剧，让学生扮演各种角色。学生很愿意模仿课文中的角色，通过表演课本剧，不仅可以加深对课文的理解和记忆，还能在某些课文的情节空白处拓展想象，在富有创造性的表演过程中培养想象力，促进语言发展，增强自信和勇气。

生活中可玩者甚多，那么"玩中学语文"的设计也就数不胜数。但是必须根据教材实际需要和学生的实际能力，选用合适的方法，以求得最佳的学习效果。

今天的孩子学得高兴吗？在玩中学到语文了吗？明天还要出什么新花样才能既学得高兴又学到知识？愿我们每一位师长都能静下心来，花点时间好好思考一下这个问题。或许，你的眼前会出现一片新天地！

初中语文第一课

由小学到初中是人生的第一个转折点。小学生以陌生的眼光迈进了中学的大门，面对全新的领域，语文第一节课能开篇就讲课文吗？且慢，磨刀不误砍柴工，让我们先帮孩子们磨磨刀吧！

一、激兴趣

“兴趣是最好的老师”，以趣激趣是先声夺人的有效方式之一，即从讲一个故事、一首诗歌、一篇散文谈起，然后从中总结出学习语文的特点、规律、方法等。如“父子俩住山上，每天都要赶牛车下山卖柴。老父较有经验，坐镇驾车，山路崎岖，儿子眼神较好，总是在要转弯时提醒道：‘爹，转弯啦！’有一次父亲因病没有下山，儿子一人驾车。到了弯道，牛怎么也不肯转弯，儿子用尽各种方法，牛就是一动不动。到底是怎么回事？儿子百思不得其解。最后只有一个办法了，他左右看看无人，贴近牛的耳朵大声叫道：‘爹，转弯啦！’牛应声而动。”从这个类似于笑话的故事中引出关于学习习惯的话题，进而总结出如何养成学习语文的习惯的问题若干项，这样学生更易于接受抽象的道理。

二、说意义

语文是什么？是一手好字、一张铁嘴；是看山水成画、指物作诗立就；是爱国的情怀、满肚子的名篇佳作和灿烂的中华文化……

语是语言，是说话。是见什么人说什么话，进什么场合发什么言，金玉良言如春风拂面、寒冬的炉火、炎夏的清泉……

文是文字，是文章，文采；是记录语言的符号，人们交际中必不可少的重要条件；是刚毅隽永的书法，比喻迭起的《离骚》；是气势如虹的汉赋、凝练可唱的唐诗宋词；是词彩句丽的散文，栩栩如生的四大名著……

学习语文为什么？可培养优良道德品质，高尚思想情感；可培养能力，开阔视野；可提高综合素养，提高文化品位及审美情趣；是升学就业的首要条件……

三、讲方法

第一，端正态度，树立目标。“态度决定一切”，首先要有决心、有信心做好一件事，然后再制订一套科学的学习计划：长期计划，如期中期末要达到什么水平，各科的目标是什么等。短期计划，即周计划、日计划等。

第二，讲究自主、合作、探究的学习方式。

第三，认真预习。“预习是学习之母”，如何预习？(1)审题目：为什么作者要取这个题目？该题目与文章的主题有什么关系？(2)了解关于文章的背景知识，如作者姓名(字、号)、称号、地位、代表作、文集……写作背景等。(3)浏览文章，理解文意中心、写作技巧等。标注自然段，试着划分层次。(4)搞清生字词，看学习提示，结合课后思考题理解文意。将不明白的地方画上，留待询问老师和同学。

预习三环节：读—画—思。要认真阅读教材，教材是学习好语文的基点，是名人经典著作，要认真读；画，把不懂的地方画起来，这是听课的着重点；思，就是思考，掌握课本的大概内容、知识结构、知识要点。

第四，专心听讲，眼耳手脑并用。知识上：通过预习使听课具有明确的目的性和针对性；心理上：抛开杂念，全神贯注，主动学习积极思考；物质上：要准备好笔记本，把重点记下来；方法上：边学边记，记重点，强调点和疑难点，不懂的及时发问。

第五，写作业，求质量。作业练习既是对所学知识巩固提高又是对自己掌握知识的检测。要独立完成作业。在练习中学，学中练，作业中出现的问题要认真纠正，找出原因。以后要注意使自己做题水平和能力逐步提高。切记你对知识的掌握和能力的发挥要落实到做题上，落实在试卷上，落实在中考成绩上才能显示你的才能，展示你的价值。

第六，复习反思，温故而知新。(1)要有总结的意识。把新旧知识结合起来，并懂得及时将知识内化和外延。比如对系统知识进行归纳并总结出一定规律，对易混淆的知识进行比较并发现问题，建立起一个知识网，并随时进行填充等。这样才能把复杂知识记牢。(2)要有反思意识。

通过复习，在巩固已学知识的同时，找出自己的薄弱点，模糊点。记住找出问题的学生是好学生。经常分析自己这段时间学习是否有进步，方法是否合适，是否有失误。并据此做出及时调整。

第七，课外多阅读文章，多写日记、周记、心得体会；多看有益的影视节目，多上网搜集资料信息等。

四、做准备

第一，必备工具书：《新华字典》《现代汉语词典》《成语词典》《古汉语常用字字典》《语文基础知识手册》等。

第二，参考资料：(1)有每课教材分析、同步训练及参考答案的书籍一部；(2)文言文评点书籍一部(有原文、重点词语解释、翻译，有简要分析、知识归纳及同步训练)。

第三，作业本：(1)作业记录(兼每天温馨提示)本一本(最好学校统一制作)；(2)字词积累本一本；(3)周记(兼写读后感)本一本；(4)文言文翻译(兼古诗词默写)本一本；(5)作文本两本；(6)误答笔记一本；(7)课堂上还须有语文笔记本一本。

磨刀之工岂止一节课的45分钟就可一劳永逸？砍柴之时刀不利则即时磨之是为要也。

推介写日记的理想方式：合作日记

写日记对人的身心健康发展具有十分重要的作用：提高文学素养，帮你练笔；记住时光，珍藏回忆；发现生活，感悟生活，学会感恩……正因为写日记有如此多的好处，所以中小学教师，尤其是语文教师提倡学生写日记。要求学生写日记，检查督促学生写日记就成了教学中不可缺少的环节。但现实中的中小学生写日记的状况如何呢？

由于经历、阅读量、知识面、时间等原因，学生把写日记当成一种负担：一布置日记就愁眉苦脸；一写日记就变得麻木，半天写不出几句，即使写出的也只是几句空洞乏味的话。从而造成了一大批流水账式、混生活式的所谓"日记"。

天天写日记，如何检查评比？对老师来说，也成了负担，每天四五十本日记都要认真看不太可能，不认真看又辜负了认真写的学生。这样一来，日记就成了老师和学生都头疼的问题……

看来传统教学中的提倡学生写日记，要求学生写日记，检查督促学生写日记的方式方法要改一改了，如何改呢？如果从减轻学生的课业负担、扎实有效地写日记的角度说，"合作日记"未尝不是一种最佳的选择。

合作日记是指组内几个成员共用一个日记本，每天由一位同学执笔完成一篇日记，每组一般有五个人，第一人写完后交给第二人，第二人首先要对第一人的日记进行评改，写出详细的评语之后再交给下一人写，这样周而复始，合作完成日记。每组确定一名学生负责检查监督，教师进行阶段性检查。一般在每周五对合作日记进行全班交流，评出"优秀合作日记小组"。

合作日记就是合作学习，它以语文课程标准提出的"积极倡导自主、合作、探究的学习方式"为理论依据，以学习小组为基本组织形式，系统利用教学动态因素之间的互动来促进学习，以小团体成绩为评价标准，共同达成教学目标。新的形式给学生的学习注入了新的活力，由于将课堂学习中常用的小组合作形式引入了日记写作中，并且小组成员由学生自由组合，教师再根据个性的差异、学习水平的差距等来适当进行调整，这样，相互学习、相互监督、相互竞争的局面就自然形成了，学生写作的兴趣和积极性就会高涨。从前不愿意写作的同学也动了起来，把写合作日记当成了展示自己的舞台。

合作日记不仅是写给自己看的、写给老师看的，还是写给亲密的伙伴看的、写给爸爸妈妈看的。这一做法使大多数学生总是能够以主人翁的姿态，认真地、负责任地对待小组合作日记，因为他们的日记已被转换成公众阅读作品，需要不断地接受他人的监督，如此一来，势必促使学生珍惜这一展示自我的大好机会，养成一丝不苟的良好写作习惯。

合作日记本一直在同学们手中流动，有的同学长于写人，有的同学长于叙事，有的长于抒情……彼此之间可以互相欣赏、相互借鉴、相互点评。当有的孩子拿到日记本不知道写什么时，完全可以从同龄、同班、同组孩子的作品中得到启发。进而借鉴写、模仿写、创造写。

合作日记轮到自己写后要给家长看看，让家长谈谈看法，家长看后可以点评自己孩子的日记，也可点评其他孩子的日记。父母的点评虽大多是赞誉之词，可对孩子来说，别有一番滋味在心头，就会受到莫大鼓舞。父母通过看孩子的日记，缩短了两代人之间的距离，加深了父母与孩子之间的感情。

合作日记不像作文那样既要规定文体，又要限制范围和字数，学生可以随心所欲地写，可以写几十字的片段，也可洋洋洒洒上千言；可写亲眼目睹的校园故事，也可写自己对某事物的认识、看法或感触……总之，不拘一格，可以让学生任意挥洒，无限驰骋。在观看学生的合作日记时，教师或家长的心会随着学生的心灵一起跳动，会与学生同喜同乐……

合作日记是师生心灵的交汇，是教师探看学生心灵的窗口。从合作日记中可以了解学生的家庭琐屑，影响学习成绩的原因等，进而探求学生的思想世界……面对学生的一些具体问题，教师要尽最大的努力去帮助他们，让他们真正感到自己的老师不仅仅是良师，更重要的是益友。

学生相互点评日记，可以畅所欲言、实事求是。若看到他人的不足就要指出。点评者在告诫别人的同时也提醒了自己，孩子们在批评与被批评中提高了自己写作的能力和水平。

通过合作日记的平等对话，可以使父母与孩子之间、师生之间，同学之间多一分理解和宽容，加深感情，增强孩子的自信。家风、班风、学风也会随之而有所改变。可谓一举多得，何乐而不为呢？

语文教学中的人格培养例说

一、范例

初中语文教材——《鲁迅自传》

(一)人格育人点

做人要像鲁迅一样具有热爱国家、热爱人民、求学进取、自强不息、追求进步、不懈奋斗的伟大精神。

(二)教学过程及内容概述

第一，组织学习课文。让学生明白文章是如何体现鲁迅伟大精神的。

第二，组织召开“学习鲁迅研讨会”，请同学们将课下收集的鲁迅的语萃及事迹讲给大家听，要求试着谈谈个人的收获。其他同学准备好摘记本，将有价值的材料记录下来。

参考材料：

1.1903年，鲁迅在照片背后写下一首《自题小像》的诗，送给许寿裳(参见课本“有关资料”部分)：

灵台无计逃神矢，风雨如磐暗故园。

寄意寒星荃不察，我以我血荐轩辕。

这是一首动人的爱国主义诗篇。在这里鲁迅表达了对祖国命运的深沉关切和忧思，流露了他对广大人民在封建统治下愚昧、不觉悟的愤慨和焦虑，抒发出他的某种寂寞的心情。同时他还立誓要为祖国的复兴献出自己的鲜血和生命。这是他毕生遵守的最可贵的誓言。全诗采用形象化的手法，熔铸成慷慨悲歌的风格，显现一位忧国忧民，看不到希望而又不堪寂寞、求索奋斗的爱国者的光辉形象。

2. 鲁迅爱憎分明的阶级感情，集中体现在他所作的旧体诗《自嘲》里。

运交华盖意何求，未敢翻身已碰头。
破帽遮颜过闹市，漏船载酒泛中流。
横眉冷对千夫指，俯首甘为孺子牛。
躲进小楼成一统，管他冬夏与春秋。

这是鲁迅旧体诗中最为人称颂的一首。以幽默的笔调描写了在国民党文化“围剿”中的艰难处境，但他从容镇定表现了“为敌为我，了了分明”的阶级爱憎和“嬉笑怒骂，皆成文章”的战斗风格。充分体现了鲁迅一生高贵的革命品质。

毛泽东同志说：“鲁迅的两句诗，应成为我们的座右铭。一切共产党员，一切革命家，一切革命的文艺工作者都应以鲁迅为榜样，做无产阶级和人民大众的‘牛’，鞠躬尽瘁，死而后已。”

第三，作业。(1)阅读《贫民总统孙中山》一文，以《伟大的人物高尚的人格》为题写一篇文章，文体不限，500字以上。(2)以《高尚的人格应是什么样》为题写一篇文章，字数不限，文体不限。以上两题任选其一，并准备在课堂上讨论。

二、解析

语文教学中人格培养的途径是多种多样的，形式又是丰富多彩的。上述课例只是一个探索性的个案而已，并非固定模式。通过这个个案，想要说明的是如下几个问题。

第一，明确每一单元乃至每一篇课文的人格育人点，这是先决条件。要确立这个育人点，首先要搞清人格概念的内涵和外延，还要考虑结合语文学科的特点。我们将此方面的内容归结为两个方面四个层次。

两个方面即两个属性，其一是社会属性，包括思想道德品质、世界观、人生观、价值观、方法观等；其二是心理属性，包括性格、气质、能力、动机、兴趣、意志、认知、情绪等。

四个层次即四个方面养成教育，其一是政治思想教育；其二是道德品质、人生观、世界观教育；其三是个性心理教育；其四是知识、能力、行为习惯的教育。

根据上述各大项的内容再细化为一个个小项内容，然后落实到每个单元，直至每篇课文。

第二，抓住“五个字”，在落实“育人点”上下工夫，这是关键。五个字是“学、品、树、炼、测”，即“学人格、品人格、树人格、炼人格、测人格”。

学人格就是“学习做人”，是以教材为基点，通过对教材中高尚人格的学习、感悟而领会、掌握做人的基本要领和要求。如：鲁迅人格中有哪些闪光点值得学习？要明确。

品人格就是“理解做人”，通过对教材有关人格方面的问题的理解和讨论来领会这样做人的好处。如：鲁迅为什么要这样做人？有什么意义？现实生活中我们要借鉴什么？要思考玩味。

树人格就是“如何做人”，即为树立做人的奋斗目标。学人格是基础，品人格是深化，“我们如何做人”才是落脚点。通过语文教学的各个环节来帮助学生树立“我要如何做人”的人生目标是人格培养的重要环节。如《高尚的人格应是什么样》的作文题的设计即为此意。

炼人格就是“磨炼成人”，通过言谈举止的行为规范化训练和自我训练来使学生向着“做人的目标”前进。教学中着重要起指导、督促、检查的作用。

测人格就是“评定做人”。目前对学生人格的评估主要有四种方式，即投射测验、主体测验、人格问卷、行为观察与评定。

上述五方面内容可以概括为“读中悟、题中评、写中立、练中行、操行评定”五句话。

第三，注意事项：(1)语文教学中的人格培养要见机行事，育人点的确立要“因材制宜”，有“点”则“育”，无“点”则不“育”。不能一概而论，篇篇俱到、生拉硬扯、牵强附会。要找准切入点，抓住育人一两点，以点带面。(2)课堂教学要以落实“双基”为主，人格的培养不能冲淡这个主题。不能将语文课上成思想品德课。

三、附记

现代语文教育在重视培养能力的同时，更重视人的发展，以此来防止语文教育的失衡和异化。这是世界语文教育改革的共同课题，也是世界未来教育的发展趋势。我们研究、探索、实践《语文教学中的人格培养》这个课题已三年有余，2003 年底被深圳市教科所列为教育科学“十五”规划课题。四年多的大胆尝试使我们颇有感触。

第一，人格培养是个“大”课题。语文课程的“工具性与人文性”的特点决定了语文教学是不可忽视的人格培养的主战场，大有文章可作。但此课题只有与其他学科及社会相结合，课内与课外、家庭与学校相结合才能取得明显效果。

第二，人格培养是个“远”课题。要从长计议，从基础抓起，重思想观念和行为习惯的养成，不能急功近利。

第三，人格培养是个“实”课题。形式不拘，内容更重要。具体要落实“爱国主义、国情知识、民族精神”等方面的教育内容。

第四，人格培养是个“难”课题。从目前看，我们对此课题的研究实践取得了初步的成绩，尤其是学生的思想认识提高了。但能否将高尚的认识变成高尚的行为？怎样测定才比较严密准确？这还是个难题，还有待于进一步探讨、研究。

语文合作学习组织例说

合作学习是20世纪70年代初兴起于美国的一种富有创意和实效的教学理论与策略。它被誉为“近十几年来最重要和最成功的教学改革”。《国务院关于基础教育改革与发展的决定》指出：“鼓励合作学习，促进学生之间的相互交流、共同发展，促进师生教学相长。”

既然合作学习如此受到青睐，那么语文教学中如何组织学生进行合作学习呢？三十年来的教学实践，使我深刻认识到下列几种合作学习的方式是行之有效的。

一、互查

布置了学习任务需要严格检查，对检查出现的问题需要严格督促更正，并力求使其不再犯同类的错误——这是教学中的一大难题，也是提高教学质量的最关键的环节。教师的精力是有限的，即使布置的学习内容都检查，都评出了等级，都进行了讲评，但实际效果却不一定好。尝试组织学生进行合作学习之后，面貌则大大改观：教师解脱了，学生受益了，效果显著了，真是“一举两得”。例如背诵、默写古诗文历来是中学语文教学的一大重点、难点内容，以前的方法是家长签字把关，教师抽查或考试等，效果总是不大理想。发动学生进行合作学习，自找对子相互检查，相互负责。一人过关，另一人到科代表那里报告登记。对于没有过关的学生老师再亲自督促等方法的实施，使教学质量明显提高了。

二、互促

过去促动学生学习，调动学生学习积极性是老师的事情；现在运用合作学习的理念，学生成了学习的主人，他们相互促动，共同提高，而教师则成为设计和组织者。如前面提到的“合作日记”，只是方式方法的点滴变化，效果则大不相同，学生的内在学习动因被充分调动起来。

三、互研

在课文研读时我常常将学生分成四大组，桌子摆放在中间，学生坐在四周围成一圈，每组确定一人为主持人。研讨分两种形式：其一是自问自答，即组内质疑问难，组内研讨寻求答案。对于那些搞不清的问题则拿到全班来讨论。其二是设问研答，即先提出教师设计好的或学生提出的尚无定论的问题，再分配给每组相同或不同的题目，让学生研讨答案。答案确立后再由主持人在全班宣布，遇有四组不同意见的再组织辩论。场面热烈，学生参与的积极性高，学习效果好。

四、互评

评改作业尤其是作文是语文教师最头痛的事，粗略一看就给一个分数或等级的做法于心不忍又难以发现问题。合作学习为我们提供了解决这个问题的新途径。如评改作文，我经常是将学生分成四大组，然后让学生将自己的作文与另一同学串换，老师宣布评改标准，学生团团围坐，按要求写评语打分数。每次评改作文，学生的评语都写得头头是道，每次评出的优秀作文都由学生来讲读，效果非常好。

五、互通

能够取长补短、相互促动是合作学习的显著特征。教学中我常组织学生进行如下几个方面的互通学习：(1)课前预习互通。我要求每次学习新课之前同学们必须相互沟通，明确新课的重难点和这一节课我要搞清什么知识等问题。做到“有备而学”。(2)课内互通(上述已涉及，故在此略)。(3)课外归纳互通：通常在学习一个单元以后，根据学习目标与具体内容，把学生分成若干组，大体从六个方面去归结：了解一点常识，识记重点词语，品味关键字词，摘录一些佳句，精读精彩段，学习巧妙构思等。各个小组又分工到人，组内交流后拿到全班交流。或由学生自己将所学习的内容，出题考试等。(4)课外作业互通：按居住地点组成课外学习小组，作业平时力求在一起做，而假期则每周必须聚集一次，交流学习经验和教训，明确各个问题的正确答案。

语文从阅读中走来

YU WEN CONG YUE DU ZHONG ZOU LAI

- 教法拾零
- 概念辨析

赞美和批判，阅读教学中的母子链

“这篇文章好在哪里？有哪些东西值得我们思考和借鉴？”“这篇文章还有哪些不足？有哪些地方值得商榷、修改或舍弃？”说得通俗明白一点，这就是语文教与学中的赞美性阅读和批判性阅读。“探究性阅读”“独立阅读”“个性化阅读”“创造性阅读”“多角度多层次的阅读”等在《语文课程标准》中频繁出现的阅读概念，都要统辖在这两种阅读的态度和价值取向上来。在此着重谈一下两者的区别和联系及其教学意义。

一、个性鲜明 截然不同

赞美性阅读是一种对课文作出客观性的反应，对读物作出贴近作者写作原意的判断的阅读，是描述作品中提出的观点，同时也要对它所写的内容做出自己的客观性回应。有时也可把不同的作品联系起来，但所指出的须是它们的共性即在这种共性基础之上的各自特色，并突出它们可供学习借鉴的东西。

批判性阅读是一种对课文作出个人反应，对读物作出个人判断的阅读，不只是描述作品中提出的观点，还要对它所写的内容做出自己的回应。有时可把不同的作品联系起来，指出它们的差别和矛盾，并突出它们缺乏的东西。

从认知态度上看，赞美性阅读对文本是崇拜的，它是阅读者根据创作者的思想，对文本展开学习性探究的一种阅读、消化、转换的活动。而批判性阅读则对文本是怀疑的，它是阅读者根据自己的生活经验和阅历，对文本展开验证的一种阅读、消化、转换的活动。

从阅读者的特点来看，赞美性阅读者是非自我的，在心智上是依从的，他们本着虚心学习，不计糟粕独取精华的态度而根据一定的证据来确定学习对象。而批判性阅读者则是“自我”的，在心智上是独力的；他们拒绝作假，会克服文本本身带来的干扰而根据一定的证据做出是非判断或提出疑问；他们更会寻找不同事物间的联系。

二、具有同一基因的母子发展链

无论是赞美性阅读，还是批判性阅读都是语文学习中不可或缺的能力之一。在教学中，厚此薄彼甚至是舍此取彼的观念和做法是错误的。赞美性阅读是批判性阅读的基础。

语文教学中学生阅读的目的是什么？大而言之就是认识自然、社会和人生，进而改造自然、社会和人生；从语文学科特点的小角度上说就是要通过文章的阅读来学习语文进而运用语文；从听、说、读、写的四种能力上说，读的主要目的是要借鉴写作。语文课本上所选择的文章都是经千锤百炼的经典作品。在教学这些课文时首先要使学生明白：好在哪里，从思想到内容，再到表达，哪些地方值得我们学习借鉴。好的内容知道了，对好的标准也自然就有所感悟，判断是非的能力也会在此得到提高。

教育专家史密斯先生将阅读技能的发展从低级到高级排列为四个层次：字面的理解水平、解释水平、批判性阅读水平、创造性阅读水平。

批判性阅读，作为阅读的第三个层次，它是在正确理解和解读原作品的基础之上进行的，正确理解和解读又是要依赖于一定的基础知识和水平的，而这种基础知识和水平又来自于何处？显然首先是依赖于赞同的吸纳，而且越是低年级的学生这种依赖性就越强，随着年龄的增长和阅历的加深才逐渐在赞同的吸纳中学会含有批判的否定，赞美和批判是不能截然分开的，更不可能是泾渭分明的。

三、先“拿来”再创新

先“拿来”再在实践中验证其优劣，逐渐学会去粗取精、去伪存真，进而形成能力，然后才能谈到批判和创造。这一循序渐进的过程是非一日之功的。

从我国目前语文教学状况上来看，赞美性阅读在基础年级占主导地位。当然，在赞美性阅读的同时，有计划、有目的地逐渐培养学生批判性阅读的能力也是必要的，但不能冲淡主要的。

批判性阅读是一种极其主动的阅读心态，通过对读物的批判和评论，不仅可以更深地理解课文内容，而且有助于提高辨别力。如果课堂上能够适时适地地引导学生去质疑，去批判，去否定，从小培养学生不盲从、不唯书，敢于独立思考，追求真理的精神，那才是称职的教师。

传统阅读教学观念总是习惯于将结论硬性地灌给学生，不允许学生有其他个性化理解。即使新课程理念下，出现了一些批判性阅读课堂，但多是些“作秀”之作，实际进行扎实的批判性思维训练和能力培养的为数不多。很多人认为，阅读只是一个解码过程，或者说是理解文章内容或作者意图的过程。

事实上，阅读的意义远不止如此，它还能激发人们的思考，引导人们关注相关的社会问题，而批判性阅读就是使学生在阅读评价、争论中一步一步走向成熟，这也是一种自我教育的过程，从批判中吸收是一种过滤后的吸收，因而吸收的是精髓。

赞美和批判，阅读教学中的母子链，岂可轻言孰轻孰重？

感中之悟，阅读教学中的“题眼”

什么是感悟？本不懂父母恩，当自己有了孩子并为之辛勤操劳的时候才知道做父母的不易，于是幡然醒悟，对父母倍加呵护；本不知什么叫珍爱生命，当看到埋在地震废墟下的孩子几天几夜忍着伤痛，面带微笑、相互鼓励，坦然面对死亡时，于是蓦然间懂得了“坚强、生命的意义”等字眼儿……这一切截然变化就是“感悟”，就是“感”中有了“悟”。

概括一下权威工具书对“感悟”一词的解释是“有所感而领悟、醒悟”，这个“感”是“感触、感动”；这个“悟”是“了解、理解领会、觉醒”。按这种解释，阅读教学中的“感悟”就是两个既有联系又有区别的概念。“感”是“悟”的基础和前提，“悟”是“感”的深化，是认识上的提升和飞跃。

感是素材，是接触大千社会中的形形色色的人、事、物、景；悟是成果，是接触万事万物后的头脑思辨行为的结果。有“感”无“悟”的文本阅读，那就是没有理解作者的深层意思，作者的用意没有引起你的共鸣和感动，原因可能是缺乏这方面的生活经历，由此及彼的联想力，逻辑思维能力等。有“悟”无“感”的文本阅读，那是无源之水、无本之木。正因为如此，人的经历、学识不同，内心的体验就不尽相同，悟性自然也就有所差别。

感悟的一般过程及形式是：“感”于一句话、一篇文章、一件事情、一种现象……“悟”出一条经验教训、一种道理、一个规律等。“感”和“悟”之间一般是要有关联或类似点的。如开篇所述的“对父母倍加呵护”者是“感”于同类事物的“类比感悟”；懂“珍爱生命”者是“感”于生死真情的“情感感悟”……

“悟”是一种个体的自觉、自得行为，是无法告诉，无法灌输，无法复制的“心领神会”。但又不是无法教与学的，在课堂阅读教学中教师可以通过各种渠道来点拨、催化“悟”的形成，加深学生的理解、体验，从而使学生因领会、理解，感同身受而有所“悟”。

《语文课程标准》指出：“阅读教学是学生、教师、文本之间对话的过程。阅读是学生的个性化行为，不应以教师的分析来代替学生的阅读实践。应让学生在主动积极的思维和情感活动中，加深理解和体验，有所感悟和思考，受到情感熏陶，获得启迪，享受审美乐趣。要珍视学生独特的感受、体验和理解。"我觉得虽然这种表述在概念上有些含混，但基本揭示了阅读的本质属性。鉴于此及上述所阐述的观点，我认为阅读教学中应从下列几方面对学生进行"感"和"悟"的指导。

首先在课堂上要让学生充分地"感"，就是读书。要树立只要通过学生自学能够学会的东西，只要通过学生的"读"能够"悟"出的东西教师就不要包办代替的教学观。不要走形式，怕冷场，怕淡化教师的主导作用；也不要指望学生在预习中完成"读"的任务；更不能用放录音、看眼花缭乱的多媒体画面等技术手段来替代"读书"。在老师指导、监督下的课堂上的"读"是最简单也是最有效的语文学习方式，同时又可减轻学生过重的课业负担。

"书读百遍，其义自见"的"读"就是感受的过程，"见"就是领悟。阅读教学是教师指导下的学生的"读"和"见"的阅读实践活动，是教和学相结合的活动，而不是只有教或只有学的片面活动。在这个活动中，学生是主体，而教师只是起主导作用。因此，阅读教学必须让学生充分地阅读，教师的作用应是引导、激励和评价学生的阅读活动。

其次是要使学生懂得什么是感悟，应怎样感悟的问题。教师的"主导"是要使学生知感悟，懂怎么感悟，进而激发学生的阅读兴趣，架起"感"和"悟"沟通的桥梁。

有的课文，学生一读就懂，容易浅尝辄止；有的课文，学生似懂非懂，容易丧失信心。教师应激励学生细致地揣摩，多问几个为什么，得到问题的答案之后，教师还要有"为什么会这样？——啊！原来如此！——我为什么没有这样？——我明白了这个道理(规律)"等感悟过程的点拨。

教师在教学过程中引导学生进行感悟的方式方法有许多，除了前边提到的类比感悟法、情感感悟法等外，还有几种方法可供参考：

第一，以小见大感悟法。这种方法就是从小处着手，品词析句，咬文嚼字，进而"悟"出字、词、句、章的精彩来。

第二，静动变化感悟法。在阅读时可以引导学生借助联想、想象及音、像、画等现代化手段，让学生通过视觉、听觉、嗅觉、触觉等方式的综合作用来化干瘪、静态的文字为具体可感、形象而鲜活的画面，以更好理解、体会文本含义，这样的“悟”更易于激发学生的学习兴趣，更易于深入浅出。

第三，反复吟诵感悟法。有些文章看一遍之后还没有明白其中含义和韵味，那就放开手让学生再读甚至是三番五次地读，并强调要眼到、口到、手到、心到。古人所云的“书读百遍，其义自见”即为此理。

第四，联系现实感悟法。叶圣陶说：“不了解一个字一个词的意义和情味，单靠翻字典、词典是不够的，必须在日常生活中随时留意，得到真实的经验，对于语言文字才会有正确丰富的了解力。”语文教师在引导学生阅读时要善于通过文本挖掘现实生活中的情景，以唤起学生的生活回忆、联想和想象，从而更好“悟”出具有现实意义的一般性道理。

第五，思考碰撞感悟法。感悟是具有个性化特征的，它因知识背景和情感经历等的不同而显现为“悟”的有无、深浅和对错。在教学过程中教师不仅要关注每个学生的个性化感悟，还要关注学生之间的感悟交流与碰撞、感悟提示与启发。进而激发灵感并提高学生的感悟力。

总之，阅读教学通俗一点说就是“在教师引导下学生通过感触、感动文本而理解、领悟文本本身及其文本以外的含义和学习意义的过程”。鉴于此，只有“感”而没有“悟”的课堂就不是真正意义上的阅读教学课堂；只有“感”而没有“悟”的课堂就是机械的没有生气的阅读教学课堂；只有“感”而没有“悟”的阅读教学课堂就是师生没有收获的无效劳动！

阅读答题有歌诀

中学生现代文阅读教学，向来用时多效果差，使人很苦恼。我根据自己近三十年之语文教学经验总结出阅读答题的八句歌诀在教学中运用，取得了较好的效果。

辨文体、知旨要，整体面貌先知晓。

审题干、区域讨，问题在心文中找。

定要点、语言巧，理清思路规范妙。

记说议、各有道，文体特点要记牢。

一、整体面貌先知晓

阅读做题要遵循合理的阅读过程。首先应快速地浏览一下整篇文章，在整体感知文章的基础上，初步了解其体裁、内容、主旨，然后再经过研读局部把握全文的内容。初读文章，两道工序不可少：(1)辨文体：快速地浏览文章之后，头脑中马上要反映这是一篇什么体裁的文章，以便为后来的工作明确方向。在此我仅以记叙文(小说、散文)、说明文、议论文等几种体裁为例加以阐释。(2)知旨要：快速浏览文章后，不仅要知道文章的体裁，更重要的是要初步明确文章的写作主旨。在思考这个问题的时候，要重视标题、开头段、结尾段及各段落的首句，理清脉络，了解基本梗概，不过多顾及细节，更不要把时间花在生字词及难懂的句子上。

不同文体有不同的归纳中心的方法。

归纳记叙文中心的方法一般有：(1)提取文中揭示中心的抒情性的议论句。(2)抓住文章首尾段中提示中心的点题句、关键句。(3)通过结构分析，把各部分段意加以综合概括，归纳中心意思。

阅读说明文，则要注意理解介绍的是什么事物，解说的是什么事理，把握事物的特征或事理的本质，这是掌握说明文中心最基本的要求。

阅读议论文，则要通过感受文章的语言，明确论述的问题，把握住文章的论点。需注意的是，有的议论文除了论点外，若干段落有分论点，对全文的论点起支撑作用，相当论据的作用，这时称全文的论点为中心论点。

二、问题在心文中找

答题时首先要看要求，明确要解决的问题。做到胸中有数，才能有的放矢。

(一)审题干

第一，探讨命题意图。现代文阅读题干的设置包含三个方面的内容：创设情境、设问角度和命题意图。其中，前两者是显性的，而后者则是隐性的，但又是最为关键的，它直接关系到答题的方向。只有与命题意图吻合的答案才是正确的，因此要努力通过题干去揣摩命题的意图。

第二，明确答题方向。把握方向，遵循方向，就能少走弯路，提高答题的准确性。这个方向来自何处？就是来自于题干本身的暗示。当然，题干中的答题方向同样是非显性的，也需要我们对题干作出一点分析和挖掘。

第三，知晓答题区位。答题的区位是指试题形成答案所在的语段或句子，这是保证答案准确的前提条件。信息集中在何处呢？题干往往会有所显示。因此，要仔细分析题干，发掘题干中所隐含的信息，以题干的“此信息”去求答案区位的“彼信息”，从而确定出答题的区位。

第四，确定答题方法。答题方法包括答案应采用怎样的句式去表述，用怎样的方法去推求答案等几个方面，这同样会在题干中有所反映。

(二)区域探讨

阅读答题时，首先看题目涉及文中哪些段落或区域，和哪些语句有关。确定某一答题区域后，再仔细弄懂这一段每一句的意思，进而理清段落之间的关系，了解行文思路。阅读时反复琢磨题干，圈画与之相关的内容，答题时就不需要再从头至尾搜寻，可节省不少宝贵的时间。

其次要联系上下文，抓住文章中关键的词句。文章中关键的词句往往是：标题、开头句、结尾句、独立成段的句子、中心句、警句、比喻句、连问句、过渡句、抒情句、议论句、反复出现的词句、重点关联词等。应特别注意那些体现作者立场观点，反映文章深层次内容、内涵较为丰富、形象生动的词句，文章的主旨往往就隐藏在这些句子里。

三、理清思路规范妙

(一)定要点

现代文阅读的考查，主要集中在：(1)理解词语在具体语言环境中的含义和作用。包括理解词语在文中的比喻义、引申义、临时意义等。(2)在具体语境中分析句子的含义和作用。(3)把握段内、句间的层次关系，理清全文结构，归纳文段要点，综合文段的内容等。(4)对文章的思想内容进行分析、概括，会提取主要信息，对表达技巧进行评价等。

不同类型问题的答题方法又有着不同的规范可供借鉴。

1. 概括文章内容题。(1)依据中心句进行概述总括；(2)通过提炼要点、关键词句进行概述总括；(3)通过辨认语句之间或语段之间的相关性，进行概述总括。

2. 词语理解题。找出选项相对应的内容区域，画出文章中相对应的语句，联系词语的本义，抓住语境义。

3. 句子理解题。理清复杂句子的结构关系，适当作些句子成分的分析。对修饰成分认真思考，这是选项比较的重点。找出文中相对应的阐释，与选项逐字逐句对照、比较。分析原因和结果的关系。分辨先后顺序。检查该选项的解释与全文或全段的倾向性是否一致。

4. 仿句题。(1)审题要仔细：仿句要细到标点符号。(2)形式要限制：仿句要注意修辞及字数的规定。(3)内容要创新：不要照搬照抄，要开拓思维。(4)上下要协调：尤其是结合语境的句子，一定要注意上下文的暗示，使上下协调。

5. 语段压缩题。明确题干要求，抓住陈述对象、事件经过及事件结果，找出文中的信息点，或归纳或概述特点，连缀成句，不多或少文字，不出语病。

(二)语言巧

现代文阅读多为主观题，要求考生自己组织语言来解答问题。有效地组织好语言，使所答充分、到位、准确、有条理，对于提高得分也是非常重要的。

1. 紧扣题意，选用恰当的句式，选取适宜的角度作答，即使“答”与

“问”有直接的关联性。一般不宜一字不差地摘录原文，应该严格紧扣题干要求，对准文中有效信息，将题干要求与文中的已知信息重新进行排列组合，使之成为全面、凝练、流畅、契合要求的标准答案。

2. 善于利用文中的重要词句。一般来说，答案中涉及的一些关键词语、句子就在原文中，考生应抓住这些重要的词句，进行有效的提取、剪辑、重组，这样组织起来的答案，一般都接近标准答案。

3. 需要高度概括的题目，组织答案的时候首先要整合文中的相关信息，在原文中找出相关段落所传达信息的共同点，然后利用文中附着信息共同点的那些具体的、形象化的语句转换为抽象、概括性的语言，即为所需答案。

四、文体特点要记牢

要答好阅读题就要熟悉各类文章的题材特点，题材不同阅读理解各有侧重。

(一)阅读记叙文要明确以下要点：会分析记叙的要素、人称和顺序，能归纳文章的中心意思；理解文章的详略与表达中心的关系，理解叙述、描写、说明、议论、抒情的表达方式在文中的作用；体会语言的生动性、形象性。

(二)阅读小说要明确以下要点：会从故事情节、人物描写、环境描写三个方面来分析人物形象，把握人物性格；掌握常见的如渲染、衬托、铺垫、象征、对比、比喻、拟人、引用等写作手法和结构上如以小见大、先抑后扬、托物言志、前后照应等表现手法。

(三)阅读说明文要明确以下要点：读懂说明的内容，把握说明对象的特征；理清说明的条理，明确说明的顺序；区分常用的如分类别、作比较、打比方、列数字、下定义等说明方法，分析说明方法在文中的作用；体会说明文语言在揭示事物或事理时，体现在对事物的质地、数量、程度、条件、范围、时间、性质等方面加以各种限制性的词语和关键性词语的准确性。

(四)阅读议论文要明确以下要点：明确论述问题，把握文章论点；理清论述层次，明确论证过程；明确论据，并理解其作用；判断论证方法，理解其论证作用；体会议论文语言的严密性、鲜明性。

让名著进课堂

——课外阅读课内抓的实施策略点滴

“名著是人类文化的精华。阅读名著，如同与大师们携手共游，可以增长知识，启迪智慧，提高语文能力和语文素养。”这是义务教育课程标准实验教科书《语文》七年级上册最后“名著导读”部分“关于阅读名著”的开场白。《语文课程标准》对学生的阅读量和书目都提出了比较具体的要求，《语文》课本也随之设置了“名著导读”栏目，安排了一定量的名著以“概括介绍”“阅读建议”“精彩片段”“点评”“探究思考”等形式给学生以导读。

试问我们教师自己，我们及我们的学生都按要求读了吗？是仅读了教材的内容，还是读了原著？除了这些，还读了哪些名著？答案可能并不令人满意。

如何解决这些问题？“课外阅读课内抓”的措施对督促学生的阅读是具有一定作用的。课内抓什么才能得益于课外，才能运筹帷幄决胜于千里之外？

一、布置指导

首先要使学生明确读什么，读多少，怎么读。以《语文》教科书“名著导读”中所规定的书目为必读书目，然后再根据不同学生的实际状况来适当向外扩展，如课文是文章选段则尽量要求学生看原文或原著。“读什么”还包括教师根据不同的文章或著作的内容和不同的训练侧重点所提出的学习探讨要求，可以“阅读建议”“思考探讨”等形式出现，让学生带着要求和问题有目的地阅读。

读什么明确了，为便于检查还要明确读多少的问题，在统一步调的基础上要鼓励那些基础好、有良好阅读习惯的同学多读。对于大部头的经典作品，为跨越学生畏难情绪的障碍，我提出的数量要求是“名著都是故事链，每天一大段”。

接下来的问题是怎么读，《语文》七年级上册最后“名著导读”部分“关于阅读名著”中所列的阅读方法有三项：其一是不妨先读前言、后记和目录；其二是略读和精读相结合；其三是做点读书笔记。此外还指出，在阅读过程中还要注意利用工具书和有关参考资料，以加深理解，扩展视野。我想这几条对于初中生来讲有点粗线条了，还要强调：其一是合作互助，互相解答疑问，以调动学生研究问题的积极性，教师只负责点拨引导，答疑解惑就可以了。其二是为了便于检查督促，读书笔记的格式还是要统一要求为好。“书名、作者及其简介、主要内容介绍、主要人物形象概括、词语积累、精彩语句和片段摘抄、600字以上的读后感一篇(要求从对人生、社会、自然的启示和写作借鉴等方面来构思)等”是我对写作读书笔记的一般性要求。

二、课内读原著

课内读原著，时间哪里来？经验和教训告诉我们：绝不用一节课或几节课“讲学”一篇现代文，而是用一节课或几节课“导学”一篇或几篇现代文，把压下来的时间用在让学生“多读、多记、多写、多练”上。

读原著，每周最低要给出一节课的时间，然后再布置这一周的阅读作业，到下周课堂上检查评比、教师总结点评后再读，周而复始。除了每周给出一定的时间外，有条件的学校还可以采取其他的形式来间接读原著。例如利用多媒体、电影放映机等手段以声影并茂的方式把文章上的故事内容传递给学生，使学生生动直观地了解名著经典等。再如自编自演课本剧，邀请作家、学者进行专题讲座等都是间接阅读原著的有效的方式方法。

三、检查评比

检查仅靠教师一人是不够的，必须调动学生及其家长参与。组成学习小组、结对子等是检查评比进行“合作学习”的比较理想的办法。(1)每周一次结对子相互检查读书笔记。先看量，即是否跟上了进度；再看质，即是否认真详细；最后给出“优、良、中、差”等级评定，再写上简要评语。(2)检查读书笔记结束后，双方互填张贴在墙上的阅读进度表，学习小组组长负责抽查核对。结对子检查评比结束，教师最后把关，主要看结对子的双方以及小组长的检查是否认真详细且公平、公正。然后进行总结点评，肯定成绩，指出不足，明确今后改进的措施，并要求学生记笔记。(3)搭建舞台，展示阅读成果。①每周一语文课前，用5分钟左右的时间召开读书新闻发布会。小组轮流，谈新闻，说心得。②每学期举行一次读书报告会。③每学期举办一次擂台赛。指定书目，比深度，赛水平。④每学期举办一次读后感写作评比活动，对优秀作品予以加工润色，推荐发表，并印发给学生学习。⑤在校刊上开辟“读书专栏”，推荐介绍名著，刊登学生读书新作等。(4)每周填写一次“学生课业情况信息单”，学校将检查评比状况反馈给家长，家长将督促状况回执给学校。

四、组织考试

组织考试是督促学生读书最有效的手段。《2007年福建省高考语文、数学、英语三科考试说明》中的语文科明确规定了“《教学大纲》推荐课外阅读的长篇小说类文学名著列入考试范围”。澳大利亚新南威尔士州的一道高考中文试题是，“《红楼梦》中的宝玉不思攻读，《儒林外史》中的范进屡试功名，试比较二者个性的不同(不少于250字)”。这些足以说明“名著阅读”在国内外都得到了重视。

我们的大考小考是否也应全面将“名著阅读”列入考试范围呢？这是个关乎继承和发扬人类传统文化的大问题，应引起有关部门的高度重视。否则又有多少人会去关注莎士比亚，又有多少人会静下心来品读《三国演义》《水浒传》《西游记》《红楼梦》《儒林外史》等名著？

中学生课外阅读活动的检测与评价探索

课外阅读是课内语文教学极其重要的组成部分，它能弥补课内教学之不足，拓宽人的视野，发展人的思维，陶冶人的性情。怎样才能使中学生的课外阅读活动扎实有效地开展起来，成了目前亟待解决的问题。"中学生课外阅读活动的检测与评价探索"就是要就加强这方面的管理、指导和调控，从而激励和鼓舞学生将视野从课内扩展到课外，关注大千世界的精彩姿态，积极进行课外阅读。

一、检测、评价原则

《语文课程标准》在"评价建议"中提出："形成性评价和终结性评价都是必要的，但应加强形成性评价。""定性评价和定量评价相结合，更应重视定性评价。""实施评价，应注意教师的评价、学生的自我评价与学生间互相评价相结合。"这些建议是我们构建学生课外阅读活动检测与评价体系的指导思想。

第一，重视形成性评价的原则。受遗传、家庭、学校、社会风气等的影响，学生对于课外阅读活动所表现出的态度、热情等是有个体差异的。这就需要教师更多关注学生"今天的学习"，如关注学生对课外阅读的兴趣；关注学生在课外阅读实践活动中的审美情趣、参与程度及合作态度；关注学生掌握知识的多少，能否发现问题、提出问题，能否去搜集信息、整理资料，进而探索问题解决问题等。这些都是对学生进行形成性评价的具体内容，只有通过全面的过程中的评价，才能促使学生综合素质的全面提高。

第二，强调定性评价的原则。传统评价考试是主要手段，分数是主要依据。其实一张试卷所检测到的只是学生学习中极为有限的一部分。《语文课程标准》对学生的评价要求明确三个维度：知识与能力、过程与方法、情感态度与价值观。对于学生在阅读实践中的口语交际能力，阅读时的表现力、感染力，学生课外阅读的兴趣、习惯与方法等方面的评价都是传统评价手段量化考核难以进行的，而定性评价则可根据同学、家长及老师等的观察所得，在综合多方面的评价基础上进行。

第三，倡导多元评价的原则。传统教学往往不够客观、准确，有的甚至会对学生造成伤害。科学的评价是在活动中对学生实施多元评价，既重视教师的评价，也关注同学的评价；既重视家长的评价，更关注学生自己的评价。增加评价的交互性，使其成为教师组织下的教师、学生、家长共同积极参与的交互活动。这样的评价更全面、科学和客观，能更有效地促进学生开展课外阅读。

第四，按年级分阶段制订评价标准的原则。《语文课程标准》对 7～9 年级所提出的阅读目标共 15 条，要在初中三年里达到这个目标，就要将每一条目标落实在每一学年的教学里，纳入到每一学期、每一学年的检测和评价体系中去。以阅读目标中的第 15 条为例，该条的内容是："学会制订自己的阅读计划，广泛阅读各种类型的读物，课外阅读总量不少于 260 万字，每学年阅读两三部名著。"考虑到九年级要参加中考，时间紧、任务重等原因，我们把这项目标分解到初中三年之中：七年级"学会制订自己的阅读计划"，明确"广泛阅读各种类型的读物"的范围和要求。七、八年级每学年要阅读三四部名著，阅读总量每学年不少于 100 万字；九年级上学期阅读一两部名著，阅读总量不少于 60 万字。

第五，以现行的人教版初中语文教材后的名著导读所列篇目和《语文课程标准》"关于课外读物的建议"中所列具体篇目及"建议"中的推荐范围为基本检测与评价的范围的原则。

二、检测、评价内容

第一，阅读态度。即有无阅读的兴趣和良好的阅读习惯，能否自觉阅读，有无探索精神，有无制订长期和近期的阅读计划等。

第二，阅读能力。即有效阅读的速度，获取信息的能力，对内容的理解和概括能力，对文章条理的把握能力，提问的能力，思考与判断能力等。

第三，阅读方法。即是否掌握并运用各种阅读的方法，是否掌握不同文体的阅读要领，有无建立阅读档案、自己的书库等。

第四，课外阅读的数量。即阅读的面有多宽，阅读的量有多少等。

第五，课外阅读的质量。即知识面有无增长，阅读综合素质有无提高，写作水平有无提高等。

三、检测、评价方法

第一，分层查阅法。实行组员—阅读小组长—教师三层级检查制，将定性和定量相结合考查。查阅《学期课外阅读计划》《读书摘录本》《阅读记录卡》《读书笔记》《读书心得》等。《学期课外阅读计划》学期初审核，学期末验对，其他内容阅读小组长每周检查一次，老师每月查一次，在期中和期末进行小结或总结评价，并填写评价表等。

第二，日常观察法。对学生的阅读态度评价，除查阅规定的资料外，在日常的教学活动和学习生活中要留心观察学生的课外阅读兴趣、持续进行课外阅读的热情和恒心等，以便及时有效地加以指导、调控。要调动教师、学生、家长共同参与。

第三，笔试法。对阅读能力的评价主要采取笔试的方法，结合单元测试、期中、期末考试等就统一要求的课外阅读文章的思想内容和表达形式等设计出若干个问题，让学生回答。建议各地中、高考每年都要设计一定数量的课外阅读题目，尤其是教材后的名著导读所列的篇目和《语文课程标准》"关于课外读物的建议"中所列具体篇目及"建议"中的推荐篇目都要列入重点考查的范围。

第四，活动展示法。举行阅读汇报会、综合知识竞赛活动等；开展读书卡展览、读书笔记评比交流、习作发表获奖情况通报、班级博客读书心得欣赏、班级黑板报和手抄报及读书笔记抄录展示、学期优秀作文和读书笔记合辑等优秀成果展示活动；在课前五分钟的语文活动和专门的读书课中，让学生或讲述故事，或朗读摘录的精彩片段，或向同学推荐优秀文章、书籍，或就书中内容进行辩论等。

第五，阅读考查晋级法。阅读级别分五级，七、八年级每学期考查晋级一次，九年级上学期考查晋级一次，也可提前考取下一级别。具体操作中，依据考级项目中的必读书目和学生在申报时填报的选读书目，命题考试。考级过程是：学生提出申请—填写申报表—资格认定—考试—发证。申报表由姓名、性别、年龄、必读书目、选读书目等内容组成；资格认定是由学生推荐的评委对申报者的读书笔记等进行检查，以确定其是否有资格参加阅读考试；考试一般由两名主持人(一名教师、一名学生)主持，5～7名评委(评委由学生推荐的读书小博士组成)，考试内容有口试、笔试，有必答、抢答，最后由评委依据参加考级者各项内容所得分数进行等级认证，总分在70分以上者方为考级成功，由学校颁发统一制作的“阅读等级证”。

“中学生课外阅读活动的检测与评价探索”虽还有许多问题需要探索，但起码可以有效地促进中学生课外阅读这个“老大难”问题的解决，使中学生课外阅读形成有组织、有计划、有具体措施和办法、有督促检查和测试的系列活动。

主题、主人公、主线
——兼及主旨、线索

一、基本概念与识别

(一)主题

主题，即文学作品通过社会生活的描绘和艺术形象的塑造所显现出来的，并贯穿于全篇的基本思想，又称主旨，主题思想或中心思想。主题是作品内容的核心，在创作过程中，材料的取舍、情节的安排、结构的组织、语言的运用等，都必须服从表达主题的需要。主题必须从所描绘的生活画面中自然地流露出来，不用抽象的议论直接说出。

一篇文章有一个中心，一个语段往往也有一个中心。一般说来，语段的中心意思常常是用一两个句子集中表达出来。中心句往往是在语段开头的一两句，或者语段末尾的一两句。当然，也有把“中心句”安排在文章或语段中间部分的，甚至是将中心隐含在全段各句中，这就要靠读者去归纳概括了。

具体来说，主题的识别主要应抓住：(1)首句。一个语段往往是相对独立的，首句往往有提示、概括和转承作用，如果是记叙文段，首句中大多数是概括全段内容或交代事件发生发展的空间顺序或内部发展顺序的。(2)中心句。语境中的句子不是按等同价值排列的，而是既有关键的中心句，又有作为附加成分的句子。分析时，要迅速从大量的扩展句和叙述句中抓住中心句。(3)承转句。有的语段有几层意思，为了使层次间连贯紧凑，中间常用承转句或承转词连接。(4)点睛句。有的句子在语段中能起画龙点睛的作用。(5)名言警句。有的语段中有些句子含义深刻，耐人寻味，读后能给人以启迪。它是作者对生活的高度提炼、概括，并进行逻辑推理的结果，领悟它的含义有助于提高认识能力。(6)感情句。语段中有些句子，明确表达出作者的喜怒哀乐和对事物的褒扬贬抑。(7)尾句。语段中的尾句或概括总结上文，或留下余地让人思索，或饱蘸笔墨抒发感情。

(二)主人公

主人公，即文学作品中的主要人物。是作者所着力刻画的一个或几个在作品中占主导地位的中心人物。作品中矛盾冲突和故事情节，紧紧围绕主人公而展开；其他次要的人物出现及其活动，也以主人公及其活动为中心，并对主人公起着一定的映衬作用。主人公性格的形成和发展，直接体现作品的主题思想。

主人公身份的确立主要是看其在一部作品或一篇文章中所处的位置和所起的作用，是集中体现作者的创作意图和所要表现的主题思想的人物。而不要看他出场多少次，作者着笔多少。如《我的叔叔于勒》，主人公是菲利普夫妇。于勒是线索性人物，他的作用是组织材料，结构故事，推动故事情节的发展，而并非靠他来揭示主题。“我”的作用是充当作者的代言人，是故事的叙述者，又是对立面，突出菲利普夫妇态度的变化。

(三)主线

主线，即作品主要情节发展的脉络。一部作品只有一条主线贯穿始终。作品的主线不突出，势必损害情节的完整统一，影响主题思想的表现。

线索，是贯穿在整篇文章中的情节脉络，以及作者表现在文章中的思想感情的起伏变化。它像链条一样，串联起全部的人、事、景、物，使文章浑然一体。一般作品只有一条线索，也有作品有几条线索，可分为主线、副线，明线、暗线等。当一部作品或一篇文章只有一条线索时，主线又叫线索。

线索的识别，首先要吃透原文，弄清人物之间的关系和事件的来龙去脉。在此基础上，分析各个材料之间的联系，揣测这些材料是凭借什么联系在一起的。弄清了材料的有机联系，也就找到了文章的线索。实际上，线索就其性质来讲就是联结材料的或明或暗的纽带，其作用就是使材料统一，结构严谨，便于文章内容的表达。因此，线索就是作者写作思路在文章中的体现。

可以作为文章线索的事物是多种多样的，常见的有如下几种：(1)事线。即以中心事件为线索，全文紧扣某一中心事件来组织材料，围绕这一事件展开情节。如《最后一课》以小弗朗士的所见、所闻、所感作为文章的线索，推动情节发展。(2)物线。即以具体实物或动物为线索。如《羚羊木雕》《变色龙》等。(3)情线。即以某种感情变化串联起材料组成文章，完成主题的表达。如《藤野先生》以“我与藤野先生交往的过程”和“我的爱国思想感情”为线索。(4)时线。在许多写人记事及游记类散文中，常有一些表示时空转换的词语，阅读时如果把这些词语连接起来看，就能领悟、把握文章的线索。如《桃花源记》当中有不少表示地点和方位的词：缘溪行→忽逢桃花林→复前行→便得一山→……从口入→复行数十步→既出……便扶向路→及郡下→……寻向所志→遂迷，不复得路。这不同的处所正表明了空间的变换，由此引出了丰富多彩的记叙内容，据此可以断定此文的线索是渔人的行踪。(5)人线。即以人物的活动为线索。如《我的叔叔于勒》中的于勒。此外还有地点线、言行线等。

线索不仅存在于记叙文之中，还存在于议论文、说明文、应用文等文章之中，但由于文体不同，不同体裁的文章有不同的线索。

二、概念间的关系及作用

(一)主人公与主题

在一篇文章或一部小说的写作构思中，主人公的确立，应依据小说的主题而定。读者在阅读中要能够通过对人物的分析和把握而领会作者的创作主旨。再说《我的叔叔于勒》，小说就是通过菲利普夫妇这样“变色龙”似的表演，生动地刻画了小市民的自私、虚荣和冷酷无情的性格，有力地揭露了资本主义制度下人与人的赤裸裸的金钱关系。

(二)线索与主题

写文章是为了表达中心，因此文章的线索要能为中心服务，有利于中心的表达。如何把文章中的材料联系起来组成有机的整体，需要线索必须与这些材料都有关系，能把它们收拢约束，连缀成文。

线索与主题都是用来贯穿、连接、聚集材料的文章因素。但二者仍有不同，“线索”本身还是要被“主题”贯穿、灌注。每个线索都必须支持主题，与主题相一致。如《故乡》，全文是以“我”回故乡的见闻和我的感受为线索，按“回故乡—在故乡—别故乡”的时间顺序叙写。通过“我”回故乡的见闻和感受，描述农村的破败和闰土从少年到中年的变化，揭示了辛亥革命后农村经济破产和农民生活痛苦的社会根源，表达了作者渴望改造旧社会、创造新生活的强烈愿望。

(三)主人公与线索及线索人物

作品中矛盾冲突和贯穿在整篇文章中的情节脉络，是紧紧围绕主人公而起承转合的；其他次要人物，如线索人物的出现及其活动，也以主人公及其活动为中心，并对主人公起着一定的映衬作用。又如《故乡》中的闰土与“我”。

修辞手法、表达方式、表现手法

一、基本概念及种类

(一)修辞手法

也叫修辞方法、辞格、辞式。是指在写作过程中，对所使用的语言进行修饰、加工、润色，以提高语言表达效果的方法。是语言在长期运用过程形成的具有特定形式和表达功能的修辞格式。它是一种语言技巧，是服务于思想内容的。

修辞方法共有四十多种，但我们常见的有属于材料方面的：比喻、借代、引用、摹状等。有属于意境方面的：拟人、反问、设问、夸张、象征等。有属于词语方面的：回文、歇后、析字等。有属于章句方面的：排比、对比、对偶、反复、顶真等。

修辞的目的在于增强说服、感染的力量，所以不但要懂得如何运用辞格，而且要针对实际情况的需要运用得好。

(二)表达方式

是指写文章时所采用的反映社会生活、表达思想感情、介绍事物事理的方式手段。常用的表达方式有五种：记叙(叙述)、议论、抒情、描写和说明。

叙述还可以分为顺叙、倒叙、插叙和补叙。抒情有直抒胸臆和间接抒情(借景抒情、借物抒情、寓情于景等)。描写有正面描写、侧面描写、工笔细描、粗笔勾勒、肖像描写、语言描写、动作描写、心理描写、神态描写等。

不同文体的文章所运用的表达方式不尽相同，比如：记叙文是以叙述、描写为主要表达方式，其中兼有说明、抒情和议论。议论文是以议论为主要表达方式，兼有记叙、说明或是抒情。而说明文则以说明为主要表达方式，也有叙述、议论甚至描写。

表达方式的技巧还包括各种表达方式的综合运用，如先叙后议、先议后叙、夹叙夹议等。

(三)表现手法

也叫写作方法、艺术手法，是指在文学创作中塑造形象、反映生活所运用的各种具体方法和技巧。

表现手法从广义上来讲就是作者在行文措辞和表达思想感情时所使用的特殊的语句组织方式。分析一篇作品，具体可以由点到面地来抓它的特殊表现方式，首先是字词、语句上的修辞技巧，然后是表达方式。

从作品的整体上来把握它的表现手法时，各文体通用的有以小见大、层层深入、过渡照应、伏笔铺垫、首句标目、开门见山、曲笔入题等。另外不同的文体，又有各自不同的表现特点。

1. 散文的表现手法有：借景抒情、托物言志(托物喻人)、抑扬结合、象征、小中见大等。

2. 记叙文的写作手法有：顺叙、倒叙、插叙、对比、首尾照应、画龙点睛、巧用修辞、详略得当、叙议结合、正侧相映等。

3. 议论文写作手法有：引经据典、巧譬善喻、逆向求异、正反对比、类比推理等。

4. 小说的表现手法如描写手法、衬托(烘托)手法、伏笔和照应、悬念和释念、实写与虚写等。

5. 诗歌中常见的表现手法有：运用典故、衬托、渲染、象征、对比、先扬后抑、先抑后扬、动静结合、虚实结合等。

6. 说明文表现手法有：分类说明、顺序说明、总分变换、严婉并用、递进、因果、比拟等。

表现手法的分析是一种很泛的题目，在回答此类题时要注意完整地理解题目的答题要求，简洁准确地答题。对有些题目如欣赏写作技巧的题，应结合上下文语境、文章题材与体裁风格等来准确把握，选取其中最主要的一种回答即可，不必面面俱到。

二、相互联系及区别

修辞手法、表达方式都是语言运用的技巧，而表现手法则是文章的总体构思方式，三者是具体语句、局部语句、整体构思的由小到大的关系。这是从狭义上力求鲜明区分各自概念的角度上来说的。但三者倒过来说，表现手法又是十分宽泛的，修辞手法、表达方式只是其中的一部分。有时，狭义的写作手法即指“表达方式”，而广义的则是指写文章的一切手法，诸如表达方式、修辞手法，先抑后扬、象征、开门见山等。

又可以说，表达方式是就文章的写作内容而言，写作方法(表现手法)是就文学作品写作的具体技法而言(写作构思)，而修辞手法是就语言修辞效果而言(语言技巧)。因为角度不同，说法也就有一定差异。

伏笔与铺垫

在阅读和写作的实践中，通常不好区分“伏笔与铺垫”，但它们毕竟不是一个概念，而是以个性鲜明的两个形象存在于作品之中，抓住特征，准确辨识它们，对于理解作品、创作作品具有重要意义。

一、什么是伏笔与铺垫

（一）伏笔

关于伏笔，《辞海》的解释是：“文学创作中描写、叙述的一种手法。指作者对将要在作品中出现的人物或事件，预作提示或暗示，以求前后呼应。这种手法有助于全文达到结构谨严，情节发展合理的效果，在戏剧中又称伏线。”《现代汉语词典》的解释是：“文章里前段为后段埋伏的线索。”综合“伏笔”的各种特点可概括为：(1)“伏”是隐藏之义，和有显露之义的“露”相对应，它的存在价值在于为后边的“露”埋伏线索，起提示或暗示的作用。(2)伏与露不能独立存在于一篇文章中，而是相辅相成、前呼后应。但这前与后的一伏一露又不宜靠得过近。距离太近就无所谓“呼”和“应”了。(3)伏笔就像“捉迷藏”，藏得越深，越巧妙，则游戏就越有趣味。

在《三国演义》中，关羽寻兄不得，暂求栖身之所，屈居曹操帐下。曹操赏识其才，也赏识其忠义，百般礼遇，以知己相待，赐金送官。而关羽却人在曹营心在汉，封金挂银，过五关斩六将，慨然而去。这个情节可以说是一大伏笔，没有曹丞相当年之恩，就没有华容道上关羽之义。没有这个伏笔，放走曹操，就不符合情节的逻辑和其身份的逻辑，关羽在读者中的“忠义”形象也会大打折扣。

（二）铺垫

铺垫就是陪衬，衬托。是为主要人物出场或主要事件发生创造条件而着重描述渲染次要的人或事的一种表现手法。其要点可做如下阐释。

1. 描述渲染的事物是主要事物情节蓄积酝酿的过程，是在一个人物出场前或者一个事件发生前，预先布置局势，安排一些情节场景作为征兆，制造气氛。目的是使主要的事物更突出。

2. 铺垫是主要情节的基石，通过渲染气氛起到制造悬念的作用，促使读者产生期待、盼望的急迫心情，大大增强了作品的吸引力。

3. 铺垫的种类：(1)从情节发展的方向来分，有正铺、反铺。正铺是铺垫方向与情节发展的方向完全一致。反铺是铺垫的方向与情节发展的方向完全相反，出乎意料。(2)从铺垫的手法来分，又有悬念铺垫(又叫垫衬)、铺陈铺垫(用铺陈事物的方法，渲染气氛，制造声势)之别。

《三国演义》写诸葛亮出场就布置了多层次蓄积酝酿的铺垫过程。先是水镜先生司马德操感叹刘备手下空有关、张、赵等“百人敌”的勇将，而独少运筹帷幄之谋臣、统帅。一句话道出了刘备的心病。接着他又向刘备介绍了“卧龙”先生，为诸葛亮的出场铺下第一块基石。接下去是徐庶出辅刘备，旗开得胜，击败了曹军，印证了水镜先生判断的正确。只可惜一仗之后徐庶就被曹操骗走，这才有徐庶走马荐诸葛的情节。刘备这时才知道“卧龙”先生原来就是诸葛亮。刘备以前到处碰壁，现在有了正反两方面的经验，更体会到“左右不得其人”的致命弱点，于是接下去便是三顾茅庐，一而再、再而三地请诸葛亮出山，等气氛酝酿足了，诸葛亮才登场亮相。这种铺垫不仅刻画了人物的隐士风度，也满足了读者的审美需求。

二、伏笔与铺垫的区别

从目的和作用上看，铺垫是衬托，作者尽管是在次要人物或事件上下工夫，但其着眼点却是主要的人物或事件；伏笔是“对将要在作品中出现的人物或事件，预作提示或暗示，以求前后呼应”，它必须与“照应”配合使用，即所谓前有伏笔，后有照应。

从形态上看，为了达到衬托的目的，铺垫对起陪衬作用的内容往往大事渲染，唯恐读者不见，因此，铺垫可以说是“显性”的；而伏笔，贵在一个“伏”字，通常是“隐性”的。巧妙的伏笔，在没有看到“照应”之前，貌似“闲笔”。

从篇幅上看，铺垫所使用的笔墨往往较多，虽程度不及对主要人物或事件的描写，但也可谓浓墨重彩；而伏笔通常只是一两笔，点到为止，否则就失去了“伏”的意义。

语文向作文中走去

YU WEN XIANG ZUO WEN ZHONG ZOU QU

- 探索发现
- 凝思求证

我的作文教学之路

1981年刚参加工作时，我不知道如何进行作文教学，仅凭手中的《教学参考书》，它怎么说我就怎么做。恢复高考后县里第一次举办中学生作文竞赛，我指导的学生获头等奖后，我开始了作文教学的上下求索。

回顾当年辅导学生参赛的情景颇多感慨，那时学校仅有的语文教学参考书刊是《教师教学参考书》《中学语文教学参考》《中学语文教学》《语文学习》《作文通讯》，我将几年的期刊收集在一起，寻找与作文比赛要求接近的记叙文、说明文两种文体的信息，并以说明文抓住要点就可在短时间内提高写作水平为契机，按被说明事物的不同特征所包含的不同义项来分门别类地进行写作要点指导。如把说明文分成整体概貌的说明、局部特征的说明、其他文体改成说明文的说明等，再把整体概貌的说明分成动物类、物品类、自然现象类、介绍常识类等。每一类都列举出若干命题的例子，并且概括出一般要点等。出人意料的是，竞赛题目均出自我们训练的范围。

一次成功一个更加宏大的计划正在心底悄然形成，说明文在命题上可以分类寻找写作的共同要点，那在结构上、写作方法上不也可以分吗？说明文可以分类找要点，那记叙文、议论文、应用文不也可以分类找要点吗？这种“类”的观念不也可以推广到阅读吗？于是，我先从初中写作研究下手，将初中生写作分为记叙文、议论文、说明文、应用文、中考综合训练类型导析五个部分。又将记叙文、议论文、说明文三种文体分为命题类型、结构类型、结构手法综合类型三部分。命题类型又分为命题形式、审题立意、写法及选材、例文四部分。应用文从初中生的需要入手，分笔记类、书信类、公文类、宣誓类四部分，每类之中既有要点介绍，又有实例……当时我把这种教学方式称为“作文类型教学”，确实取得了一定成绩，尤其是初三、高三的复习阶段，运用这种方式更易快速掌握写作要点和写作的基本技巧。但在教学实践中也逐渐发现这种方式有许多局限性，比如类与类之间的界隔问题，综合问题，梯次问题；

初高中三年由浅入深，由局部到整体的序列性问题；类别概括的局限性等问题。

在此基础上我又进行了深入的探索，欲解决的是课堂作文教学要有个“型”，要有个“序”，要有个“核”的问题。

一、型

这个型有两种含义：其一是课堂作文教学总要有个模型，这个模型不是死的，而是课堂作文教学中的基本要件，课堂上可以根据不同情况进行自由组装成不同模式的教学结构。其二是课堂作文教学总要有个类型，这个类型是随课堂教学的不同需要而变化的类型，是在原来的“作文类型教学”的“类型”基础之上的扩大化。

(一)作文课堂教学基本结构六要件

命题、实例导向、方法指导、实践操作、讨论评改、总结。

(二)六要件结构原则及一般式

1. 结构原则：“教学结构要优化，就是要在正确的教育思想和理论指导下，根据教学的目的和要求，最恰当地解决教学过程中要素的组合和程序的编排，从而收到最佳的教学效果。”要达到这种优化的目的就要做到：(1)教学目的明确、具体，内容密度、深度合适，根据写作训练的不同特点和要求设置知识点，并形成讲与练的有机结合。(2)按照学生心理特点、接受能力和认识过程，因材施教，循序渐进，有层次、有程序地进行教学与训练。(3)发挥教师的主导作用和学生的主体作用，充分调动学生学习的主动性、积极性，造成生动活泼的学习局面。(4)进行“听、说、写”全方位的训练，以培养学生快速而准确地从书面资料中获取信息的能力和用口头、书面两种形式正确地表情达意的能力。(5)根据不同的教学任务，选取不同的课题、不同的教学结构，在注意课型和结构规范化的同时，力求多样化，避免凝固化。

良好的作文课堂教学结构，只有在这些基本原则的指导下，才有可能恰当地解决教学过程中各种要素的有机组合和各项程序的巧妙编排。

2. 结构一般式：两节连排的作文课，一般来说，结构六要件要齐全。若是一节课，则要分写作指导课、实践课、讲评课等不同课型。写作指导课要包括命题、实例导向、方法指导等环节；实践课则主要训练的是限时操作；讲评课包括讨论评改、总结等环节。

二、序

序是次序，即初高中的三年的作文教学要有个由浅入深，由局部到整体的次序。这个次序是什么？在我的探索实践中，如下的序列安排的效果是显著的，可供参考。

(一)初一年级进行“讲规范，写生活，养习惯”的打基础训练

1. 讲规范。(1)讲书写的规范，不写错别字、毛糙字等；(2)讲写作日记或观察笔记的方法、形式和内容等的规范；(3)讲开头、结尾遥相呼应，浑然一体的写法规范；(4)讲审题、立意、布局、谋篇的方法、步骤的规范；(5)讲段落层次及过渡的数量、技巧的规范；等等。

2. 写生活。家庭生活、学校生活、社会生活、自然生活、经济文化生活、科学生活、想象生活等，教学要强化“文章是现实生活的反映”这一观念。倡导学生写“观察日记”和“生活笔记”，把日常生活中的所见所闻、所思所想随时记下来，积累生活的素材，以备写作之需。另外，还要想方设法扩大学生的生活视野，增加他们对生活的亲身体验，积极组织学生进行参观、访问等活动。

3. 养习惯。(1)读书和读书做笔记的习惯；(2)写日记的习惯；(3)打腹稿及草稿的习惯；(4)摘抄积累精彩语句、片段的习惯；等等。

(二)初二年级“求类别、抓要点、提速度”

初二年级是初一年级和初三年级的过渡阶段，既要巩固深化初一“讲规范，写生活，养习惯”的训练成果，查缺补漏，又要为初三高质量的快速成文奠定基础。首先，按“类型教学”方法，侧重记叙和说明。按文体分为命题类型、结构类型、结构手法综合类型三部分，每一类型都有具体方法的指导，具体的实例说明等。命题类型又分为命题形式、审题立意、写法及选材、例文四部分，以落实到个案。对于学生来讲，这一阶段掌握每个类型的写作要点及一般规律尤为重要。其次，提速度。快速审题、快速构思、快速行文。要做到这“三快”，就要抓题目的命题规律，找准题目的“题眼”；快速理清要点，选择材料拟提纲；快速写梗概，一气呵成。

(三)初三阶段"讲整合、讲创新、限时间，求质量"

初三以训练写作记叙文和简单议论文为重点。第一，讲整合。就是把初一、初二所学的写作知识缝合到一起。由单项到综合，由片段到成文，由小作文到大作文。第二，讲创新。就是讲究写作有新的立意、新的构思、有新的材料。(1)立意新。如从时代的角度去思考，也就是使文章具有时代感；从美学的角度去思考，也就是使文章富有审美意味；从哲理的角度去思考，也就是使文章富有哲理性，等等。(2)构思新。如改换结构，将顺叙改为倒叙等；改换角度，将以正面描写为主改为以侧面描写为主等；改换方法，将直叙法改为悬念法、误会法、反常法等。(3)材料新。即事例新、语言新、有文采。要让学生要准备一个摘抄本，经常摘抄一些好的材料、词语等，以便写作时借鉴。第三，限时间。为适应中考的要求，在三四十分钟的时间里要能够写600字以上的作文，为此，平时就要加强限时作文的训练。中考前的当堂作文训练的方式必不可少。第四，求质量。在"精写"的基础之上要"多写"。所谓"精写"就是一个命题只写一遍不行，要根据老师及同学的意见和建议再修改一遍。所谓"多写"就是要多给学生提供写作的机会，在"精"的前提下，因人而异，鼓励提倡"多"。这样的作文训练才扎实有效。

三、核

这个核就是积累背诵。好词好句好文章要积累记忆下来，这是作文教学的"核心"问题，无论哪个学年都要一如既往地抓好。

现在，我每学期都让学生背诵一定数量的千字左右的经典短文，甚至是背诵学生的优秀习作，还要求他们在写作中模仿借鉴。

读、背是语言、文字、文化的精华的凝集和原始积累，是写的前提，厚积才能薄发，古人就是在不断地读与背中理解其含义并为我所用，创作了无数经典之作的。

模仿是写作的初级阶段，模仿的目的在于创新。模仿是学习人家如何立意，如何谋篇布局，如何选材，如何运用生动的语言进行表情达意，学习人家的写作技巧等。模仿是主体的一种再创造，它在客观上能促使学生不断扩大阅读面，有效地激励学生在不断地对比、借鉴中汲取写作养分，催促灵感的生成，完成"积累—消化—模仿—提高"的知识技能转化过程，是短时间内提高一个人语言和思维品质的最佳途径。

写作话题作文的三个步骤

话题作文就是以某一种现象或事物的“话题”为由头而写的文章。话题作文具有命题的开放性、立意的伸缩性、选材的自由性、文体的多样性、布局谋篇的自主性等特点。因其能充分体现学生的个性思维特点，为此备受青睐。

怎样才能写好话题作文呢？我想以下三个步骤是必经之路。

一、审题立意

(一)审题要仔细认真

一道话题作文的试题，其命题结构一般可由引子、话题、要求、注意事项四部分组成。读题时要一一分解辨析，抓住要点，切不可粗枝大叶、盲目下笔。

1. 引子。它可能是一句话，一首诗，一个故事，一幅画或一张图表等。作话题的引入，居于话题之前；或作“注意”出现，居于话题之后。吃透引子是写好话题作文的重要一环，因为它是你写作中由此及彼的“此”。

2. 话题。一般形式是：请以“×××”为话题，写一篇文章。也不一定非要出现“话题”字样不可。它是你写作要围绕的核心内容。

3. 要求。它一般包括：(1)自拟题目。有的也以不完全命题的方式出现，如给个副题，自拟正题等。(2)不限文体。(3)字数。如500字以上，800字以上等，要严格按要求行事。

4. 注意事项。常常是“文中不能出现人名、校名”“除诗歌、戏剧外文体不限”“不能用涂改液”等内容。这些都是你写作中要明确的问题。

(二)立意要切题、深刻、新颖

“立意”，就是你要向读者表达什么样的思想和观点。它是文章的灵魂。材料的取舍、结构的安排、语言的运用都要围绕“意”进行。为此写作时要在立意方面花点时间，下点工夫。

1. 立意要切题。做到切题必须要深入钻研“话题”的题面意思，既要搞清内涵，又要搞清外延。然后根据话题的指向准确地表达自己的观点，不偏离话题。

2. 立意要深刻。就是要写出自己独到的看法，独特的感受，独立的思想。要做到这一点，就要思考得深，琢磨得透，从普通事物中洞见本质意义。

3. 立意要新颖。立意“新”就是要“不落俗套”“不同凡响”。要做到这一点，第一要运用发散思维。由一个材料、一个信息点出发，展开联想，不时地换个角度，从而引发不同的立意。写作时先列出几个义项，再从中选取最有新意又能写的深刻的义项来。第二要运用逆向思维。估计一般人会从这个角度去构思立意，而你偏从那个角度去构思立意，来个“与众不同”。

二、命题选材

(一)命题要新颖、深刻、有文学色彩

俗话说：“题好一半文。”那么，什么样的命题才是好题目呢？首先还是新颖别致。如“小和大”的话题，有的同学就直接命成《小议“小和大”》《说“小和大”》等，这不能说是错，但起码不能说是好。而《局部与整体》《不积跬步无以至千里》《小班级大社会》等题目则令人耳目一新。其次是要深刻有思想内涵。《统一》《转变》《小毒不去大毒则到》《人运与国运》《小家庭大细胞》作为“小和大”的命题当属此列。最后是形象生动有文采。《小和大是兄弟》《芝麻和西瓜》《父子对话》《小不忍则乱大谋》等题目应为“小和大”命题的佳品。

上述是针对命题的标准而言，至于命题的具体方法有许多，我们仅以“小和大”的话题为例列出如下几种命题方式。

1. 比喻式。有《小和大是兄弟》(亦为拟人)《芝麻和西瓜》《上级与下属》《家庭与社会》等。

2. 拟人式。有《父子对话》《手足情》等。

3. 夸张式。有《世界没有小和大》《说大就大说小就小》等。

4. 悬念式。有《谁小谁大?》《小乎？大乎?》《当代世界有小和大吗?》等。

5. 引用式。有《勿以恶小而为之》《小不忍则乱大谋》《上梁不正下梁歪》《水滴石穿，绳锯木断》(也都是主旨式)等。

6. 主旨式。有《统一》《转变》《勿以善小而不为》(也是引用)等。

7. 算术式。有《小＋大＝世界》《大－小＝0》等。

8. 扩展式。有《家小国大》《人小志大》《浅议小和大》《事小责任大》等。

(二)选材要新颖、典型、真实具体

立意、命题、选材这三方面工作在思维中常常是相伴而生的。只是在立意、命题确立之后的选材尚不具体化而已，但角度已经明确。选择什么样的材料才能充分表现你业已确立的题旨和命题呢？这既需要你平时关心社会，面向生活，要有相当的生活积累与写作材料储备，又要能结合你的命题立意和试题要求，对自己现有材料进行灵活处理。但无论怎样选都要遵循下列原则。

1. 选材要新颖。怎样才能独辟蹊径，选出新的材料呢？首先要避同求异。有些素材人人皆知，写同一话题的文章时不约而同都会想到，那就要尽量回避，选常人不曾想的材料用。一般来说，第一反应所想到的材料往往别人也容易想到。而经过左思右想才想到的材料，往往是别人不易想到的。其次要推陈出新。大家都知道的材料就不能用吗？也不是！就看你怎样用。有些材料的内涵十分丰富，从这个角度看是旧的，可是从另一个角度上看则是新的。这样的材料若能从新的角度去点评、去引申，施以“老调新唱”，表现新的主题，也仍然能令人振奋。

2. 选材要典型。生活是丰富多彩的，而文章的表现力又是有限的，为表现某一特定的主题只能通过个别事物反映一般性的道理，举一反三，以小见大。选材典型要注意：其一，典型的材料不一定都是惊天地、泣鬼神的事例，平凡的事情、平凡的语言，也可能是典型的材料；其二，必须能充分表现主题；其三，视角要广阔，不局限于家庭生活、学校学习等点滴，要进入社会；其四，所选内容要有一定波澜。

3. 选材要真实具体。首先要真实。写自己的真情实感，把笔伸向心灵深处，写出能够触及自己灵魂的东西。不能感动自己的材料，当然也不能感动别人。要做到这一点则必须注重平时的积累：一要做个有心人，善于观察生活，记录生活，平素多写观察日记；二要广泛阅读，精心摘录，平素多写读后感；三要扩大自己的生活范围，积极参加各项有益的活动，平素多练“大”作文。其次要具体。对记叙文而言，要求要素齐全，人物事件完整；对重要的人、事、物、环境要有较详细、生动的描绘。对议论文而言，则要求要素明晰，观点鲜明，论据充分，论证有力。对说明文来说，则要求说明对象明确，说明顺序恰当合理，数据准确可靠，资料翔实，并能从多角度对说明对象加以说明。选用什么文体就要遵循什么文体的要求。

三、布局谋篇

(一)命一个漂亮的标题(具体见前命题部分，不再赘述)

(二)精心打造开头结尾

1. 开头。打造好的开头有多种方法可供借鉴：抒情议论式、倒叙式、描写式、概括介绍式、点明主旨式、引用式、类比式、反问式等。擅长描写的同学可用景物描写开头，喜爱诗词的同学可用名篇诗句导入，长于叙事的同学则可以下笔就设置悬念。

2. 结尾。精美的结尾具有“后发制人”的威力。打造好的结尾也有多种方法可供借鉴：总结点题式、交代结局式、呼应式、抒情议论式、形象描写式、回味式、号召式、引用式等。要特别强调的是，结尾的文字除了简洁优美之外，要力求呼应开篇。

(三)设计完整、清晰、新颖、浑然一体的结构

1. 结构要完整。就是指作文思路展开有序。形式上有头有尾又有中间主体，前后照应，上下连贯，浑然一体。无论写成什么文体都要符合其结构特征。

2. 层次清楚、排列合理。一篇文章由若干部分组成，各个部分之间的组合关系要清晰。要坚决杜绝老三段。一般来说，500 字以上的文章要分 5 段以上；800 字以上的文章要分 7 段以上。材料前后排列、详略取舍要合理。不同文体，材料排列有其各自的特点。如记人叙事多以时间顺序排列，写景状物多以时间、空间为序。说明文多以时间、空间和逻辑为序。议论文则以提出问题(引论)、分析问题(本论)、解决问题(结论)为序排列等。详略取舍主要根据主体表达的需要。对不能凸显主题的内容可一笔带过，做到惜墨如金；对凸显主题的内容要精雕细琢，泼墨如云，使文章错落有致，结构美观。

3. 新颖别致。结构创新就是要打破“起承转合”的传统模式，选取更灵活自由的文章结构。从文章部件的组合上来看，常见的结构创新方式有：片段组合式(镜头组合)、排比组合式、题记开篇式、小标题式、访谈式(对话式)。

一个话题，有时可通过不同的文体加以表现，从而使结构样式新颖，更具表现力。如议论体、日记体、书信体、诗文体、科幻体、戏剧体、散文体、小说体、童话体、庭审式、实验报告等。

另外，不同的文体又有不同的结构方式。如记叙文有欲扬先抑式、一线穿珠式、夹叙夹议式、虚实结合式等。议论文有类比式、反正式、归纳演绎式、引议联结式等。说明文有分类式、因果式、比拟式、总分变换式等。

4. 过渡照应。过渡是指段与段之间的衔接。照应则是指开头与结尾的照应，前后文内部的照应，各部分与题目之间的照应等。一篇文章，在段与段之间的内容跳跃性很强的情况下，就需要用一两句话过渡一下，这样文章的思路就会很顺畅，没有断裂不衔接的缺陷。同时也要注意过渡的内容不能太多，多了反而显得繁琐累赘。如果文章缺少照应，就会给人一种不完整或是偏离题意的感觉。

作文提差有方法

写一篇成型的文章并不难，材料是经验的积累，只要你会说话，会识字，能将这些积累的材料用自己的语言组织起来写成文字就成为文章了。但真正写好，写得生动感人，人们都愿意看，那可就不容易了。对于写作水平低的学生来说，就先从最简单的开始练习吧！

一、讲激励、抓兴趣

每个孩子都渴望得到别人的赞赏，尽管他们的作文经常是错别字连篇、病句成堆、叙述空乏，但总是一味地要学生重写、罚作，只会加深学生的厌倦情绪。为了把他们这种愿望转化为写作的动力，尽最大限度化不利因素为有利因素，我运用激励性的原则，采用一切可以采用的方式，充分调动学生的积极性，培养学生的写作兴趣。

第一，充分挖掘并积极肯定后进生作文中的闪光点。为了激发后进生的写作兴趣，在批改时要力求挖掘和捕捉差生作文中的闪光点。在评分时，只要后进生的作文基本符合写作要求，或有明显的进步，就尽力给予高分。

另外，还可以设置作文进步奖。对于每次作文取得好成绩的基础较差的学生予以奖励，使他们感受到成功的愉悦，进而增强写作的信心。

第二，个别辅导，面批面改。在写作教学中要坚持抓两头带中间的原则，好差均个别辅导、面批面改。帮助他们逐句推敲，采用增、删、改、换等方式进行修改、重抄，深刻体会自己的作文好在哪里，毛病在哪里。在循序渐进的训练中，他们的写作水平就可以迈上一个新的台阶。

第三，在活动中体味写作的乐趣。为了培养学生的作文兴趣和能力，要想方设法组织开展作文系列活动，如办作文园地、开展作文竞赛、编优秀作文选等。无论开展什么活动，都要照顾差生的积极性，帮他们修、帮他们改，他们作文成绩的迅速提高也会极大鼓舞其他中、差学生。

二、讲达标、抓规范

作文能力差的学生往往字迹潦草、错别字连篇，字数不足、层次不清，达不到起码的作文要求，更不必说写作方法和技巧了。为此，提高差生的写作能力就要从这一字一词、一点一滴练起。

第一，写字的规范。对于那些字迹非常潦草的同学，即使到了初高中也要从练小字做起，每天一篇小字。先要做到横平竖直、工整洁净，然后再说美观有书法体。

第二，字数的规范。作文无话可说，字数达不到初中600字左右，高中800字左右的要求怎么办？“一线多点联系法”是行之有效的方法之一，即围绕一个中心或一个话题，抓住不同体裁的写作要点，来收集写作的内容。如写作关于母爱方面的记叙文，先决点是选择一件或几件事来表现这个主题。然后一点点联系：一级点是记叙文的六要素；二级点是事件的起因、经过和结果；三级点是语句通顺，修辞恰当；四级点是记叙、描写、抒情、议论的有机结合；五级点是布局……只要坚持一步步的强化训练就可解决无话可说、字数不足的问题。

第三，层次的规范。尽量一个大角度，一个事例单独成段。换角度、换事件中间要用过渡段。并且提出一个参考指数，如一般要求500字以上的文章在五段以上，开头、结尾各一段，中间写一两件事用三段以上。

第四，开头结尾的规范。首尾照应、浑然一体是开头结尾的总体规范。具体规范前文已有详细的说明，此处不再重复。

第五，结构的规范。根据不同文章的特点，总结出最基本的形式让写作基础差的同学掌握，如记叙文中的夹叙夹议、先叙后议、欲扬先抑、一线穿珠、片段粘贴等。议论文中的归纳、演绎、类比、反证、引议联结等。说明文中的总分变换、比拟分类等。

三、讲阅读、抓借鉴

朱自清先生说：“写作的训练，还是要从阅读说起。虽然文章不等于生活，是‘流’不是‘源’，但同样可以影响写作。”写作能力差其主要原因就是阅读少。

每周写一篇或每两周写一篇读后感，是我抓阅读促写作的主要方法之一。要求学生每一两周读一篇文章或一本书，然后按照生字词注音解释、精彩语段摘录、文章内容简介、写作借鉴等项目完成读的任务。再分梯次进行写作训练：优生要写一篇500字以上成型的读后感。而差一点的学生则作300字以上的片段仿写训练，学生自己选择仿写内容，只要做到增删情节和内容，进行改头换面，即增、删、改、换四字即可。长此以往，学生们的写作能力就可以得到明显提高。

教育家赞诃夫曾说过：“教学法一旦能触及学生的情绪和意志领域，触及学生的精神需要，这种教学法就能发挥高度有效的作用。”只要我们努力为差生寻求提高作文能力的方式方法，不断激发他们的作文兴趣，持之以恒地树立为提高差生素质服务的意识，就一定能够见成效！

九点作文评分法

语文卷的评阅令人头痛，而作文卷的评阅则更令人头痛。细细品味，时间不允许；观其大意，又恐不辨良莠、误人子弟，尤其是中高考这种决定学生命运的大考，大权在握的评判官岂容玩忽职守？我总结近 30 年的评卷生涯，归结出几条简单易行且准确度较高的方法，供同行们参考。

一、看写字看层次带标点

一张作文卷，评卷者先要看卷面是否整洁，字迹是否工整、美观大方。在看字迹的同时，要注意文章中的错别字，发现后最好将其圈上，以供第二位评卷者参考评断，也便于最后在核计分数时按评分标准来核定因错别字而扣的分是否正确。然后再看层次是否清晰，字数是否符合要求。最后一瞥就是标点符号是否正确，讲大体规范但不苛求一两处的不标准。

这“两看一带”是和后边的环节相伴而行的。为此，这个环节事实上是在头脑中瞬间完成的，从时间上说，最好在十多秒钟。

二、看开头看结尾带中间

这进入评阅作文试卷的实质性阶段。评价文章首先看开头是否新颖别致，手法是否灵活，切入点是否合情合理，“凤头”作用是否得到充分体现等。

精美的结尾具有“后发制人”的威力。要特别强调的是，结尾的文字除了简洁优美之外，要力求呼应开篇，使文章浑然一体。

中间结构要鼓励选取更灵活自由的文章结构形式。在段与段之间的内容跳跃性很强的情况下，就需要用一两句话过渡，这样文章的思路才会顺畅，才会没有断裂不衔接的缺陷。

这一环节主要看两头，中间只是大体看看内容、样式以及和开头结尾的联系是否紧密、是否是有机的一个整体等。从时间上说，需要二十五六秒。

三、看表达看手法带凸显

第一，语言表达是文章是否有文采的关键所在。不同文体的文章所运用的表达方式不尽相同，表达方式的技巧体现在各种表达方式的综合运用。

在看表达方式的同时，要注意文章所使用的修辞手法。本环节衡量的标准是语言是否准确、鲜明、生动而形象。对于病句要及时画出并适当予以扣分。

第二，写作方法。从作品的整体上来把握它的表现手法时，各文体通用的有以小见大、层层深入、过渡照应、伏笔铺垫、首句标目、开门见山、曲笔入题等。另外，不同的文体，又有各自不同的表现特点。如散文的表现手法有：借景抒情、托物言志(托物喻人)、小中见大等；诗歌的常见表现手法有：运用典故、衬托、渲染、虚实结合等。

在看写作手法的同时，要注意文章的选材，看是否新颖、典型、真实具体。

第三，一篇文章必须凸显一种思想。在创作过程中，材料的取舍、情节的安排、结构的组织、语言的运用等，都必须服从这种思想的表达需要。

这个环节需时二十三四秒。

我把以上这“六看三带”归结起来叫做“九点作文评分法”。在实际操作过程中，“点”要尽量看全，但环节不一定要都走到。

模仿写作，初学写作者的理想训练和考试方式

考试形式及内容对教与学起导向作用，考什么就教什么是应试教育的基本原则。从命题作文、半命题作文到话题作文等考试样式，从起始年级到毕业年级几乎是千篇一律，这种僵死的作文考试样式制约了作文教学的有效发展，尤其是对起始年级的学生来说更是与其学习写作的规律相背离的。

我们知道，学习写作是从模仿写作开始的。富兰克林把自己学习写作的过程概括为：首先，在书报杂志中随便地找出一篇篇文章的小片段，耐心地读，达到快要背熟的程度。然后拿起笔进行不断的仿写，如此练了一个阶段，再筛选古今中外的名篇精粹，进行读、默、背之后照上述办法仿写，所不同的是，这次反复仿写是写完一遍对照一次原文，一直练到和原文大致相似为止，最后再重新挑选一篇文章……他获得了极大的成功。综观古今中外一些文学大家的名著的模仿之痕处处可见：法国大作家巴尔扎克模仿意大利诗人但丁的《神曲》(原名《神的喜剧》)将自己的小说集命名为《人间喜剧》；鲁迅就是在读了果戈理的《狂人日记》后得到启发，结合当时的中国国情创新而成了《狂人日记》；等等。

模仿是要学习人家如何立意，如何谋篇布局，如何选材，如何运用生动的语言进行表情达意，学习人家的写作技巧等。模仿的目的在于创新。它在客观上能促使学生不断扩大阅读面，有效地激励学生在不断地对比、借鉴中汲取写作养分，催促灵感的生成，完成“积累—消化—模仿—提高”的知识技能转化过程，是短时间内提高一个人语言和思维品质的最佳途径。

模仿写作前应有一个明确的目标，知道自己通过模仿这篇文章到底想从中学到什么。一般来说，开始阶段目标的设置应少一些，做到单点循序渐进，目标点多了反而不易把握，有了一定的基础后，再尝试多点齐头并进。

在平时教学课文时要加强仿写训练，而在起始年级考试中适时设计

模仿写作题更是引起师生重视模仿、强化模仿写作训练的有效方式之一，这个试题不仅仅是几分、十几分的小题，还可以是四十几分的大题。其试题结构大体是：一、适合学生学习的范文一篇或几篇；二、简要点评以明确模仿重点；三、提出模仿写作要求。譬如下边的例子。

一、范文：阴影与阳光

14 岁的中学生小佳觉得自己这几天倒霉透了。

前天，因为出黑板报的缘故，他是最后一个离校的学生。黑板报出到一半，突然他想看看高年级的黑板报出得怎么样，取取经。但是人家教室的门已经锁上了。于是他从自己教室搬来了一张凳子，这样他就可以通过墙上的气窗，看到人家教室里的黑板报。

正在他脸贴玻璃，专心张望的时候，值班老师走了过来，有点狐疑地问了他一番后，就要他赶快回家。巧的是，这天夜里，所有老师的抽屉都被翻动，连零星小钱都被搜走。

这样，作为最后一个离校行为又有点古怪的学生，小佳被唤到教务处谈话。虽然班主任和熟悉他的任课老师全都担保他是个品学兼优的好学生，但是从教务处出来的小佳仍忍不住掉了眼泪，因为班上有不明真相的同学，用一种陌生的眼光打量他，包括和他挺好的同学。

今天的事更是倒霉了。他向妈妈哭诉今天的遭遇。

放学回家路上，一辆卡车上突然滚下一只大纸箱，里面的儿童玩具散落一地。等司机发现，周围已有人趁机捡了便宜溜走了。他看司机挺急，就帮着司机把玩具一一捡回装进箱子里。好事做完后，他的自行车却不见了！那可是才买了不久的新车啊！

“好心没好报！小偷太坏了！呜呜呜……”小佳边说边哭，眼泪越流越多。

“哭什么？哭了车子能回来吗？傻瓜！以后一定要接受教训。‘各人自扫门前雪，莫管他人瓦上霜’妈妈不是要你做个自私的人，问题是现在风气坏，人心不古，要学会保护自己，不要多管闲事，免得招惹是非……”小佳的妈妈唠唠叨叨边劝边教训儿子。

“你在培养儿子朝自私发展吗?”小佳的爸爸从外面踏进门，听到了妻子的话，打趣道。

“你倒还有精神说笑话，你儿子前天为班级做好事，被人疑心当贼，今天做好事，被贼偷了！”小佳的妈妈把儿子今天的遭遇愤愤地说给了丈夫，一旁的小佳哭得更厉害了。

“噢，是这样，儿子，你的运气确实太坏了！爸爸今天的运气倒有点好。买西瓜付了10元钱，骑上车就走。骑了大约20米，忽听背后有人在叫。回头一看，那个卖西瓜的骑着车子朝我追来，说我错将百元大钞当成10元票给了他，他是来还我90元钱的！儿子你想，他完全可以不管这件事，要还，等我找上来，也不迟；也完全可以赖掉，因为我没有凭证；还可以马上溜走，那就不会引起任何纠葛。现在他却冒着烈日，骑着笨重的车子一路追来，为什么要这么做呢？是他的良心！是他做人的道德！你看这世上谁说没有好人！”

父亲拍拍刚买来的西瓜，又拍拍儿子的头。儿子停止了抽泣，听得很专注。

不错，小佳的爸爸是买了西瓜，但是，关于10元与100元的故事，是他虚构的。作家与父亲的双重责任，让他编了个美丽的故事。他深深懂得，此刻，这个14岁少年的心里，太需要阳光。（原载《小小说选刊》，有删改。）

二、简评

做好事却受委屈给孩子善良的心灵蒙上了一层阴影。父母的不同态度却又使孩子无所适从，事实胜于雄辩，最后是爸爸用一个编织的美丽故事使儿子“停止了抽泣，听得很专注”，进而明确主题“他深深懂得，此刻，这个14岁少年的心里，太需要阳光”。

先叙后议，情节曲折。行为、语言的描写是使儿子、妈妈、爸爸个性鲜明的主要手法。

三、模仿写作要求

每个人都有开心或不开心的事，请你以此为话题，借鉴上述文章的写作手法，写一篇600字以上的记叙文，题目自拟。

这种考试方式的好处是：(1)入门写作训练的导向性；(2)阅读写作的一体性；(3)对写作基础差者的辅助性；(4)以点带面的开放性。

这种考试方式需注意的是：(1)这种方式适于小学生、初中一、二年级等写作刚入门的起始年级及写作基础比较差的学生；(2)这种方式不要束缚学生的思维，要由点及面，向外扩展，充分体现扶优补差的原则。

“怎么学习有效就怎么学，怎么考才能促动学生的有效学习就怎么考。”这才是发展的硬道理！

后记

文章发表后，一网名为芝山一叟的先生读后在网上写道：“模仿，是一种初步的表达运用，是语文的实践活动之一。有的教师认为，学生模仿课文遣词造句、布局谋篇是机械模仿，是囫囵吞枣。这种认识其实是不全面的。学生‘套’用现成的结构形式，换上其他词语，不是机械模仿。因为我们每个人的话语无不是在‘套’用现成的结构形式，创新的成分是极少的。开始阶段的模仿确是囫囵吞枣，但它是学习表达的必经阶段，学生只有经历反复模仿，才能将结构形式、表达方式等内化为‘我’的。阅读教学中的模仿，可以采用以下一些方法：仿词、造句、换词、句子仿写、句式变换、扩句、详细复述、片段仿写、编课文提纲、课内练笔、同法作文和同题作文等。”

多评均分制是作文考试评分的唯一选择

作文考试评分历来是个老大难问题。历年中考、高考语文的最大争议就是作文评分，它已成为制约作文教学与人才选拔的最大障碍！

随着语文教育教学改革的逐年推进，作文教学改革早已成为人们日益关注的热点问题。如何克服、控制或减小作文评分的主观性与差异性，则成为当前作文教改亟待解决的关键性问题。

我们的专家学者在考试作文评分标准上没少下工夫，高考《考试说明》曾有这样的规定：作文考试的要求分为基础和发展两个等级。基础等级六条，涉及题意、文体、中心、内容、语言、结构、文面；每项又分为四个等级，每个等级都有具体要求。发展等级四条：(1)深刻，(2)丰富，(3)有文采，(4)有创新；每一条又都有明确要求。在评分操作中，基础等级50分，发展等级10分。基础等级采用综合评分法；发展等级则是一点评分法，即在12个评分点中以一点突出者依实计分，直至10分。除此以外，还有从内容、语言表达、结构、书写等方面研究出的分项相加评分法、等级评分法、分项相加等级评分法等。

尽管有如此详细的标准，但是由于受到阅卷人阅历、写作水平、理解能力、审美情趣等主观因素影响，一篇文章经不同阅卷者评判，高的达28分(满分为30分，折合百分制的93.3分)，低的竟评为零分。当然，存在这种极大误差可能只是个别现象，但在考试作文中存在主观评分误差严重的现象毋庸置疑。

这就说明，作文评分误差的存在与评分标准无关，也不是因为评分方法的不同，主要问题还是人的因素！

怎样解决这个问题呢？多评均分制是目前唯一的选择！多评均分制就是一份试卷由两人以上共同评，然后取平均值计分。根据赛蒙兹(Symonds)的研究，一组作文若由两人评定，其相关系数为0.55；经四人评定后再由另四人评定，则相关系数可达0.82；若经八人评定后再评定，相关系数可以增加到0.90。由此看来，适当增加参与评阅的人数，误差就会减小，公平、公正性就会提高。中高考需要三人以上。为每一份试卷编上序号，然后印制一张评分表，阅卷人采取“背对背”的方式将自己所评的分数填入评分表。两人至四人一组的取平均值直接计入总分，五人以上一组的去掉一个最高分，一个最低分，然后再计算平均分。中高考，尤其是高考，我认为采取五人一组的评卷方式最恰当。

在我国，中高考原则上规定一份试卷应由两人共评，但实际上仍无法严格做到。其主要原因就是时间紧，任务重，投入的人力物力少。在这种情况下，阅卷质量怎能得到保证？

衷心希望“多评均分制”能尽快走入中高考评卷场，甚至在平时单元、期中、期末考试中也采取这样的方式。为了我们的孩子，为了语文教育请赶快行动吧！

比喻类文题——中高考永恒的命题

综观几十年的中、高考作文题，绝大多数命题作文的文题和话题作文的话题都是比喻性质的命题。

何谓比喻类文题？一言以蔽之，就是作文文题或话题是比喻句中的喻体，而本体则省去了。如 2005 年江西省的考题是关于“脸”写一篇文章，题目自拟。这类文题或话题，要求考生首先要准确而恰当地找出适合自己特点，且有话可说，能够写得精彩、写得深刻的“本体”来。

如何进行比喻类文题的构思写作？首先，确定类型。作文文题或话题本身并不是能具体记叙、描写、抒情、议论、说明的有意义的写作对象，需要把它当做“喻体”而寻找到“本体”，并将“本体”和“喻体”联系起来才能构成有意义的写作对象——这就是比喻类作文文题或话题。如《脸》，文题或话题就其本身“就事论事”的写作是没有意义的，要利用发散性思维来寻找那个能挖掘出深意的，有事可写的“本体”来才能成为有意义的写作对象。

其次，寻找本体。根据已知的作文文题或话题，寻找与其意义相似的现实生活中的人、事、物、景。仍以上边的文题或话题为例，什么像脸？字像脸，文像脸，荣誉像脸……

再次，确定题目。本体、喻体相似点明确之后如何拟题？这个命题一般应是一个比喻句，其格式是“甲像乙”“甲是乙”“直接把甲说成乙”的明喻、暗喻和借喻三种形式。如上边的文题或话题，如果是自命题作文，关于“脸”的命题可以是《荣誉是脸》《自尊是脸》《字如人脸》等，也可以直接命成《荣誉》《自尊》《字》等。

最后，讲方法，抓要点。比喻类文题通常的结构手法是从“喻体”说到“本体”，再由“本体”回扣“喻体”，即由此及彼，再由彼及此，要首尾呼应，前后连贯。讲究多种表达手法的综合运用。在具体行文中，要以“喻体”为核心话题，围绕它来着力说明、阐释的是为什么“是”和怎么“像”的问题，挖掘的是“神似”和“意象”。

如《荣誉是脸》这个文题，可以开篇就写“荣誉是脸，有了荣誉就等于为自己、为师长，为一切关心、帮助、爱护自己的人争了光……倘若失去了荣誉就丢了脸……”以开宗明义。正文可将记叙、描写、抒情、议论融为一体：“一模取得好成绩的场面、心理的描写，经验总结式的抒情和议论……二模落败时的场面、心理的描写，教训吸取式的抒情和议论……”以承接、深化开头，具体说明荣誉如何像脸。最后以“荣誉是脸，有了荣誉要戒骄戒躁，因为一切荣誉都属于昨天的那张脸……倘若失去了荣誉也不要气馁，因为失败乃成功之母，今天丢了脸，明天就要吸取失败的教训去争脸……”点明主旨。

比喻类文题的构思写作的关键是：看到作文文题或话题后，能迅速、恰当地寻找到写作的要件——本体。只有迅速、恰当地寻找到了“本体”，写作才有了基点、有了话题。如 2007 年浙江省的作文《行走在消逝中》，这个题目乍一看有点难，难的是不知什么是或者说是什么像“行走在消逝中”，如果能从人类社会发展着眼来找什么像“行走在消逝中”就茅塞顿开了。社会的进步、科学的发展、文化的传承、精神的传递、生命的延续等无不是“行走在消逝中”的。

需要强调的是，无论是命题还是话题，只要是比喻类的命题，那么在构思方法和角度上就是一样的。所不同的只是话题作文在确定了“本体”后还需要根据本体的意义、内容或范围等来自命一个题目而已。从这个角度上说，比喻类的话题作文比比喻类命题作文多了一道工序，其实也是增加了点难度。

为什么比喻类文题成了中、高考永恒的命题？首先，防“押”性能好。每年中、高考备战期间，师生都要搞许多题目来训练，希望在练习写作的题目中能猜、押到中、高考的题目。比喻类文题具有抽象性，不以常态的物化形式存在，所以就难以猜、押。

其次，有利于发散性思维的培养。比喻类文题的题目本身并不是写作的直接对象，而是需要调动一切积极因素来寻找题目背后的写作素材。长此以往这样的写作训练，就调动了学生的主观能动性，逐渐使学生懂得了考虑事物的角度是多侧面、多途径的，进而使学生的发散性思维能力得到了培养。

最后，有利调动学生的写作积极性。比喻类文题开放性强，写作选择面宽，使学生都有东西可写，这就调动了学生学习写作的积极性，进而产生了写作兴趣。

论作文课堂教学的基本结构

所谓课堂教学的结构，指的是课堂教学的组成部分及其顺序。它体现教学的整个过程，反映教学的组织形式。

课堂教学结构有形又无形。说其有形，是因为它总有一定规律可循；说其无形，是因为它总是根据变化了的内容而发生变化。但万变不离其宗，“宗”为何物？下文分解结构的内容可能为您提供一点作文课堂教学结构的线索。

一、基本结构六要件

命题、实例导向、方法指导、实践操作、讨论评改、总结。

二、结构要件释义

(一)命题

作文、作文，作个什么文？这是每节作文课必须明确的问题。要一步一个脚印、循序渐进地加以训练。

(二)实例导向

从实例和问题入手，通过设疑激趣，调动学生学习的积极性、主动性，从而萌生写作创新的意识。让学生在探求中发现规律、认识规律，形成能力。从感性到理性，从个别到一般。教法符合认识论的一般规律，容易被学生接受。例文可以选取贴近学生特点、贴近现实生活的学生自己的优秀习作，报纸杂志上的优秀文章，课本中的范文等。

(三)方法指导

方法指导的内容包括：观察、分析客观事物；审题、立意，开拓思路；选材、布局谋篇，编写段落提纲，不同文体的不同写作方法等。可结合课文教学进行，以教材作为学生写作的范例，也可提供可参考借鉴的精美短文。

方法的指导要注意两个问题：第一，要启发、诱导学生的写作需求，激发学生的写作兴趣，以情感促表达。如在记叙文写作指导中要想办法引导学生在产生交流、倾诉欲望的基础上，回忆生活，充分发挥学生丰富的想象力，触发表达情感欲望。第二，要帮助学生克服认识、思维、表达上的障碍。习作过程是学生认识能力、思维能力、表达能力的综合训练过程。在这个过程中，学生会遇到许多问题，需要老师的指导和点拨。在作文教学的全过程贯穿指导，一个重要的原则就是要以学生的实际需要为出发点，重在帮助学生克服认识、思维、表达上的障碍。无论是审题选材还是构思表达，都必须给学生一个充分的自主空间，让学生去尝试去练习。当学生的尝试遇到困难或出现偏差时才需要教师恰当的指导。

(四)实践操作

写作、写作，非多写多作不可。在写中领悟，在写中提高。

“课上指导课下作，课上指导课上作”是其两种指导训练方式。一般来说，中学的初始阶段，比较适于“课上指导课下作”；而初三、高三则更适于“课上指导课上作”。

课上指导课下作：给学生充足的写作时间，让他们按老师的要求查材料、找范文。每次学生写完作文以后，教师必须抓紧时间把作文浏览检查完毕，发给学生。浏览时，可将全班作文分成上、中、下三等，找出优劣典型，做好情况记录，并给每篇作文一个恰当的分数。为了鼓励学生的写作积极性，评分应适当放松标准。浏览的目的在于掌握全班同学的写作情况，做到心中有数，便于进行写作理论和方法的指导，因此，不宜也不可能看得过细。

课上指导课上作：适于两节连排的课型。第一节用 25 分钟左右进行释题、实例导向、方法指导。然后学生开始写作，大致占用 40 分钟，教师巡视、检查，快速浏览，掌握典型材料。学生写完交卷后，立即进行讲评。让学生通过讨论，明确应该怎样写和写什么，并指导他们自改或互改。这需用时 20 分钟。小结 5 分钟。这样在有限的时间内，不但能完成 600～800 字的作文，而且有时间进行讨论与小结，融写作、评议、指导于一堂。

(五)讨论评改

形式一般有两种：第一，以教师为主导的讨论评改。教师批改完学生作文后，对学生的作文情况进行有数据有实例的概括分析，肯定优点，指出缺点，并做到重点突出。所采取的形式或是选出一篇或几篇优秀作文进行深入分析，以典型指导一般；或是选出几篇较有代表性的作文，由学生自己朗读，教师组织学生评论；或是采用对比的方法——作文与课文对比、原稿与修改稿对比、优秀作文与较差作文对比，并进行评议；等等。第二，以学生为主体的讨论评改。"'改'的优先权应该属于作文者本人。"这是叶老所反复强调的。这一步骤由学生互改或自批，要求学生按评改方法和层次的不同的量化标准分项评估，最后对所评改的作文作150字左右的总评语。这样就把研讨时获得的理论和自己写作中的体验反馈出来，既培养了学生自我修改作文的能力，又提高了学生的写作技巧和鉴赏能力。

无论采取哪种方式进行讨论评改，都必须遵循如下两条原则：

第一是要把方法教给学生。修改作文的过程是一个复杂的过程，它不仅要学生想改、肯改、乐于改，还要学生能改、会改、善于改。因此，教师在习作课中要通过示例范改、经验介绍等形式教给学生一些修改习作的方法。我组织学生进行讨论评改作文时，一般的标准是：(1)满分40分或50分(靠近中高考标准)；(2)字迹工整(字迹潦草酌情扣分)，错别字每字扣1分，上不封顶；(3)字数足(一般情况下字数不足不能及格)；(4)层次清楚(3～5分)；(5)内容充实且文能对题(10～15分)；(6)有文采(综合运用表达方式和修辞手法，15～20分)；(7)首尾照应(3分左右)。

标准明确了，学生的讨论评改就有了明确的指向。每次评改作文，学生的评语都写得头头是道，每次评出的优秀作文都由学生来讲读，效果非常好。

第二是要抓住重点，抓住典型。作文的评议不能字词句篇面面俱到，而要紧紧围绕本次习作的训练重点组织学生评议，加强评议的针对性和集中性，使学生一步一个台阶，循序渐进，切实提高作文能力。

为了提高评议的实效性，教师必须在学生讨论评改的过程中，注意巡回指导，并寻找典型的佳作与病文作为集体讨论评改的对象。对佳作的评析，既是一个评议的过程，又是一个欣赏学习的过程；对于典型病文，则应对照习作要求和重点，找出"病因"所在，并着重研究"治病"方案，使学生明确修改方法，举一反三。

(六)总结

由教师或学生分析本次作文的优劣与得失，教师可对文章各个环节的处理在方法上作翔实的指导，明确学生尚未挖掘到的方面，解答学生作文、讨论、评改中发现的问题，教给学生正确的写作方法、技巧和评改作文的方法并揭示其一般规律。

三、结构原则及一般式

(一)结构原则

“教学结构要优化，就是要在正确的教育思想和理论指导下，根据教学的目的和要求，最恰当地解决教学过程中要素的组合和程序的编排，从而收到最佳的教学效果。”要达到这种优化的目的就要做到：(1)教学目的明确、具体，内容密度、深度合适，根据写作训练的不同特点和要求设置知识点，并形成讲与练的有机结合。(2)按照学生心理特点、接受能力和认识过程，因材施教，有层次、有程序地进行教学与训练。(3)发挥教师的主导作用和学生的主体作用，充分调动学生学习的主动性、积极性，营造生动活泼的学习局面。(4)进行“听、说、写”全方位的训练，以培养学生快速而准确地从书面资料中获取信息的能力和用口头、书面两种形式准确地表情达意的能力。(5)根据不同的教学任务，选取不同的课题，不同的教学结构，在注意课型和结构规范化的同时，力求多样化，避免凝固化。

良好的作文课堂教学结构(也是语文课堂结构的参照要求)，只有在这些基本原则指导下，才可能恰当地解决教学过程中各种要素的有机组合和各项程序的巧妙编排。

(二)结构一般式

两节连排的作文课，一般结构六要件要齐全。若是一节课，则要分写作指导课、实践课、讲评课等不同课型。写作指导课要包括命题、实例导向、方法指导等环节；实践课则主要训练限时操作；讲评课包括讨论评改、总结等环节。

说明文命题实例

作说明文的关键是能抓住事物的特征。因被说明的事物特征不尽相同，为此，在教学中可按它们的不同特征所包含的不同义项来分类指导学生练习。

命题原则：凡是那些同学们经常接触到的，熟悉或比较熟悉的，在所具备的知识范畴之内能够说明清楚的事物都可作为被说明的对象。

实例：

一、整体概貌的说明

(一)动物类：《牛》《马》《猫》《燕子》《青蛙》《鼠》《苍蝇》《蜻蜓》等。

说明要点提示：要把外貌特点，生活习性以及与人类的利害关系说清楚。

(二)物品类：《书》《笔》《眼镜》《自行车》《灯》《字典》等。

说明要点提示：要把作用当重点来写；此外，还要交代历史沿革、种类、构造等。

(三)自然物类：《太阳》《花》《树》《雪》《水》《雨》《草》等。

说明要点提示：重点说明功用；此外，形状、颜色、类别、气味也应交代。

(四)介绍常识类：《四季》《自行车的检修》《患了感冒怎么办》《怎样使用保管塑料雨衣》等。

说明要点提示：要把你所知道的东西尽量说全说清，要讲究说明的顺序。

二、局部突出特征的说明

(一)成因的说明：《眼睛为什么会近视》《江河是怎样形成的》《他的学习成绩为何这样低》等。

说明要点提示：可采用多种说明方法，如引用、分类、比喻等，但注意不能写成其他文体。

（二）建筑布局的说明：《家乡的桥》《我们镇的俱乐部》《我们的学校》《家》《故乡》等。

说明要点提示：要把建筑布局、设施方位、环境（自然环境、社会环境）交代清楚。

（三）方法的说明：《我是怎样学习语文（数学、英语等）的》《怎样使用〈新华字典〉》《如何使用工具书》《记忆知识的好方法》等。

说明要点提示：结合自己的切身体会介绍经验和最佳方法，要适当运用举例的说明方法。

（四）性质功用的说明：《猪身都是宝》《尺的作用》《水的用途》《收音机的功劳》等。

说明要点提示：要根据事物的性质来谈功用。

（五）故事梗概的说明：《向您推荐一本好书》《××故事简介》《××电影主人公简介》《××书籍内容提要》等。

说明要点提示：可采用下定义、引用、排比等多种说明方法；需注意语言要有概括性，简练而能说明问题。

三、其他文体改写成说明文的

可改成说明文的其他文体，一般说来只有那些对具体事物作描述的记叙文。例如，把《从百草园到三味书屋》改成说明《百草园》或《三味书屋》的说明文；把《荔枝蜜》改成说明《荔枝蜜》或《蜜蜂》的文章等。

上述命题只是管中窥豹而已，只能说明一般性的问题，揭示一般性的规律，在实际教学中，教者可根据实际情况加减变通。

由一首诗想到的

——作文教学反思录

双休日布置一道作文题：以《我相信》为题，写一篇 500 字以上的文体不限的文章。

周一上交，有这样一首小诗赫然映入眼帘。

我　相　信

当乌云遮蔽了蔚蓝的天空，
当暴风雨在头顶上肆意妄行。
我依旧固执地苦苦支撑，
期望夺回心中那一份好心情。
因为我相信：
不经历风雨怎能见彩虹。

当夜色压抑了太阳的光芒，
当黑暗冷却了大地的热情。
我依旧固执地仰望着东方，
心中静静等待那一道曙光。
因为我相信：
太阳最终能冲破黎明前的黑屏障！

我相信，因为我不相信！
我不相信：
风雨之后依然是风雨。
我也不相信：
乌云永远把天空占领。

我更不相信：
黑夜漫漫永无黎明！

我相信：
因为我不屈服于宿命。
如果上苍要把我玩弄于手心，
我就要把它狠狠践踏在脚底。
如果厄运还要放肆不肯离去，
我就让它彻底粉碎在我心里。

人最难超越的是自我，
只要你有信心，
千难万阻都会在你的脚下悄悄溜走。
世界只有你我他，
面对空旷的宇宙，
我们要挺起胸膛，高声呐喊：
我——相——信！

写诗？我没教过，也没让学生练过。我向来不主张初一、初二的学生写诗，我觉得现在的中学生受传统的教学方式及应试教育等方面的影响，所学甚少，所读甚少，所思所想所感更少之又少。凭点滴的文学积淀能写好一篇散文就不错了，还谈什么写诗。以前学生写诗，一经我发现，就不分青红皂白地训斥道：你首先要学会写记叙性的文章，然后要会写说明性、议论性文章，这些都写好了你再写什么诗歌，知不知道？

语文教学生涯近30年的经验教训和课改几年的状况使我的思想发生了翻天覆地的变化，我认真反思总结我的教学，不懈探索和实践我的“生命语文”的实效性教学，取得了比较理想的效果。

面对这么一首小诗，我不得不重新思考“我”及“我们”的作文教学：我们以往的作文教学个性化的教育似乎欠缺许多，“千篇一律”的教学模式、要求和评价，造就的只能是“千篇一律”的人才。也难怪语文教学的“少、慢、差、费”由来已久却总也找不到很好的解决方式，这其中一个重要的问题就是我们的骨子里缺乏“不相信……”，不相信学生能力水平等的个性差异，不相信我们的手里能出文学家、思想家，不相信语文教学的未来发展趋势是个性化教育……

教育必须关注人的发展，实际上就是关注人的个性的发展。个性发展不是使学生的语文水平整齐划一，让所有学生都变为优等生，而是使优等生与差等生在各自原有的基础上获得最大的发展。这里的“优”与“差”又是相对而言的，学习成绩上的“优生”可能是演讲、书法、写诗作画等方面的“差生”，语文学习上的“差生”又可能是数学学习上的“优生”等。未来社会需要的是高素质的个性化的人才，而不是分数高就有用武之地。

解放思想，放开他们的手脚，让他们做喜欢做的事，写喜欢写的文章……教师的责任就是要因势利导、因材施教，让其个性得以充分的发展。

……任思绪驰骋千万里，回过神来，认真斟酌起这首小诗来，修改几处后写下了这样几句评语，抑或是推荐语——

这是一篇由老师布置的“以《我相信》为题，写一篇500字以上的文体不限的文章”的家庭作业。出人意料的是，小作者却以诗的形式较好地表现了教师的命题要求。干练的语言，比较深邃的意境，还真有诗的那么一点“意思”。

初中生虽然没有做过写诗的训练，也没有作诗的考查要求，但只要你喜欢，写上几首练练笔又有何妨？

第二天，我再一次推敲了一下原文，又对其中的两处文字进行了修改，把这首小诗及其点评印发给大家，并向报纸杂志推荐。后来，这首小诗被《作文报》和《初中生之友》刊登。

作文教学设计，一个长期被忽视的环节

市里一个科研课题要收集一些作文教案作为结题成果编辑出版，三番五次地催促，竟没有收上来几篇。盘询个中原因，比较普遍的回答是没有单独的作文教案或比较详细的单独教案，学校也从未要求作文教学要单独形成教案……

那作文课怎么上？比较一致的做法是将作文课分为讲评指导和布置引路两大部分进行教学。讲评指导的一般程序和做法是：课前下发已由教师评改好的作文；课上评价此次作文的共性个性问题，并分别选择一些例子进行解说；最后为优秀习作讲读——这是作文讲评课的主旋律，用时多，讲解细。布置引路的一般程序和做法是：教师先布置写作题目——或命题、或半命题、话题，然后阐明写作要求——体裁、字数、完成时间，再细致点就是明确写作范围、选材角度等基本方式方法。这个环节用时的伸缩性很强，略可三言两语，长可准备一些材料或范文来用实例讲解如何进行审题、立意、布局谋篇。

有的学校或有的学校的有的年级单独设置了作文课，有的还没有单独开设；有的老师或有的老师有的时候单独用时来搞作文讲评、作文指导和训练，有的还不单独用时。没有单独开设或不单独用时进行作文教学的，是将写作教学与阅读教学紧密联系在一起进行——这也是作文教学没有单独教案的主要因素。以阅读教学为主，有的时候在其中包含着些许写作教学的内容，作为阅读教学的拓展性训练是语文教学目前的基本状况。

写作训练程式的大致雷同，指导方法的千篇一律；写作教学用时的不确定性，教学内容的不明确、不统一；训练内容的无梯次、无序列；管理目标、要求的不明确、不统一等一系列问题阻碍了作文教学的有效发展，使目前的作文教学基本处于低效运作的状态。

古人学语文没有今天“听、说、读、写”这一整套教学系列，教与学的方法主要就是“读、背、写”，简单而枯燥的方式方法却造就了那么多前无古人、后无来者的大诗人、大文豪；古代科举制度没有今天中高考的从字到词再到句子，从文言文阅读到现代文阅读再到写作的那一整套试卷，而是“一篇文章定乾坤”。今人学习语文用时之多，用力之大也是前所未有的，可是效果却不尽如人意。为什么会如此这般？可以肯定地说，是教与学的方式方法出了问题！

我们现在的教学工作从备课到上课再到课后辅导、作业批改，有哪些是该做的，哪些是不该做的；哪些是有效的劳动，哪些是无效的劳动，这些问题对于大部分教师来讲还不是很清楚。正因为不清楚才要认真学习和研究，作文作为中高考百分卷的分值占50%左右的语文考查大项目，对于如何提高写作教学效率的课堂教学岂能置之不理？

道理说起来似乎谁都懂，可是又有多少教师、多少专家学者去研究课堂作文教学，去研究每一节的作文课应如何形成一个由浅入深、由局部到整体的教学系列等问题呢？到图书馆随便翻翻语文教学研究的报纸杂志，关于教学设计的文章几乎都是些课文的教学设计，几乎把每篇文章都设计成了“听、说、读、写”等教学的一应俱全的例子。可是单独把作文作为学习的主体，把课文作为学习写作的例子的“作文课堂教学设计”的文章却是寥寥无几。

看人教版新课标语文实验教科书七年级上册《语文》的作文教学内容的编排：第一单元主题是“这就是我”，通过“自我介绍”“推荐自己”“模拟面试”等活动，以“这就是我”为题，写一篇500字左右的作文，尽量写出自己的个性；第二单元主题是“漫游语文世界”，通过开展生活中学语文的活动在已给的4个题目(1.“生活处处有语文”给我的启示；2. 我从________中学到了语文；3. 关于规范街头用字的建议；4. 小议荧屏错别字)中任选一题，写一篇作文……教材这个作文教学的编写内容也只是给个题目和引子而已，至于这篇文章怎么写，这一单元和那一单元，这一册和那一册是什么关系，学年、学期、每一课的具体目标是什么等一系列问题都不明确。如何教学这教材上的东西？还要靠教师自己设计。也正因为如此，作文课堂教学设计才更有研究和探讨的必要；也正因为如此，一线的语文教师才热切希望有关部门能组织专家学者搞出一套或几套可供教学选择实验的系列教材，使语文教师的作文教学能走上有计划、有目的、有序列的“预设轨道”上来。

新课标指出“写作知识的教学力求精要有用”，可是这“精要有用”的写作知识是什么？该怎样落实在课堂教学活动中？这些问题并没有人告诉一线教师，那一线教师再不去研究探讨这个问题，作文教学岂不成了空中楼阁？

以课文为学习主体，写作是课文学习的一部分的教学模式是语文教学长期以来的一贯做法，实践已经证明它是“少、慢、差、费”的。那就要寻求变革，怎样变革？我通过实践探讨认为，实施以作文为学习主体，以教材中的典范文章为例子或实施以课文为学习主体和以作文为学习主体并行交错的多元化教学模式是目前语文教学能够走出困境的比较有效的方式方法，大有进行深入探究之必要。而在以作文学习为主体，以教材中的典范文章为例子的课堂教学中的命题、实例导向、方法指导、实践操作、讨论评改、总结等零部件如何交错整合；语言积累、片段训练、大作文训练等梯次训练程序如何排列等是探讨这个问题首先应该思考清楚的。

作文课堂教学的设计要实现结构的最优化，就要以“多、快、好、省”的教育思想和理论为指导，根据教学的不同梯度的目的和要求，最恰当地解决教学过程中要素的组合和程序的编排，从而收到最佳的教学效果。

这一节作文课要教什么，怎么教；这一学期要教什么，怎么教；这一学年乃至整个初中、高中要教什么，怎么教，事先都要明确下来——这是计划，是实施的目标及其步骤。心中没有这个“数”，又怎能教好这个“学”？

作文教学设计，一个长期被忽视的环节，这里有教师的认识问题，学校的管理问题，也有上级有关部门的导向问题，教材编写的缺失问题……但现在我们需要解决的问题并不是要谴责谁或追究谁的责任，而是要从上到下齐心协力地研究探讨如何将作文教学设计有计划、有目的、有写作知识和能力培养等梯次结构系统地落实到备课的常规环节之中去。或一周或两周一次作文教案，或三周或一个单元(与教材作文教学安排同步)一次作文教案……总之，作文教学设计不可或缺！

在咬文嚼字中学语文

ZAI YAO WEN JIAO ZI ZHONG XUE YU WEN

· 咀嚼滋味
· 质疑问难
· 答疑解惑

在咬文嚼字中学语文

当你在大街上看到一句陌生的广告词，你会琢磨它是什么意思；当你读书看报遇到了一个生僻的字或词，你会查找工具书去问个明白；当你读到一个精彩的句子或一篇文章，你会反复咀嚼它的妙处；当你在各种场合听到或看到语言文字的书写或运用存在问题或明显错误时，你会查找工具书及各种资料去考究明白你的判断是否正确……这一切的一切都可叫“咬文嚼字”。

人们在语言文字的学习之初，是在言语环境的熏陶以及传授中，在不明白词语具体含义的情况下开始学习的。至于人们在学习过程中如何将“音、形、义”统一为一体，要靠后天的学习、理解和感悟。这个由不知到知的过程又多半是通过“咬文嚼字”来完成的。

随着社会的发展，人们有了专门的学习场所——学校，又有了专门学语言文字的课程——语文。语文课要教什么？就是要教学生如何“咬文嚼字”，确切地说，教学生如何“咬文嚼字”是语文课的主要任务和重要的内容之一。对于这个问题，大部分语文教育工作者是赞同的，包括一部分名家。

吕叔湘先生认为，既然要学习语文，就免不了要咬文嚼字，咬文嚼字有时候十分必要。张志公先生在《漫谈语文教学》中指出：“讲内容、讲写法都离不开字、词、句，讲字解句是教好一篇文章的本分。”他要求教师在教学时“带领学生好好地读文章，一字、一词、一句、一段地都读懂，把文章的安排组织都搞清楚”。于漪老师认为，语文课就得咬文嚼字，该教的语文知识就得让学生掌握，通过对语言文字理解与应用的扎扎实实的积累，提高语文能力。

但也有些人对“在咬文嚼字中学语文”观点提出异议，认为“咬文嚼字”是零打碎敲，浪费时间，割裂了文章的整体性，不利于对文章的整体把握。有的还搬出《汉语大词典》中的词义解释来说明“咬文嚼字”的种种弊端，指出在教学中不能提倡这种学风等。

我们应该看到，什么事情都要有个度，语文课堂上过多的甚至是过分的“咬文嚼字”的确会割裂文章的整体性，形成零打碎敲的教学局面，既不利于教学中重难点的掌握，又不利于对文章整体的把握；过多的甚至是过分的“咬文嚼字”的确会浪费许多时间，做许多无用功……但在这里，我们所强调的“咬文嚼字”是指语文教学必须以言语的形式作为教学的核心，必须以对课文中的重要字、词、句子的咀嚼、品味和感悟为切入点，在读熟读透的基础上，体会课文言语的意图感、意义感，并深入到语境中去，感受语言的韵味，把握语脉，学习积累言语经验，进而把握全文思想及写作手法。这样的咬文嚼字，既不是过多也不是过分，而是恰到好处；既远离于空洞的理性分析，也不同于僵化的知识教学。

“在咬文嚼字中学语文”是语文学科区别于其他非语言学科的主要特征，带领学生在语文课堂上咬文嚼字，品味语言的奥妙是语文教师的神圣职责。

“在咬文嚼字中学语文”就是要通过咬文嚼字这一途径，对课文言语进行反复诵读吟咏，通过对词语和句子的咀嚼品味，积累足够数量的汉字、词汇、句子和一定数量的可以成诵的经典课文。语文学科是语言学科，它的学习对象主要是汉字、词语、句子、语法、修辞、逻辑、文章的话语结构、篇章样式、表达方式等言语形式，而要真正把这些知识学到手，就非“咬文嚼字”不可。

语文教育的终极目的是培养学生形成良好的语感。自 20 世纪 90 年代以来，语文教育应以语感教学为核心的思想，已越来越多地被人们所认同，新的语文课程标准也把培养语感作为语文教育的重要任务之一加以强调。

“在咬文嚼字中学语文”就是培养良好语感的重要途径。虽然说人们运用语言听、说、读、写在绝大多数情况下并不需要咬文嚼字、反复思索，但那是因为在学习语言的过程中，经常地咬文嚼字积累了丰富的经验，有了良好语感，是厚积薄发的结果。语文教学是有组织的教育活动，它和生活中运用语言并不是一回事。所以要选定课文作为教学的例子，就是为学生熟读精研创造条件，就是为咬文嚼字提供材料。如果不具备咬文嚼字的功夫，仅凭走马观花式的浏览，再丰厚的积累也形不成良好的语感。

“在咬文嚼字中学语文”就是在咬文嚼字中感“语”悟“文”。语言是信息的载体，语言是思想的直接现实。文学是语言的艺术，阅读是从语言符号中获得意义的心路历程，无论社科类文章、科技类文章还是文学作品的阅读，对语言的细致感受、揣摩、推敲，以至咬文嚼字，都是阅读过程所必需的。

“咬文嚼字”有助于语言表达能力的提高，也有助于语言感受能力的提高。字斟句酌是表达的需要，也是理解的需要。在阅读过程中咬文嚼字，可以避免囫囵吞枣和望文生义；可以正确理解作品的思想、观点和感情乃至把握文学作品的人物形象。

信息社会对阅读过程中咬文嚼字的语言感受能力提出了更高的要求，语言感悟中的咬文嚼字应该注重提高阅读效率，要分清主次，抓住重点。教学中，要培养学生的“咬文嚼字”的习惯，“咬”什么，“嚼”什么，怎么“咬嚼”都需要明确范围、方法和要求。学生能“咬”能“嚼”明白的知识就放手让学生自己“咬嚼”，不要浪费大家的宝贵学习时间。只要得法，经过循序渐进的经常性的“咬嚼”训练，咬文嚼字式的阅读不仅可以达到或超过“只观其要，不求甚解”的阅读速度，还可以在效果上有过之而无不及。

“在咬文嚼字中学语文”是人们认识语文进而掌握语文的一种客观事实和自然规律。要大力弘扬“咬文嚼字”的精神，着力培养下一代“咬文嚼字”的能力，待到炎黄子孙都具有“咬文嚼字”的习惯之时，就一定是中华民族文化的兴盛之日。

教材中的异形词亟须规范

在现行的中小学教材乃至大学的教材中，词语运用混乱的现象十分严重，已经明令规范而不规范甚至是淘汰的异形词仍频繁地镶嵌在教材中。此种情形，何患不误人子弟？

本文仅以现行的人民教育出版社的义务教育课程标准实验教科书《语文》八年级下册为例，以教育部、国家语言文字工作委员会 2002 年 3 月 31 日发布试行的《第一批异形词整理表》的规范意见为依据来阐述这个问题。

不规范异形词出现频率最高的当属现代作家的作品，如鲁迅(高居榜首)、胡适、老舍、巴金等。八年级下册第一课就是鲁迅的《藤野先生》，粗略一数就有如下几个词语需要规范：其一是“烂熳”应规范为“烂漫”；其二是“物以希为贵”应规范为“物以稀为贵”；其三是“模胡”应规范为“模糊”；其四是“喝采”应规范为“喝彩”；其五是“照过相”应规范为“照过像”……鲁迅在本册书上的作品还有第六课《雪》，需要规范的词语如“胡蝶”应写作“蝴蝶”等。

第二课胡适的《我的母亲》和第十八课萧乾的《吆喝》都出现了“玩艺儿”这个词，按规范意见应写作“玩意儿”。

除按《第一批异形词整理表》应该整理的异形词以外，还有一些不规范的异形词也应引起关注：第六课鲁迅的《雪》中的“壶卢”人们早已约定俗成写为“葫芦”；“蜡梅”现在写作“腊梅”。当时这样写的根据是中国社会科学院语言研究所编写的《现代汉语词典》，1998 年“旨在于全面贯彻国家语言文字的有关标准，促进语言文字规范化”的《现代汉语规范字典》问世后，确定为“蜡梅”。

最搞笑的是第二十课冯骥才的《俗世奇人》，文中的刷子李是曹小三的师傅，曹小三称刷子李一会儿是“师傅”一会儿又是“师父”，尽管叫“师傅”的次数多，叫“师父”的次数只有一次，但在一篇文章中变来变去搞得师生一头雾水，总让人觉得有些别扭甚至是滑稽。查《现代汉语词典》，

“师父”共两个义项：(1)师傅；(2)对和尚、尼姑、道士的尊称。按文中义，我们当取第一项，即“师傅”。再查“师傅”条，也是两个义项：(1)工、商、戏剧等行业中传授技艺的人；(2)对有技艺的人的尊称。按文中义，我们当取第二项。根据这种情况，人们对文中“师傅”“师父”的选取应是“师傅”而不是“师父”。

上述所列，仅是举几个例子而已，未免挂一漏万。异形词泛滥的情况虽不是比比皆是，但是就中学教材而言，每册书中确是都有。

前国家语委主任许嘉璐在《现代化呼唤语文规范化》一文中说道：“要使十二亿人都懂得语言文字规范化、标准化的道理，言、行(写)‘不逾矩’，最根本的是发展教育。”但是连教育的蓝本——教科书都不规范，那语言文字的天地岂不大乱？

“赈”字宜何解

汶川地震，举国关注。“赈灾”之“赈”成了一个使用频率比较高的词。临近中高考，准备素材，学生追问“赈”字为何义，“查字词典嘛！”“字词典根本就没有具体解释这个字。”这才引起了我的注意。

查现在通用的《新华字典》《现代汉语词典》对“赈”字的解释，都是“赈济”的意思，这不是以字解字吗？我对这种解释也不大满意。

查阅了许多工具书，把其中一些权威工具书对与“赈灾”之“赈”有关联的解释按时间的先后顺序归结一下，大致可以看出“赈”字之解的一般发展状况。第一是一般认为秦汉年间成书的《尔雅·释言》：“赈，富也。”《文选·张衡〈西京赋〉》：“乡邑殷赈。”李善注引薛综曰：“殷赈，为富饶也。”

第二是东汉成书的《说文解字》：“赈，富也。”传承了《尔雅·释言》的说法。

第三是北宋成书的《广韵·袁韵》：“赈，赡也。”(查“赡”乃“富裕、充足；供给、供养”)《监铁论·力耕》：“战士以奉，饥民以赈。”《隋唐·李密传》：“发粟以赈穷乏，远近孰不归附!”这个解释是在《尔雅·释言》《说文解字》“富裕、充足”的基础上又衍生出“供给、供养”之意，这是词义历经六七百年之后的发展和扩大。

第四是清朝成书的《康熙字典》：“赈，赡也，给也。”《史记·平準书》：“于是天子遣使者，虚郡国仓廥，以赈贫民。”(查“给”，“富裕、充足；供给、供养”与“赡”同义)这个解释基本维持了《广韵·袁韵》的说法，所不同的是词义虽无变化，但词汇量在增加，不仅保持了“赡也”的解释，又增加了一个“给也”的解释。“供给、供养”之意用了“给”来表述，直至今日，“给(jǐ)”仍以“供给、供养”为常用义。

第五是 1979 年出版的《古汉语常用字字典》，它集前人之大成，把“赈”的解释概括为两个义项：(1)救济。《后汉书·伏湛传》：“悉分俸禄以赈乡里。”(2)富裕。何晏《景福殿赋》：“富赈山丘。”

不知怎的，现在的《新华字典》对“赈”的解释就剩下一个义项“赈济，救济”了，而《现代汉语词典》干脆一下子变成了只有一种义项的“赈济”这一个词了。

我认为，对“赈”的解释当以《古汉语常用字字典》为最佳，它既继承了前人的成果，又没有拘泥于前人解词中的晦涩词句，而是按现代汉语的语言习惯、规范，用常见且常用的词语概括了前面几种工具书的两种解释。简单明了，通俗易懂。建议现行的《新华字典》《现代汉语词典》再版时能按《古汉语常用字字典》对“赈”的解释予以更改。

同时也希望今后在编写各种工具书时，能事先组织有关专家学者，认真研究有关词条的来龙去脉，统一一下观点，尽量按一个标准来制作。假如连工具书都无可适从，那中华五千年文明还怎样传承？

是金银牌争夺战

生活处处是语文。北京奥运比赛期间，常和学生讨论战况，学生口中常说的及我在广播、电视、报纸杂志中常听到、看到的两句话就是“金银牌争夺战”“三四名争夺战”。咀嚼品味这两句话，觉得不是滋味。为师者自然不会放过任何可以进行语文教育的契机，将这两句话讲解订正如下。

金银牌或三四名确实需要通过竞争得来，也可以通过竞争得来——这是无可非议的事实。是否放之四海而皆准？还要看是什么阶段进行的比赛，有多少人、多少队或多少组参加。

比如，有100人参加的个人某项田径比赛，一般要通过小组预赛、个人决赛来产生金银铜牌。但即使是最后一轮比赛也不能叫做“金银牌”争夺战，或“一二三四名”争夺战，而只能叫做“决赛”。因为“决赛”本身的含义就是“体育运动等竞赛中决定名次的最后一次或最后一轮比赛”——这是《现代汉语词典》里的解释。

再如，有20个队参加的某个球类或有20个人参加的拳击、柔道、跆拳道、摔跤等比赛项目，一般也要通过小组预赛来产生参加决赛的队伍或个人。晋级的过程及数量往往合称为晋级八强—晋级四强—晋级决赛—决赛。按这种金字塔式的比赛晋级方式，参加决赛的就只有两支队伍或两名运动员了，这只有两支队伍或两名运动员参加的决赛争的是什么？自然是第一了，也就是金牌。那就应该叫做“金牌争夺战”或叫做“冠军争夺战”“争第一的比赛”等。而“银牌”或者说是“亚军”“第二”即使是参赛双方的某一方因某种原因退出比赛也自然可得了，还用什么争呢！

既然“银牌”或者说“亚军”“第二”不争也可得到，那“铜牌”或者说是“季军”“第三”就更不用争了！这就不对了，“铜牌”或者说是“季军”“第三”是要争的，因为参加半决赛的是两个组的四支队伍或四名运动员，每组产生一支队伍或一名运动员，等于只取了两支队伍或两名运动员参加最后一轮的决赛，这就确定了金银牌得主。那在半决赛中落选的两支队伍或两名运动员呢？他们要再进行一次“对决”来竞争“铜牌”或者叫做竞争“季军”“第三”，而第四名自然也不用争了。

综上所述，在两两对决的竞技中，“一三五”等奇数是需要争的，而“二四六”等偶数是不用争的。那么，“金银牌争夺战”“三四名争夺战”的说法就是错误的，应该为“金牌争夺战”“铜牌争夺战”才对。

百里奚姓什么

《孟子两章》一直是中学《语文》教科书中的名篇。现行的九年义务教育教科书虽有不同版本，但都收录了此文。在教学《生于忧患，死于安乐》时，学生通常为百里奚姓“百”还是姓“百里”而争论不休，各执一词。为师者岂能不给个明确的说法？博览一番，解释如下。

查《辞源》《辞海》《百家姓探源》《历代名人姓氏全编》《中国历代人名大辞典》等比较权威的工具书，绝大多数记载的是百里奚姓“百里”，且多数有详细的介绍。个别书籍在以百里奚姓“百里”为通常说法的基础上，又指出“一说百氏”，但多数只是提提而已，没有任何说明。持这种说法所依据的资料很少，即使有一点点，也觉得理由很不充分。索性也不再去寻找了，仅现有的资料也就可以说明问题了。

从起源上说，持百里奚姓“百里”的大致有如下说法：(1)出自姬姓，以封地名为氏。周太王古公亶父的二儿子虞仲的子孙，周武王时被封于虞国(今山西平陆北)。春秋时，晋灭虞，虞大夫奚(虞仲的后人，即我们所说的百里奚)被赎往秦国，受封于百里邑，其子孙便以“百里”为姓，称“百里氏”。(2)以人名为姓。虞仲的后人叫奚，因住在百里乡，又称百里奚，他在虞国任大夫。百里奚的后代子孙就以他的名字命姓，称百里氏。

这两种说法，均与百里奚有关，并且认为百里奚就是这个姓的始祖。只不过是以其“封地”为姓还是以其“名字”为姓还有争论，但这对于我们要明确的问题来说已经显得并不重要。个人觉得这种说法的可信度高。

“百”姓的起源主要有如下说法：(1)出自上古，为轩辕氏部落首领黄帝的后裔。黄帝有个后人叫百儵(《左传》作伯儵)，他的后代子孙以“百”为姓，遂成百姓。(2)源于战国，始祖为著名道家列御寇的弟子百丰。(3)唐代高丽人有“百”姓，为高丽八姓之一。

这三种说法认同第一种的人最多。并且认为这个姓的始祖就是百儵。这三种说法，目前我还没有查到哪一种与“百里奚”有关联，所以对百里奚姓“百”的说法认同度小。

“百”和“百里”都属于比较少的姓氏。“百里”姓早期活动在河南、陕西一带，汉代以后在河南中南部形成郡姓望族，以新蔡郡为郡望，如今在山西平陆等地有少量分布。历史上有东汉末年任徐州刺史的百里嵩等名人。“百”姓早期主要活动于今河南、山东一带，汉唐之际在河南形成郡姓望族，以南阳郡为郡望，如今在河南、北京、台湾等地有少量分布。历史上有西汉农民起义首领百政、元将领百家奴、清臣百龄等名人。

范仲淹的《岳阳楼记》写于何地

九百多年前，北宋的大文豪范仲淹写下了著名的《岳阳楼记》。时隔九百多年，又有一位大家汪曾祺(1920—1997)登临岳阳楼之后，也写下一篇《岳阳楼记》。前者一直是中学语文的教材，而后者则作为前者的相关文章被多种中学教学资料选入，拜读汪曾祺的《岳阳楼记》，有一句话定格在眼前："写这篇《记》的时候，范仲淹不在岳阳，他被贬在邓州，即今延安，而且听说他根本就没有到过岳阳，《记》中对岳阳楼四周景色的描写，完全出诸想象。"这里的"邓州即今延安"不禁令人疑惑。

我查阅大量金元以前的历史材料，延安从古至今并未有过"邓州"的名称。"邓州"在今河南邓州市。北宋庆历五年(公元1045年)初范仲淹罢参知政事，后出任邠(今陕西彬县)、邓(今河南邓县)、杭等州地方官。《岳阳楼记》是庆历六年九月十五日在今河南邓州写就的。

那么为什么汪老先生会犯这样一个低级错误？可能是转载的过程中别人搞错了吧，但因无法看到汪老的原稿而不能确定。暂且不管是谁的错了，究其错误原因，我想会不会是和范仲淹确实曾在延州做过官有关。

提起范仲淹当时写《岳阳楼记》，还有这样一个故事值得一读：说范仲淹与滕子京同在朝中为官，志同道合，后因二人竭力主张、拥护变法，触犯了权贵们的利益，因此相继被贬为地方官。范仲淹被贬到邓州后，建学府，重农桑，兴水利，惩贪官，几年间便把邓州治理得井井有条，百姓安居乐业，一派盛世景象。可他没想到一方富了，八方逃荒乞丐涌向邓州。面对这种情况，范仲淹感触颇深，他想到仅仅治理好一方是不行的，只有整个国家富了，百姓才能真正安居乐业。经过深思熟虑，他决定动笔向朝廷写一份奏折，论述施政之道，强调为官者应以天下为公，具有先天下之忧而忧，后天下之乐而乐的高贵品质和以天下忧乐为己任的胸怀气魄。谁知这奏折刚写好，滕子京的信使便到了。

且说这滕子京被贬到岳阳，几年过去便把这岳阳治理得政通人和，百废俱兴，还重修了古迹岳阳楼，这是一件大事。让谁写篇文章作序呢？

滕子京便想到了文采出众的好友范仲淹，于是画了一幅岳阳楼的形式图，写一封信派人快马送邓州。

范仲淹对滕子京千里求文之举很感动，当晚以邓州好酒招待信使，开怀畅饮到二更。安排信使休息后，范仲淹乘着酒兴，于花洲书院秉烛执笔，参照岳阳楼形式图，展开想象的翅膀，状物写景，一气呵成《岳阳楼记》的前半部分。景物铺衬好了，接下来该抒发心情了，他便把奏折中的核心观点融化到文章中去，便成了《岳阳楼记》。

范仲淹把奏折内容融入《岳阳楼记》中，竟浑然一体，天工妙成，很是得意。心想，自己的感触写到这篇文章中，比呈给一个昏庸的皇帝还好，于是他把奏折付之一炬。故此后人不见范仲淹的那份奏折，唯见《岳阳楼记》传留人间。

教材注释指瑕

义务教育课程标准实验教科书《语文》九年级下册的《愚公移山》一文关于“无陇断焉”一句中“陇断”的解释是“山冈阻隔。垄，高地。断，隔断”。初入眼帘，就觉得不顺畅，前后所释词语不一致。

定神观之，审之，乃判其确实有点小问题。那问题出在哪呢？请看这个词语解释的对象是“陇断”，在对这个词进行整体解释（山冈阻隔）之后，又对其个体的重点词（垄和断）进行解释。按一般常理，后边解释的这个重点词语必须是前边这个解释对象中的其中一个语素。可是“断”是“陇断”之中的一个语素，那“垄”怎么就凭空而降了呢？令人费解！

先查“陇”字：商务印书馆1979年版的《古汉语常用字字典》（下同）对“陇”字条第二项的解释是：［陇断］土岗子，泛指山；所举例子就是《愚公移山》中“无陇断焉”这句话。1979年版《辞海》（下同）“陇”字条第一项的解释是：通“垄”。对“陇断”的解释是：断而高的冈垄。亦作“龙断”；举的例子也是《愚公移山》的这句话。

再查“垄”字：《古汉语常用字字典》“垄”字条，未见我们所需讨论意义。《辞海》“垄”字意义第一项：田埂，亦指高地。“垄断”条第一项：亦作“陇断”“龙断”，举的例子仍是《愚公移山》。

无须再查更多资料，针对教材解释上的问题，仅从上述两部权威工具书的所查结果看，就可解开其中的疑问：其一，教材把“陇”看成是“垄”的通假字（这当然不是错误的解释）。只不过没有注明，把“陇”直接写成了“垄”，这是造成疑惑的主要原因。其二，教材中的解释没有按工具书上的单纯词释义方式解释，而是按合成词的解释方式，把“陇和断”分开来解释。其实这两种解释方式在教材中都是说得通的，也都不会产生歧义。

上述这个小问题，对于有一点古文常识的人来说，是一看就会明白的，但对于刚刚学习文言文的学生来讲又怎能不满腹狐疑？所以愚以为：教材要“注”就“注”个明白，不然就不“注”。否则，类似这样的“注”岂不“注”个糊涂？

“挐”字说

人教版义务教育课程标准实验教科书《语文》八年级上册（2001 年 12 月第一版）选进了明末清初文学家张岱的一篇叙事散文《湖心亭看雪》，文中有这样一个句子：“是日更定，余拿一小船，拥毳衣炉火，独往湖心亭看雪。”“拿”的注释解释为“撑、划”。可是到了 2006 年印刷时却将沿用三四年的“拿”字改成了“挐”，注释中标注的读音为 nú，意思是“撑船”。为什么这样改？

翻开最新版的《现代汉语词典》，竟没有找到 nú 音下的这个“挐”字。再查字形，发现确有其字，但音却是 ná，解释为：（书）(1)牵引；(2)纷乱。为什么？

再看看上海辞书出版社 1979 年版的《辞海》对“挐”的解释：(1)nú 又读 rú ①纷乱；②姓。(2)ráo 通“桡”，船桨。(3)ná 拿的异体字。这也不和词典一致呀！

仅凭这两本工具书就下结论尚早，广泛查查再说——

第一，商务印书馆 1979 年版的《古汉语常用字字典》，先看挐：(1)nǘ 纷乱；(2)yú 划船用具；(3)ná 持；(4)ná 同“拿”。再看拏：ná (1)牵引；(2)纷乱；(3)同“拿”。字典未把“拿”字列入。

第二，商务印书馆 2003 年版的《故训汇纂》：挐，义 23 项，在此仅举有关的几项。其一是《说文解字・手部》：“持也。从手，如声。”其二是 ná，仅举有关几个义项：(1)通拏。拘捕有罪曰拏，今写作拿。《说文解字・手部》。(2)借为拏。《说文解字・手部》。(3)本作拏。《文选・宋玉》。

再看拏，义 21 项，在此仅举有关的几项。其一是《说文解字・手部》：“牵引也。从手，奴声。”其二是 ná，仅举有关几个义项：(1)或作挐。《集韵・麻韵》。(2)通作挐。《说文解字・手部》。(3)通作挐。《广雅・释诂三》。最后看拿，解释的非常简单，即“拏同”。

第三，华夏出版社 2006 年版史念林等注释的张岱的原著《陶庵梦忆》

中的《湖心亭看雪》，文中的句子是：“是日更定，余拏一小船，拥毳衣炉火，独往湖心亭看雪。”“拏”的意思注释解释为：ná，牵引，此指驾船。

第四，查商务印书馆1980年修订版的《辞源》、商务印书馆2000年版的《古今汉语词典》、商务印书馆2005年版的《古汉语字典》，湖北辞书出版社2005年版的《古代汉语词典》等均未见“挐”有nú音。

第五，抽取近期出版的不同版本的有关初中文言文讲解方面的书籍20本，查看《湖心亭看雪》一文中的那个句子“余____一小船”都写的是什么字，结果是仅有两本与教材相同。另有三本写作“拏”解释为：ná，撑、划。其余均为“拿”。

第六，查中国文字改革委员会1956年2月1日起在全国实施的《第一批异体字整理表》，“拏、挐”是“拿”的异体字。

综上所查，归结思考如下。

第一，读音为nú的“挐”，仅有上海辞书出版社1979年版的《辞海》，但与教材中“撑船”的意思又不相同。假如说还有一个可以看作是读音为nú的“挐”的话，那就是《说文解字·手部》的解释。难道这间接的注释就是教材更改的依据吗？肯定还有更有说服力的理由！

第二，“拏、挐”是“拿”的异体字，这谁也不否认。但是按规定在《第一批异体字整理表》实施后异体字除翻印古书须用原文原字，有用作姓氏的在报刊图书中可以保留原字外，一律要停止使用。教材中的“挐”不是姓氏，应是翻印古书须用原文原字吧！那汉字的规范，简化还有意义吗？《第一批异体字整理表》实施后先后又恢复了28个异体字，但没有“挐”。虽然《第一批异体字整理表》实施后有人提出异议说“拏”音nú，应做规范字使用，“挐”为“拏”的异体，“拏”含义是：(1)连绵、连续；(2)牵引；(3)纷乱；也有人提出“挐”并不是“拿”的异体字，它表示抓、持时只是“拿”的通用字，“挐”表示纷乱时根本不可用“拿”来取代，所以不宜淘汰等观点，但都没有得到官方认可。即使是得到了认可，但上述说法中“挐”字的音、形、义也与教材中不相吻合。

第三，从语言的约定俗成的角度上看，人们已接受了“拿”字的“撑、划”义，那么多师生的学习，那么多专家学者的研究著述，也都是从这个角度深入的。为什么说改就改呢？假如真有改的必要的话，也要在课文注释或教学参考书上说明一下呀！

还是“拿”回来吧！

后记

上述文章写于 2006 年 10 月。2007 年 8 月底当学校将新书发下来，我打开一看，嘿！当时将“拿”字改成了“挐：nú，撑船”的注释又改了。字形未改，注释改成了“ráo，通‘桡’，撑船。一作‘拏’”。与我上文所查证的结果相比较，这个解释跟上海辞书出版社 1979 年版的《辞海》对“挐”的解释的第二个义项“ráo 通‘桡’，船桨”相近。只差“船桨”“撑船”，难道这是名词活用作动词了？这种解释在原句中看也太牵强了？假如是这样的话，也应在注释中注明呀……

事已过一年，2008 年的新书又发下来了，我又看了看，这回没变，维持了去年的解释。我不想再纠缠这个问题，只想说的是：教材中的解释是否能与国家权威的工具书相一致，不再另辟蹊径？

关于“序”

义务教育课程标准实验教科书《语文》八年级下册有一篇文言文叫《送东阳马生序》，注释对“序”的解释是“文体名，这是一篇赠序。”窃以为本解不妥，倒不能说是错，但起码没有解释清楚“序”这种文体的本质含义。犹如一人向另一根本不知什么是“马”和“斑马”的人介绍“斑马”说：“马，动物名，这是一匹斑马。”这个解释给人的印象是：面前这个东西是个动物，它的名字叫斑马。什么是马和斑马？它们的本质属性是什么？它们之间是什么关系等一系列问题油然而生。那么“序”是什么，“赠序”又是什么，两者的关系又是怎样的呢？

序作为一种文体，其内容是比较自由宽泛的，可说明、议论，又可记叙；其形式主要有书序和赠序两大类。书序比赠序起源早，春秋战国始，汉代盛；又比赠序绵长，时至今日仍具有旺盛的生命力。赠序从晋始，到唐盛，至今已不流行，甚至不复存在。

书序是依附于作品或书籍的一种文章，又称叙、绪论、序言、弁言、引言等，今多称为前言。书序的文字，主要是说明作品书籍的创作意图、编写体例，或者介绍作者的经历、创作的情况，以及资料的来源、版本的情况，也可包括对作家作品的评论，或者对其中有关问题的研究和阐发。书序可以列在作品或书籍的前面，如《诗经》每篇作品的“小序”；书序也可以列在书籍之后，如司马迁《太史公自序》即列在《史记》篇末。列于书后的序文称后序、书后、跋，一般称为后记。主要叙述书的内容或作补充说明，一般都由该书作者自己撰写。

书序又可分为他序和自序两种。他序是由他人撰写的序文，撰序者可以是作者同时人，也可以是其后的人，如明代茅坤的《〈青霞先生文集〉序》等；自序则是作者自己撰写的序文，如柳宗元的《愚溪诗序》、欧阳修的《伶官传序》等。外文译稿，一般有译序，译序同样有他序和自序两种。

赠序是不依附于作品或书籍而单独成章的序文。它是专门为送别亲友而写的赞许、推重、勉励、祝愿或述友谊、叙交游、道惜别的文字。

就起源而言，赠序是由诗文之序演化而来的，古人饯别时，饮酒赋诗，诗篇多了，就由在场的人作序，叙其缘起。随着时间的推移，赠序的功能发生了变化。清代的姚鼐认为赠序乃“老子曰：‘君子赠人以言’”之意，所以在他所编的《古文辞类纂》中单独列出“赠序”一类。赠序晋代已有，如傅玄的《赠扶风马钧序》、潘尼的《赠李二郎诗序》等。唐代赠序最为兴盛，大家比较熟悉的赠序有唐代韩愈的《送董邵南游河北序》和明代宋濂的《送东阳马生序》。

除了上述两大类以外还有“寿序”“序传”值得一提。寿序是为人祝寿的文辞，自成一体，如归有光《周弦斋寿序》。序传，是从介绍作者自身经历的“自序”生发出来的一种文体，司马迁《太史公自序》即带有序传体性质；后来成为传记的文体，如三国时即有《马钧序》。

综上所述，我认为，书上关于“序”的解释简言之应是“序是一种可说明、可议论、可记叙的比较自由宽泛的文体，其形式可分赠序和书序等类别，本文是赠序”。若再详一点则应具体阐释一下什么是赠序和书序。这样的解释才叫“解释”。

梓和榇及奉安

暑期随团游南京，对所到之处的碑文、对联、介绍性文字等都要浏览玩味一番。在中山陵墓室外的后墙上关于奉安大典的经过的介绍性文字中，“梓和榇及奉安”是我们似曾相识又不十分明了争论最热烈的三个字词。“迎榇、灵榇”中的“榇”应怎么读，为什么有的介绍性材料中又写成“迎梓”和“灵梓”？“奉安”意为何？带着这些疑问，回到家来第一件事就是查工具书。

1979年版《辞海》，榇 chèn：(1)棺材。(2)梧桐的别名。查“梓”之义项，未见与我们讨论的相关内容。但有两个词条与此有关：其一是“梓宫”，皇帝的棺。其二是“梓器”，棺材。这就说明，古人也有以梓木为棺者，故“梓宫”“梓器”都可指棺材。据此我觉得“迎榇”“迎梓”都指“迎接灵柩”还说得通，可对于“灵梓”“灵榇”来说，却只见“灵榇”，未见“灵梓”的说法。再说“奉安”一词，1979年版《辞海》的解释是：称皇帝或皇后下葬。1979年版《辞源》，奉安：(1)恭敬安置。(2)古称帝后安葬及迁庙曰奉安。综上两种说法，我认为“奉安大典”的“奉安”应以“称皇帝安葬”的释义为宜。孙中山曾当过临时政府大总统，在国民党内的职务又是总理，更重要的是革命的先驱，是“国父”。所以，以至高无上的皇帝比之是不为过的。

上述的文字疑惑使我想到：作为具有五千多年文明史的泱泱古国，名胜古迹甚多，要想让这些博大精深的历史文化得以世代传承、普及，我们当代的人就要为此提供便利条件，例如，介绍这些历史知识的语言文字要通俗易懂一些，遇到像“梓和榇及奉安”这样“古色古香”的文字就要适当解释一下，不然，若不是对古文化有所偏爱，又有多少人能看得明白？

答"安"字问

学生利用工具书及参考有关资料阅读义务教育课程标准实验教科书《语文》九年级下册第20课《〈庄子〉故事两则》中的《庄子与惠子游于濠梁》一文，提出许多问题。其中最突出的就是关于"安"字的前后不同解释及其偷换概念的问题——这又是理解这篇课文的关键所在，可是在师生所占有的资料中却无一说得明明白白。于是讲解如下。

第一，对事物的不同认识，导致对"安"字前后不同解释。庄子是道家，主张"天地与我并生，而万物与我为一"，所以他从鱼儿在水中自由自在的嬉游中感到鱼之快乐；惠子是名家，是研究逻辑的，从逻辑上说，因为人不是鱼，所以人就不应知道鱼的心理。

说得直白一点，这场论辩实际上就是两人在打嘴仗，是文人间的相互"抬杠子"，打嘴仗，以机智、幽默的语言来达到"以子之矛攻子之盾"的效果。

第二，"安"字的前后不同解释，实际是"正解"和"曲解"的问题。惠子所说的"安"是"怎么(能)"的意思，这是正解。而庄子所说的"安"却把原来惠子所说的意思曲解为"哪里，怎样"。

第三，把上述这种曲解的手法叫做"偷换概念"。那么什么是偷换概念？偷换概念是将一些貌似一样的概念进行偷换，实际上是改变了概念的修饰语、适用范围、所指对象等具体内涵。

偷换概念最常见的手法有以下三种。第一，利用一词多义来混淆不同的概念。概念是要用语词去表达的，由于有些语词具有多义性，因此，这些语词就可以用来表达不同的概念。庄子就是利用这一手法来偷换概念的。

"安"在《古汉语常用字字典》中有疑问代词的义项，做"什么，什么地方"和"怎么，哪里"解。惠子的"怎么(能)"被庄子混淆为"哪里，怎样"。

"怎么"是询问方式是什么，"安知"就是通过什么方式知道的？惠子"子非鱼，安知鱼之乐？"的发难和庄子的反驳："子非我，安知我不知鱼之乐？"是以子之矛攻子之盾。两个"安知"都是说："是通过什么方式知道的？"潜台词都是："是通过逻辑推理知道的——因为你不是鱼……因为你不是我……"

而"哪里"是指在什么地方，"安知"就是在什么地方知道的。庄子的最后一句："子曰'汝安知鱼乐'云者……"中的"安知"是把惠子最初说的"安知"的"怎么(能)知道"即通过什么方式知道的？偷换成了"哪里，怎样"。即在什么地方知道的？所以就有了这样的论断：既然你问我是在什么地方知道的，那我就告诉你："我知之濠上也。"即"我是在濠水的桥上知道的"。庄子就是这样偷换概念，轻松化解惠子诘难的。

类似的手法，现代汉语中也常使用。如当听到某位同学在比赛中拿大奖时，妈妈说："我为你而骄傲。"爸爸却反驳道："你不应该骄傲，因为骄傲会使人落后。"这里爸爸就是利用多义词来混淆不同概念的。妈妈说的"骄傲"是"自豪"的意思，而爸爸却将其偷换成了"自高自大"。

第二，混淆集合与非集合的概念。例如，一位同学将班级的桌椅给搞坏了，老师要他赔偿，该同学反问道："为什么要我赔？""损坏班级的公共财产就应该赔！"老师坚定地说。"我是班级中的一员，班级财产有我的一份，用不着赔，我那份不要了！"该同学也振振有词。这个同学就是利用混淆集合概念和非集合概念的手段来进行诡辩的。因为，"班级财产"是一个集合概念，是不可分割的整体，而这个同学却故意把它当成非集合概念，认为自己可以任意支配其中的一份，因此也就可以逃避赔偿的责任。如果分不清集合概念和非集合概念，这样的诡辩还真不好对付呢。

第三，偷偷改变概念的内涵。偷偷改变概念的内涵。例如，在有些教师眼中，把学习基础差的所谓"差生"和行为习惯不好的所谓"差生"等同起来，进行混淆和偷换。一提到学习基础差就认为是行为习惯差，为差生难以转化寻找理由，不能具体情况具体分析，因人施教。

蜡梅、胡蝶和壶卢

人教版义务教育课程标准实验教科书《语文》八年级下册第六课鲁迅的《雪》一课有三个词是“蜡梅、胡蝶、壶卢”，课文对这三个词的解释是：“蜡梅即腊梅、胡蝶即蝴蝶、壶卢即葫芦。”学生质疑：“那为什么不直接写成腊梅、蝴蝶、葫芦?”

一、关于蜡梅与腊梅

查《辞源》《辞海》，它们都有“蜡梅”词条而无“腊梅”词条，只是《辞海》在“蜡梅”词条后有“一作腊梅”一句话。

“蜡梅”一词至少可以上溯到北宋，苏轼、黄庭坚都写有“蜡梅诗”。李时珍的《本草纲目》上也有类似的说法：“此物本非梅类，因其与梅同时，香又相近，色似蜜蜡，故得此名。”宋代谢翱有一首写“蜡梅”的诗，说雨中的蜡梅以蜡为衣，以避雨雪的侵凌。诗人意犹未尽，又进一步以“蜜房”来比喻蜡梅枝头的花朵，并说这儿是蜜蜂躲雨避寒的好去处。诗人有此奇思妙想，当与“蜡梅”这一写法有关。

另外，在植物学分科上，蜡梅属于蜡梅科。《辞海》编者可能是鉴于此，才以“蜡梅”为第一选项，而以“腊梅”为第二选项。

而“腊梅”一词则是由于这种花开在腊月而得名。民间多用此说。《辞海》编者把此作为第二选项，既体现了对传统的尊重，又体现了对科学的尊重，也照顾了多数人的习惯，不强求一律。这就是科学与民主精神。

1996 年第一版编写的苏教版小学语文第三册上曾有“腊梅”一词，当时这样写的根据是中国社会科学院语言研究所编写的《现代汉语词典》。1998 年《现代汉语规范字典》问世，将其确定为“蜡梅”。作为小学语文课本也随之改从此说。

看来，“蜡梅与腊梅”的发展经历了“蜡梅—腊梅—蜡梅”的过程。

二、关于胡蝶与蝴蝶

李时珍《本草纲目》中写到蝴蝶名称的由来："蝶美于须，蛾美于眉，故又名蝴蝶，俗谓须为胡也。"就是说，蝶的须比较漂亮，蛾的眉比较美丽，而古代"须"又可叫做"胡"，所以"胡须"比较漂亮的蝶就称为胡蝶。

许多权威工具书支持上述说法，亦认为"蝴蝶"之蝴本作胡，取胡须之义，蝴蝶因有长长的触须而得名。但也有人加以反驳，理由是"胡"用于指称胡须是比较晚的事情，而"胡蝶"一词先秦已见，主张"胡"取大义，"胡蝶"的命名意思为"有阔大而扁平翅膀的虫子"。我们暂且不管其意如何，只从词汇的发展状况上看，似乎大多认为"胡蝶"比"蝴蝶"出现略早些。可是这个后起的"蝴蝶"的使用频率却越来越高。2002 年 3 月 31 日试行的《第一批异形词整理表》正式将"胡蝶"规范整理为"蝴蝶"。至此"胡""蝴"之争有了正式的官方的判决。虽为试行，但翻案的可能性并不大。

三、关于壶卢与葫芦

葫芦在我国汉代以前，称"瓠""匏""壶"等；汉代以后，称"壶卢""蒲卢""葫芦"等。"壶""卢"本为两种盛酒盛饭的器皿，因葫芦的形状和用途都与之相似，所以人们便将"壶""卢"合成为一词，作为这种植物的名称；而"葫芦"则是俗写，并不符合原意。不过后来人们约定俗成地写作了"葫芦"，它便一直延续到了现在。

综上所述，我们殷切希望教材再版时将这类异形词一律按有关规定进行规范整理，不要让这些已经废除的异形词再出现在教材中。

李白的《闻王昌龄左迁龙标遥有此寄》要澄清的几个问题

李白的《闻王昌龄左迁龙标遥有此寄》被选入义务教育课程标准实验教科书七年级上册《语文》以后，各种教学辅导资料应运而生，这些资料对这首诗的创作时间，王昌龄的生卒年月，夜郎指何地等问题的阐释五花八门、莫衷一是，使师生在教与学无所适从。试探一番，做如下解释，以供教学之参考。

一、关于写作时间和地点的问题

一名学生拿着一本原建平编著的《文言文全解》(人民教育出版社，2007)说："老师你看，这本书上说王昌龄晚年以江宁丞贬龙标(今湖南省黔阳县)尉。这时李白已 58 岁，正在流放夜郎(今湖南省沅陵县境内)的途中，听到这不幸的消息，深感不平和悲伤，于是写下了这首诗。这就说明李白写作这首诗的时间是 58 岁之时，根据李白生于 701 年卒于 762 年的生平可知此时是 759 年。"

另一名学生拿着一本《初中文言文全解精析》(中山大学出版社，2006)说："不对，老师你看我的这本书上说这首诗是李白于天宝七年(748)年听到王昌龄被贬龙标尉的消息后所作!"

为师者看着这相差 11 年的截然不同的两种解释，顿时目瞪口呆，"这个问题有待老师考证一下再来答复你们"，这是我对待这类情况的通常做法。

要明确这个问题，首先要知道王昌龄被贬龙标的时间和李白被流放的时间是否大体一致。可是，关于王昌龄的生卒年月以及被贬龙标的时间问题查了十几本大型工具书均标明无确切考证。但是根据许多书籍对这两个问题的阐述状况来看，比较一致的看法是：王昌龄大约生于 698 年，卒于 757 年；被贬龙标的时间大约在天宝七八年间(748 年或 749 年左右)。

再查看一下李白在天宝七八年间的行踪，据《中国文学史》(人民文学出版社，1963)记载：天宝三载春，李白离开长安，再度开始了他的漫游生活。在洛阳遇见杜甫，在汴州又遇见高适，三位诗人一同畅游梁园(开封)、济南等地……天宝四载秋，李白和杜甫分手后，又南游江浙，北涉燕赵，往来齐鲁间，但以游梁宋为最久……

马俊英编著的《中国名人传》(中国人事出版社，2004)记载：李白于天宝四年和杜甫分手后，便从任城乘船，沿运河到了扬州。由于急着去会稽会见元丹丘，也就没有多滞留……

——查看了许多比较权威的工具书，均无李白在天宝七八年间行踪的确切记载。但从一些教辅材料的介绍和网络的搜索结果上看，又有许多信息表明：王昌龄贬为龙标尉约在天宝七载(748)。第二年杨花飘落、子规鸣啭的暮春季节，李白在扬州听到王昌龄被贬的消息后，写下这一情真意切的诗篇，寄给贬谪远方的王昌龄。李白在天宝七八年间确实是在扬州吗？我对有些教辅材料和网络历来是不敢相信的。但从《中国文学史》和《中国名人传》的记载来看，似乎可以推测这时的李白确实在扬州或扬州一带。

由此看来，可以这样说，李白天宝七八年间无论在何地，但都不是原建平编著的《文言文全解》中所说的“写这首诗时李白58岁，正在流放夜郎途中……”。

二、关于夜郎指何地的问题

七年级上册《语文》书对这首诗中“夜郎”的注释是：“古代少数民族国名，辖境主要在现在贵州西部。”书上所阐释的这个“夜郎”，《辞海》(上海辞书出版社，1979)的解释是：“古族、国名。战国至汉代时，主要在今贵州西部及北部，并包括云南东北、四川南部及广西北部部分地区。汉初与南越、巴、蜀有贸易关系。汉武帝元鼎六年(公元前111年)与其地置牂牁郡。”《中国古今地名大辞典》(上海辞书出版社，2005)的记载是：“先秦、西汉时西南夷国名、族名。范围主要以贵州省为中心，包括四川南部、云南东部和广西西北部……”

李白诗中所指的这个夜郎是古代少数民族国名吗？随便翻翻各种参考资料，几乎没有和教材说法一致的，大部分说的是“在今湖南省沅陵县”，那么这个“沅陵”是什么时候叫“夜郎”的呢？查了许多大型工具书，都没有找到“沅陵”与“夜郎”自古以来相关联的信息。我认为，每一种说法都不可能是空穴来风，但同时也对当前的辅导资料的可靠性产生了怀疑……

我们还是要看看目前几本大型工具书对此问题的相关解释。《辞海》对“夜郎”这个名字的历史沿革情况所作的介绍是：(1)古族、国名(同上，略)。(2)古县名。①汉武帝置。治所在今贵州关岭县境。南朝梁大宝以后废。东晋南朝曾为夜郎郡治所。②唐武德四年(公元621年)分宁夷县置。治所在今贵州石阡西南。贞观元年(公元627年)废。③唐贞观五年(公元631年)置。治所在今湖南芷江西南。天宝元年(公元742年)改名峨山，曾先后为舞州、鹤州及业州治所。④唐贞观十六年(公元642年)置。治所在今贵州正安西北。五代时废。北宋大观二年(公元1108年)复置。宣和二年(公元1120年)又废。唐曾先后为珍州及夜郎郡治所。(3)郡名。①西晋永嘉五年(公元311年)分牂牁、朱提、建宁三郡置。治所在夜郎(今关岭县境)。辖境约当今贵州六枝以西的云、贵两省境内的北盘江上游地区。南朝梁大宝以后废。②唐天宝元年(公元742年)改珍州置。治所在夜郎(今正安西北)。辖境约当今贵州正安及道真等县地。乾元元年(公元758年)又改珍州。

根据《辞海》以及其他几本大型工具书对夜郎比较一致的历史沿革的介绍和李白写作这首诗的时间比对，可得出教材对夜郎的解释“古代少数民族国名，辖境主要在现在贵州西部”应改为“唐朝郡名，治所在夜郎(今正安西北)，辖境约当今贵州正安及道真等县地”。这才比较准确。也就是说，早在汉朝就不复存在的夜郎国到了唐朝虽然国家已不存在了，但它的名字却没有消失。唐朝天宝七八年间的夜郎已由原来的国名变成了郡名。

时光转瞬几千年过去，今日之夜郎坐落在贵州省桐梓县中部偏西的夜郎河畔，1932年置镇，1936年废。1949年置夜郎乡，1958年撤乡并入新站公社。1962年析设夜郎、华山、胜利公社，1984年改乡，1992年三乡合并置夜郎镇。是现行中国地图上唯一以“夜郎”命名的地方。那里风景秀丽，文物胜迹较多，有太白坟、太白泉、望月台、百碑台；有宋墓杨八坟、宋代木攀首领赵泰、播州夷族杨光荣墓(俗称“太白坟”)，夜郎宋墓群、七孔石崖墓、陈天官墓、王正儒、大屋土司衙门遗址等。

“空乏其身”的“空”的读音及其他

师生在教与学的过程中，常常会遇到教材中没有明确说而有关资料却说得很清楚且说法往往不一的情况，使师生无所适从。多音字的读音，尤其是古诗文中的古今异读、多音字读音从属问题一直是困扰师生的难题。义务教育课程标准实验教科书《语文》九年级下册的《生于忧患，死于安乐》中的“饿其体肤，空乏其身”这句话中“空”字的读音就是每学年教学中都有师生提出疑问的问题。

“空”有 kōng、kǒng、kòng 三个读音，在“饿其体肤，空乏其身”这句话中应读作什么？kǒng 不必说明理由就自然被排除，那 kōng 和 kòng 就成了人们讨论的热点。

查《辞源》《辞海》《汉语大字典》等比较权威的工具书均未见对该字读音的注释。于是上网查，到书店、图书馆查，查遍了那里的所有的十五六本古汉语字词典；找遍了那里所有的收录这篇文章且有注释的十一二本书籍。终于发现了关于它的蛛丝马迹，为便于说明、分析、归结问题，特集录于下。

第一，网上搜寻，在《中国百科网·新华字典》中发现“空乏”的两个词条：其一是【空乏】kōngfá [destitute]缺少财物，指贫穷；其二是【空】kòng 动词，使之困穷[impoverish]，例“不宜空我师。”(《诗·小雅·节南山》)；“饿其体肤，空乏其身。”(《孟子》)。根据这两种解释，人们似乎可以理解为：“空乏”一词既可以读为 kōngfá 又可以读为 kòngfá，而在“饿其体肤，空乏其身”中应读为 kòngfá。可是这种理解在任何一种工具书或参考资料中都没有得到佐证。

第二，资寿林主编的《学生文言文字典》(湖北辞书出版社，1998)的解释是：【空】kòng，动词，使受到贫困。“饿其体肤，～乏其身。”(《孟子·生于忧患，死于安乐》)

第三，陈复华主编的《古代汉语词典》(商务印书馆，2002)的解释是：【空乏】kòngfá，穷困缺乏。“饿其体肤，空乏其身。”(《生于忧患，死于安

乐》)

第四，王可、谭玉梅主编的《古汉语常用字字典》(新世纪出版社，2004)的解释是：【空】kòng，动词。“饿其体肤，空乏其身。”(《孟子·生于忧患，死于安乐》)可惜本书的这个词条没有释义，而其他字条均有释义项。我觉得，这恐怕是疏忽遗漏所致。

第五，曾林编的《古代汉语词典》(湖北辞书出版社，2005)的解释是：【空】kòng，形使动，使……贫困。《生于忧患，死于安乐》：“饿其体肤，～乏其身。”

第六，陈涛主编的《古代汉语常用词词典》(语文出版社，2006)将“空乏”一词列在了kōng音下，【空乏】穷困。“饿其体肤，空乏其身。”(《生于忧患，死于安乐》)

第七，《简明文言字典》(上海教育出版社，2008)的解释是：【空乏】kòngfá，穷乏。“空乏其身。”(《孟子·生于忧患，死于安乐》)

第八，邓建烈主编的《中学常用文言文词汇3000例》(上海交通大学出版社，2008)的解释是：【空】kòng，穷困。“饿其体肤，空乏其身。”(《生于忧患，死于安乐》)

第九，查收录《生于忧患，死于安乐》这篇文章且有注释的书籍，只发现宁鸿彬主编的《初中文言文详解》(北京理工大学出版社，1994)对这个词作了注解，“空(kòng)乏：空缺贫乏。此处形容词用为动词，使动用法，‘使……资财缺乏，经受贫困’”。

综上所录，可以得出如下一个结论，从收录此词条的七个版本的古汉语字词典看，只有《古代汉语常用词词典》将“空乏”一词列在了kōng音下，其余均注的是kòng音。这说明这个问题虽有争议，但大多数专家、学者还是倾向于读kòng这个音的。所以我们可以认定，“饿其体肤，空乏其身”中“空”的读音应为kòng。

探究学问其乐无穷。在查询考证“空”一字的读音问题时，还有一个意外的收获令我欣慰不已，同时还有几分羞愧。义务教育课程标准实验教科书《语文》七年级上册常建的《题破山寺后禅院》中的“山光悦鸟性，潭影空人心”这句话的“空”也应读kòng，是动词，意思是“荡涤，清洗”。此前我教学生读了十来年的“kōng”，真是不学不知道，一知吓一跳啊！

由上述这些问题使我想到了教材中类似的注音应该明确却没有明确的诸多例子。如《世说新语》两则中《咏雪》一文“撒盐空中差可拟”的“差”

应读 chā，是“大致，差不多”的意思；《智子疑邻》中“邻人之父”的“父”应读 fǔ，意思是“老人”；《口技》中“便有夫人惊觉欠伸”的“觉”应读 jiào，意思是“睡醒”；《庄子》故事两则中的“今子欲以子之梁国而吓我邪？”的“吓”应读 xià，意思是“吓唬”等。这些字的读音我都考究过，并且拿这些字的读音来考过许多中学语文教师，结果是无一人能全部答对。这些问题我平时十分注意探究，但这个“空”字还是给了我很大的打击，由此我不禁扪心自问：近 30 年的教学生涯，到目前为止还有多少像“山光悦鸟性，潭影空人心”的问题存在呢？我的心中真是没底！

在查找中生发出许多感想，对于大多数教师来讲，由于受各种条件的限制是根本不可能深入探究。那么作为编写教材的专家、学者为什么就不能把那些师生易于搞错的读音注个明明白白呢？他们没有做到，那么编写教学辅导材料的专家、学者为什么就不能填补一下空白呢？如此严重的问题，是否能得到有关方面的重视进而在这本教与学的“蓝本”——《语文》书中给出明确答案呢？

后记：感谢折磨

历时三年的心理和生理的双重折磨，终于折磨出了这近百篇文章。每一次文章的发表，每一次稿酬的来到都使我露出了拔出泥潭后的笑。一次次折磨的烦恼与一次次成功的微笑终于化作了这一本文集，我不禁掩卷激奋：感谢您——折磨！

这世界上恐怕没有人希望自己被折磨，恐怕也没有人不希望自己的人生道路平坦、笔直，充满鲜花和掌声。但世间的万事万物不是以某个人的意志为转移的，正所谓“人有悲欢离合，月有阴晴圆缺，此事古难全”。

二十多年前，在东北老家，因为我发表了两篇文章而被县教育局从破烂的小乡镇中学借调到局里专门搞教育科研。孩子仅几个月，工资微薄的我，那时工作不分白天和黑夜：调查走访、到基层蹲点，编报纸、写材料、吃饭、睡觉等浑然一体。一年多后，因为县教育局借调人员没有及时和主管教育的副县长打招呼而被定为“先斩后奏”拒绝调入。清晰地记得当时送我回乡下的情景：局里出了一台人货两用的白色解放牌小汽车，随行的有教育局副局长，党委办公室主任……

折腾本身就是一种折磨，折磨过后要有折腾才有希望，不折腾则会消亡，这正是“不在折磨中爆发，就在折磨中灭亡”。

折腾是消耗心力和体力的，折腾过后是筋疲力尽的感觉，心的波澜过后是心平气和的反思阶段，这暂时的缓冲期又是为下一轮新的折腾蓄势。回到原单位后由于学期中不好安排工作，恰好我有一部书稿正在收尾阶段，于是我便专心在家整理书稿，跑出版、搞征订，忙得不亦乐乎。前后折腾和折磨了两年多，终于折腾出了第一部著作——《初中作文类型导析》。就是这么一本“小书”使我一步步走上了副校长、校长兼党支部书记的岗位，使我甩掉了贫穷落后的帽子。

当了六七年的校长，虽没了折腾，少了折磨，但精神却越来越觉得空虚。现在想来，这段时间的确丰富了阅历，增长了才干。少了折磨的日子过得太寂寞，1995 年我辞去了校长的职务，开始了新一轮的折腾，去市里应聘教育学院办的民助性质学校的教师，没到两年就被提拔为副校长兼党支部副书记。三年多一点的时间我又辞职到一所公办中学任办公室主任兼教初三语文。写材料、伺候领导，我并不快乐，2002 年我通过招聘考试在众多人中脱颖而出挤进了深圳……

几番折腾，几经风雨，乘风破浪，终于到达了一个新的彼岸，猛然间想起自己的高级职称竟忘记了评定。唉！都因这几年的脚步太匆匆。等到三年符合了条件，第一次申报却因近期没有公开发表的文章而被一票否决。于是，我开始疯狂写作，仅几个月就发表了十几篇文章，第二年再次申报顺利通过……职称搞定了，可是对教育教学研究思考、归纳总结成文的激情和乐趣却犹如风驰电掣的列车制动失灵，再也无法刹得住了……

感谢您——折磨！假如没有您，我就不会有这样的胸怀，这样的视野，这样的能力和才干！

感谢您——折磨！假如没有您，我就不会有这样的决心，这样的毅力，这样的信心和干劲！

感谢您——折磨！假如没有您，我就不会有今天这部“大书”，也不会有现在的成绩。

暴风骤雨过后的阳光明媚的日子里，站在一片金黄的田野旁，风平浪静的大海边，既有心的一份宁静和舒坦，又有收获的一份喜悦和激动……

回到现实生活的滚滚洪流中去，下一步的折磨又将是什么？但愿我们携手并肩、一起努力来构建和谐社会，让折磨少一些吧！虽然折磨也应该感谢！

致谢：感谢帮助

它，即使是美玉，不经雕琢也不能成为为人所用的器物；它，汇集三年多的汗水浇铸成的130多篇文章，初名为《教育教学的100个审视角度的100种思考与实践》；它，经出版社倪花老师的指点，齐琳老师字斟句酌、大刀阔斧的删减，洋洋60余万字的肥胖无羁少女，竟变成了30余万字的苗条淑女，更名为《心与教育的对话》。其间饱含了两位编辑多少辛勤的努力和希冀……

他，一位年过80的耄耋老人，虽身兼全国数十要职，但仍挤出时间，观全书、览要点，摘录评圈，欣然作序以资后学，为教育的繁荣、教师的发展鼓与呼；他，一位在全国作报告最多，上公开课最多，曾身为一校之长而又兼任两个班的班主任却又能屡建奇功的教育改革家，百忙之中仍通览全书之概要，挥笔题词，寄语后学，意味深长……他们俩都入选了改革开放30年“中国教育时代人物”，他们两人都是当代教育界的泰斗级人物。这两个人就是中国教育学会会长顾明远先生和辽宁省盘锦市教育局党委书记兼局长魏书生先生。草根教师，能得到他们的支持和帮助实乃三生有幸，无限荣光。

他们，我的同事和差班里不差的学生，教学相长、相得益彰，激发了我的灵感和探求的欲望；他们，我的家人和朋友，是他们的默默奉献，给了我更多的思考和写作的时间……

面对这厚重的三年磨一剑的心血结晶，我要真诚地说：“如果没有这些需要感谢的人的支持和帮助，就不会有它的呈现，就不会有我的今天。让我再一次说一声，衷心的感谢你们！并向你们深深鞠躬！”